JESUS

O Profeta do Oriente

Michael Amaladoss

JESUS
O Profeta do Oriente

IMAGEM E REPRESENTAÇÃO DO MESSIAS
NA TRADIÇÃO CRISTÃ, HINDU E BUDISTA

Tradução
MÁRIO MOLINA

Editora
Pensamento
SÃO PAULO

Título original: *The Asian Jesus.*

Copyright © 2005 Editions Presses de La Renaissance.

Todos os direitos reservados. Nenhuma parte desta obra pode ser reproduzida ou usada de qualquer forma ou por qualquer meio, eletrônico ou mecânico, inclusive fotocópias, gravações ou sistema de armazenamento em banco de dados, sem permissão por escrito, exceto nos casos de trechos curtos citados em resenhas críticas ou artigos de revistas.

A Editora Pensamento-Cultrix Ltda. não se responsabiliza por eventuais mudanças ocorridas nos endereços convencionais ou eletrônicos citados neste livro.

Jesus derrama no mundo as águas da cura e do alimento. Ele diz: "Se alguém tem sede, venha a mim e beba". (Jo 7. 37-8)

Dados Internacionais de Catalogação na Publicação (CIP)
(Câmara Brasileira do Livro, SP, Brasil)

Amaladoss, Michael
    Jesus : o profeta do oriente : imagem e representação do Messias na tradição cristã, hindu e budista / Michael Amaladoss ; tradução Mário Molina. — São Paulo : Pensamento, 2009.

    Título original: The asian Jesus.
    Bibliografia
    ISBN 978-85-315-1607-8

    1. Ásia : Religião 2. Jesus Cristo — Pessoas e missão 3. Tipologia (Teologia) I. Título.

09-10634   CDD-232.095

Índices para catálogo sistemático:
1. Jesus Cristo na tradição cristã, hindu e budista 232.095

O primeiro número à esquerda indica a edição, ou reedição, desta obra. A primeira dezena à direita indica o ano em que esta edição, ou reedição, foi publicada.

Edição   Ano
1-2-3-4-5-6-7-8-9   09-10-11-12-13-14-15-16-17

Direitos de tradução para a língua portuguesa
adquiridos com exclusividade pela
EDITORA PENSAMENTO-CULTRIX LTDA.
Rua Dr. Mário Vicente, 368 — 04270-000 — São Paulo, SP
Fone: 2066-9000 — Fax: 2066-9008
E-mail: pensamento@cultrix.com.br
http://www.pensamento-cultrix.com.br
que se reserva a propriedade literária desta tradução.

Para
Jamels James

Sumário

Agradecimentos 9
Introdução 11

1. Imagens de Jesus na História Cristã 21
2. Imagens de Jesus entre Outros Fiéis Asiáticos 34
3. Jesus, o Sábio 42
4. Jesus, o Caminho 66
5. Jesus, o Guru 85
6. Jesus, o Satyagrahi 104
7. Jesus, o Avatar 123
8. Jesus, o Servidor 142
9. Jesus, o Compassivo 156
10. Jesus, o Dançarino 169
Conclusão: Jesus, o Peregrino 183

Bibliografia Selecionada 189

Agradecimentos

Expliquei a ideia principal do livro na introdução. Aqui desejo apenas agradecer a ajuda que recebi de muita gente durante as muitas décadas em que trabalhei neste livro. Uma lista completa seria impossível. Quero apenas mencionar algumas pessoas para mim mais significativas. O lugar de honra iria para o padre Ignatius Hirudayam, que desencadeou meu interesse pela cultura indiana — música, filosofia e espiritualidade — quando eu estava no noviciado da Sociedade de Jesus (1954). Isso foi mais tarde alimentado por contatos com professores como o padre George Gispert-Sauch de Vidyajyoti, em Delhi, gurus como Swami Abhishiktananda e missionários como o padre Pat O'Donoghue, M.M.* Mais recentemente, comecei a ser encorajado pela equipe de Voies de l'Orient, de Bruxelas, Bélgica. Meu trabalho no East Asian Pastoral Institute [Instituto Pastoral do Extremo Oriente], em Manila, ampliou meu interesse graças ao contato com pessoas de toda a Ásia. O Institute of Dialogue with Cultures and Religions [Instituto para o Diálogo com Culturas e Religiões], Aikiya Alayam, em Chennai, onde estou agora, aprofundou o interesse. A primeira versão deste pequeno livro foi lida e comentada pelos padres Adolfo Nicolas (Japão-Manila), S. Arokiasamy (Delhi), P. R. John (Innsbruck) e pelo sr. Rekha Chennatu (Pune). Estou grato a todos eles, especialmente ao padre S. Arokiasamy, por suas observações críticas e encorajadoras. Muitos agradecimentos ao padre Francis Xavier, provincial da Província Jesuíta de Madurai, por me encorajar a publicar este livro. Finalmente minha gratidão vai para o rev. Ashish Amos e sua equipe da Indian Society for Promoting Christian Knowledge [Sociedade Indiana para a Promoção do Conhecimento Cristão], em Delhi, pela participação na publicação do livro. Cabe agora ao leitor trabalhar sua própria imagem do Jesus asiático para que possa se tornar mais parecido com ele em sua vida e relacionamento.

Michael Amaladoss
Chennai, 15 de agosto de 2005.

---

* Maryknoll Missioner — membro de uma sociedade missionária fundada em Maryknoll, EUA. (N. do T.)

Introdução

Jesus nasceu, viveu, pregou e morreu na Ásia. Contudo, é visto com frequência como um ocidental. Por circunstâncias históricas, o cristianismo se difundiu mais para Ocidente que para Oriente.[1] Essa área coincidiu com a extensão do Império Romano influenciada pela cultura grega e o sistema legal e político romano. Alguns consideram isso providencial. Mas esse desenvolvimento não pode ser usado para impor a cultura greco-romana como norma para todos os cristãos, não importa o lugar. A história do apóstolo Tomé mostra que alguns apóstolos podem ter se aventurado além das fronteiras do império. Os indianos acreditam que Tomé chegou à Índia e foi martirizado em Chennai. A igreja de São Tomé, na Índia, tem em alta estima seus laços com a igreja na Síria. Monumentos atestam o fato de que os cristãos sírios seguiram as rotas de comércio e penetraram na China no século VIII da nossa era. A igreja síria, no entanto, foi amplamente sobrepujada pelo Islã. Continuou a existir, mas de modo precário; não se desenvolveu muito. Seus contatos com a Índia, por exemplo, não foram frequentes. Embora a igreja no Império Romano tivesse uma ala ocidental e uma oriental com os centros respectivamente em Roma e Constantinopla, a língua e a cultura gregas eram seu meio de expressão comum.[2]

Em tempos modernos, Jesus foi levado à Ásia por missionários ocidentais (euro-americanos) e por isso surgiu como ocidental. Os missionários chegaram em grande número com os colonizadores portugueses no século XVI. Introduziam uma igreja euro-americana, unificada e fortalecida na oposição à Reforma, especialmente no concílio de Trento, com sua liturgia, catequese, teologia e organização eclesiástica. A reação asiática a essa introdução, especialmente entre a elite pensante e espiritual da Ásia, principalmente da Índia,

---

1. Naturalmente os termos "Ocidente" e "Oriente" são usados com relação à Palestina em que Jesus nasceu e viveu.
2. Aqui "oriental" e "ocidental" são obviamente usados para distinguir duas regiões dentro do império.

da China e do Japão, foi bastante negativa. No século XIX, as colônias se tornaram unidades políticas mais estáveis, deixando de ser meros postos avançados de comércio. Um sistema educacional baseado no inglês foi criado na Índia. Isso tornou possível a interação entre o cristianismo e as culturas e religiões locais. Em áreas não colonizadas, como a China e o Japão, o cristianismo não fez grandes progressos. Os indianos, embora dominados política e economicamente, sentiam-se superiores em termos culturais e espirituais. Nessa época, alguns hinduístas da Índia reagiram ao Jesus ocidental afirmando que Jesus era realmente um "oriental" e tentaram reivindicar seu legado espiritual oriental. Mesmo hoje muitos indianos aceitariam Jesus como seu guru, embora se distanciando da igreja como instituição. Alguns mestres budistas também apreciaram Jesus. O Dalai Lama e Thich Nhat Hanh, do Vietnã, escreveram livros sobre Jesus. Bhikku Buddadasa, da Tailândia, apresentou Jesus aos tailandeses numa série de preleções. Mas Jesus ainda continua sendo fortemente euro-americano.

Bispos asiáticos no sínodo especial para a Ásia (1998) sugeriram imagens de Jesus que os asiáticos de hoje podem julgar atraentes: "Mestre da sabedoria", "Aquele que cura", "Libertador", "Guia espiritual", "O Iluminado", "Amigo compassivo do pobre", "Bom samaritano", "Bom pastor", "Senhor da humildade".[3]

Algumas pessoas podem achar que símbolos e imagens não são meios adequados de explorar o significado da pessoa e vida de Jesus. Só se satisfazem com fórmulas dogmáticas, mesmo se não chegam realmente a compreendê-las. Os símbolos e imagens, aliás, não pretendem ser declarações dogmáticas condensadas. De modo a evitar incompreensões, preciso explicar nas páginas seguintes meu direito de usar os símbolos e de que modo os estou usando. Isso pode parecer uma defesa. Não posso, contudo, evitá-la sob as atuais circunstâncias históricas da igreja. As pessoas que não têm problemas com imagens podem passar ao último parágrafo desta introdução.

O Papel das Imagens

Qual é o papel das imagens na fé e na vida cristãs? Todas as imagens de Jesus surgem no contexto da dialética entre sua pessoa e vida e a vida dos discípulos. Respondem à questão: O que ele significa para nós hoje? Têm raízes

---

3. Citado da *Proposição 6* dos bispos do Sínodo Asiático por João Paulo II, em *A Igreja na Ásia*, 20.

duplas: uma em sua vida, como nos é transmitida pelos Evangelhos, outra na cultura e na história dos discípulos, embora uma dessas raízes possa ser mais forte numa determinada imagem. Por exemplo, enquanto o Jesus crucificado está mais enraizado em sua vida, o Sagrado Coração é mais cultural.

Símbolos e imagens não exercem monopólio nem possuem exclusividade. São muitos e apontam para diferentes aspectos ou papéis da pessoa. São complementares. Nem todas as imagens conseguem se comunicar com todos. Alguns podem preferir uma ou outra imagem por razões históricas, culturais, vivenciais ou particulares. Uma imagem pode ser limitada. Pode ser inadequada para expressar a realidade plena da pessoa, tomada em si mesma. Uma imagem não é uma afirmação teológica ou dogmática, embora possa ser relacionada tanto à teologia quanto ao dogma.

Pessoas que têm uma disposição de espírito ontológica sentem-se com frequência pouco à vontade com imagens. Falam em absolutos e veem as imagens como relativas. Vamos tomar como exemplo a imagem do "profeta". Se eu digo que Jesus é um profeta, estou chamando atenção para o modo como ele está instigando cada pessoa a converter-se na expectativa do reino de Deus que está proclamando. Mas algumas pessoas só se darão por satisfeitas se eu ficar lembrando continuamente que Jesus é o "maior" dos profetas. É "superior" a outros profetas. Trata-se obviamente de uma afirmação comparativa. É verdade, obviamente, para um crente. Mas quando estou explorando a dimensão profética da vida, das obras e dos ensinamentos de Jesus, ele será, sob certos aspectos, semelhante a outros profetas, e, sob outros, diferente deles e específico, único mesmo. Terei também de trazer isso à luz. Mas não preciso ficar repisando sem parar esse problema da comparação. Na realidade, a singularidade ou especificidade de Jesus pode emergir precisamente quando são reunidas muitas imagens dele. Maomé é visto como profeta por seus seguidores. Outros podem vê-lo ainda como portador de um carisma profético que reformou as religiões populares politeístas e espoliativas da Arábia do seu tempo. Os mulçumanos consideram-no como o "último" profeta, querendo indicar que ele é o maior. Nós, cristãos, consideraríamos, é claro, Jesus como o profeta máximo. Mas posso abordar o papel de Jesus como profeta sem compará-lo constantemente a outros profetas. A especificidade de Jesus como profeta pode ser compreendida em seus próprios termos sem compará-lo, muito menos contrapô-lo, a outros profetas. Sua especificidade é quem ele é, não quem ele não é. O termo profeta tem em si mesmo um significado básico comum. Como tal pode ser aplicado a diferentes pessoas em diferentes situações, sagradas e seculares.

Adquire também um sentido específico cada vez que é aplicado a uma pessoa. O sentido específico vem da pessoa a quem é aplicado. Esses sentidos específicos podem, é claro, ser comparados. Mas não precisam ser. Neste pequeno livro não estou me ocupando de um estudo comparativo. Quero apenas olhar para Jesus e compreender seu significado para a Ásia por meio dos símbolos com os quais os asiáticos estão acostumados a conviver em suas próprias tradições culturais e religiosas.

Se chamo Jesus de sábio, não preciso dizer que é um sábio como Confúcio ou que é um sábio melhor que Confúcio. Sábio é um símbolo encontrado em muitas culturas. Tira um certo conteúdo comum mínimo dessas diferentes culturas. Vejo Jesus nesse contexto. Mas ao mesmo tempo, investigando a vida de Jesus, o que ele disse e fez, posso compreender que tipo de sábio Jesus era, que tipo especial de sabedoria ele comunica etc. Posso fazer isso sem fazer uma comparação entre Jesus e Confúcio ou outras personagens sábias da tradição asiática, como Buda ou Tiruvalluvar. A imagem só me dá uma estrutura, que é preenchida pela identidade da pessoa e da obra de Jesus. Depende de quem sou. Se sou confuciano, posso comparar e contrastar Jesus e Confúcio como sábios. Se sou tâmil, posso comparar Jesus e Tiruvalluvar. Mas essas comparações não são necessárias para compreender Jesus como sábio, embora possam dar uma ideia mais clara sobre a especificidade de Jesus. Quando dois desses sábios se encontram, o que pode ser interessante não é uma comparação, mas um diálogo. Não planejo, contudo, me ocupar de um diálogo desse tipo neste pequeno volume. Posso falar de Jesus da mesma maneira como o Caminho ou como *Tao*. Primeiramente, não tenho a intenção de deixar claro o exato significado do *Tao* na tradição chinesa, depois aplicá-lo a Jesus e compará-lo como o caminho para o *Tao*. Mesmo um livro inteiro não seria capaz de dar a última palavra sobre o significado do *Tao* na tradição chinesa e os diferentes sentidos dados a esse termo em diferentes ramos dessa tradição. Sem dúvida, quando chamo Jesus de "o Caminho", é Jesus que dá um sentido especial ao termo *Tao*. Ao mesmo tempo, o termo tem uma ressonância especial que lhe é concedida pela tradição chinesa e que me ajuda a voltar os olhos para uma dimensão particular da vida e ação de Jesus. Posso fazer isso sem qualquer comparação.

Posso falar de Jesus como um guru. Qualquer pessoa na Índia e no mundo sabe o que um guru normalmente significa. Essa imagem ou símbolo me ajuda a examinar e compreender alguns aspectos do que Jesus é e faz. O símbolo "guru" tem um significado particular na tradição Saiva Siddhanta. Mas não tenho intenção de explorar isso, fazendo comparações com um Jesus guru. Um estudioso, por exemplo, fala de Jesus como o guru crucificado.[4] A própria vida e ensinamentos de Jesus me mostram que tipo de guru ele é. O que pode ser investigado sem qualquer estudo comparativo.

Imagens e Dogma

A linguagem dos símbolos e imagens não é conceitual e lógica. Mas pode ser sistemática. Ela dá origem ao pensamento por meio da interpretação, embora não possamos encerrá-la em esquemas conceituais. Numa frase bem conhecida Paul Ricoeur dizia: "Símbolos dão origem ao pensamento". Símbolos são mais ricos e mais evocativos do que conceitos. Nós, cristãos, concordamos que Jesus é único. Mas os teólogos ainda não chegaram a um acordo sobre quais são os efeitos e implicações disso no modo como ele funciona na história da salvação. O que estou tentando dizer é que ninguém deve censurar a linguagem simbólica pelo fato de ela não ser conceitual ou dogmática. A lealdade à fé da igreja não exige que repitamos todos as mesmas fórmulas conceituais. Privilegiar conceitos abstratos, unívocos, é privilegiar a tradição cultural e filosófica grega. Não vejo por que deveria ser assim. Nem conceitos nem símbolos são adequados para o mistério do divino. Isso também é verdade quando os usamos para falar de Jesus, que é divino e humano. Diante desse mistério tudo o que podemos dizer é *neti, neti* — "isto não", "isto não". Vemos esse processo funcionar nos concílios da igreja. Há mais empenho em negar heresias do que em fazer afirmações positivas. Não convertamos, então, em coisa absoluta quaisquer conceitos ou símbolos. Só Deus é absoluto, embora só possamos falar do absoluto por meio de nossas limitadas palavras, símbolos e conceitos. Podemos estabelecer limites para nossa fala além dos quais não podemos ir, por mais que sejamos hesitantes sobre o que declaramos positivamente.

Quando convertemos um símbolo em absoluto, ele se torna um ídolo. Um símbolo só é útil até o ponto em que nos leva a penetrar mais fundo na realidade que ele simboliza. Desempenhou bem seu papel quando nos deixa conscientes de que, com sua individualidade e profundidade próprias, a realidade o transcende. O símbolo, então, se torna um ícone que nos leva à contemplação do mistério que ele indica.

Afirmações dogmáticas são corretas. Mas não expressam a plenitude da verdade. Sua expressão pode ser limitada pela situação em que são feitas, pela

---

4. M. Thomas Thangaraj, *The Crucified Guru — An Experiment in Cross-Cultural Christology*, Nashville, Abingdon Press, 1994.

capacidade e percepção das pessoas que as estão fazendo e pelos recursos conceituais à sua disposição. Ao explorar imagens, não estou desenvolvendo uma cristologia no sentido tradicional. Nenhuma imagem pode ter pretensões de apresentar todos os aspectos do mistério de Jesus Cristo. Criar uma imagem é diferente de escrever um tratado de teologia sistemática. As imagens, portanto, não deveriam ser julgadas numa moldura teológica. Imagens têm raízes na fé. São pré-teológicas. Não podem ser acusadas de não serem teológicas. Como símbolos, no entanto, podem dar origem à reflexão teológica. Mas o contexto de fé e vida é sempre importante. Os símbolos, tomados isoladamente ou em conjunto, podem não dar conta de todas as preocupações de um tratado teológico. Os símbolos, portanto, não deveriam ser julgados por uma comparação entre eles e formulações teológicas. Ao perceber Jesus como o caminho, o sábio ou guru, não posso encaixar neles as fórmulas dogmáticas de Calcedônia nem julgá-los nesse contexto. Este pequeno volume não é um tratado teológico. Deve ser avaliado pelo que diz e não julgado pelo que não diz.

Diz-se frequentemente que não se pode falar do que Jesus é sem dizer o que ele faz, isto é, que ele salva. A salvação que Jesus oferece é tal que não nos livra das lutas e dos esforços que temos de fazer nesta vida para viver como seres humanos salvos. Não somos poupados das tensões e decisões. A salvação não é uma atividade misteriosa, automática, metafísica. Jesus nos dá energia e nos fortalece para vivermos como seus discípulos nesta vida. Do que acontecerá na vida após a morte só sabemos que estaremos com ele, com o Pai e com o espírito, livres dessas lutas. Jesus como *guru*, por exemplo, nos mostra o caminho para vivermos como seus discípulos. Dizer que ele é divino ou que é salvador pode significar muita coisa, mas não acrescenta nada ao papel de guru que ele desempenha na nossa vida. Sem dúvida ele me salva precisamente me mostrando o caminho para viver como uma pessoa sendo salva e, ao me capacitar a fazê-lo, ele se torna então um tipo especial de guru. A tecnologia da salvação que os teólogos afirmam investigar é vista de um ângulo prático nas imagens. Imagens estão menos ligadas à metafísica. Elas nos ajudam a viver. Estou dando como certo que ele é divino, salvador etc. Não preciso acrescentar todos os seus atributos a cada símbolo que exploro. Isso não significa que eu os negue. Estou encarando Jesus como um guru sem compará-lo a outros gurus. Mesmo quando tentaram definir o que Jesus era no concílio de Calcedônia, os padres fizeram afirmações positivas, não comparativas. Mantiveram os atributos divinos e humanos de Jesus em tensão sem saber como integrá-los.

Imagens Asiáticas

Nas páginas seguintes, eu gostaria de explorar algumas imagens asiáticas de Jesus. Não sou o primeiro asiático a fazê-lo. Estou apoiado nos passos de muitos pioneiros. Vou me referir num capítulo subsequente às imagens usadas pelos asiáticos de outras religiões, hindus e budistas. Cristãos asiáticos também têm usado imagens. Quero, no entanto, fazer um esforço próprio para procurar imagens de Jesus no contexto da Ásia de hoje. É um contexto de pluralismo cultural e religioso. Isso vai se somar ao pluralismo das imagens.

Estou explorando essas imagens de Jesus como indiano e como asiático. Sou indiano. Mas ao mesmo tempo sou também asiático. Tenho alguma experiência das situações e culturas da Ásia. Tento aprender com elas e me enriquecer. Estou consciente, no entanto, que se este esforço tivesse sido feito por um chinês, um indonésio ou um japonês, ele teria sido muito diferente. Os símbolos podem se tornar objetos para o diálogo também dentro da Ásia. Estou escrevendo como cristão. Não estou me empenhando num estudo comparativo abstrato. Não pretendo me situar fora das culturas e religiões da Ásia. Mas como indiano e cristão asiático sinto que as culturas e religiões asiáticas não me são estranhas. São minha herança e pertencem aos meus ancestrais. Estou em diálogo com elas dentro de mim mesmo. Quando uma imagem indiana, como *guru*, é usada, os hindus podem reivindicá-la como sua e também os cristãos podem vê-la como algo hindu. Embora eu não negue seu uso em contextos hindus, acho que é mais indiana que hindu, sendo mais cultural e linguística que religiosa. Como tal, sinto que tenho direito de usá-la em meu próprio contexto cristão indiano. Não tenho de me desculpar com ninguém nem preciso da autorização de ninguém para fazer isso. Posso dar-lhe uma interpretação cristã em meu próprio contexto religioso. É no entanto verdade que nem todos os símbolos usados num contexto religioso particular estão abertos a uma reinterpretação desse tipo. Por exemplo, se falo de Krishna, Rama, Shiva ou de símbolos intimamente associados a eles no mito e no culto hindus, estou obviamente falando no contexto do hinduísmo. Será não somente ambíguo, mas impróprio usar esses nomes e símbolos para Jesus. Mas um símbolo como *guru* não é hindu, mas indiano e comum, embora seja também usado em contextos religiosos hindus. Mateo Ricci e Roberto de Nobili, no século XVII, fizeram pela primeira vez essa distinção entre religião e cultura. Os símbolos culturais, assim, estão disponíveis para serem usados por pessoas que pertencem a outras religiões.

Podem também ser adotados por pessoas que pertencem a outras culturas. Um avatar é um símbolo comum de um modo que Krishna não é. Posso chamar Jesus de avatar. Não posso chamá-lo de Krishna. Chamando Jesus de avatar não o estou comparando a Krishna ou a qualquer outro avatar. Embora avatar tenha um significado comum, quando aplico a palavra a Jesus ela adquire um sentido específico, que lhe é dado pelo próprio Jesus. O termo ou símbolo adquire um novo conteúdo. Não é realmente necessário adicionar outros adjetivos como "o avatar crucificado". Por que não então "o avatar ressuscitado", "o avatar salvador", "o avatar divino" ou todos esses adjetivos numa sequência: "o avatar crucificado, ressuscitado, salvador e divino?" Por que não ligar essa sequência de adjetivos a cada imagem e símbolo? Há sempre medo de que alguém diga: "Afinal, Jesus é apenas um guru, como tantos outros gurus". Essa declaração é feita num contexto comparativo. Há também um prejulgamento de que o termo "guru", sem outra qualificação, possa ser usado apenas com relação a um ser humano limitado. Contudo, nem toda imagem de Jesus que usamos precisa evocar e expressar tudo o que podemos dizer sobre ele ou tudo o que ele é. Na realidade ela se refere a um aspecto particular de Jesus.

Alguns cristãos indianos falam de Jesus como o *adipurusha* — a pessoa primordial. Não é um símbolo neutro, mas carrega consigo o peso da tradição védica em que o *adipurusha* tem um papel especial no processo da criação. Assim, no entanto, que uso uma imagem como essa para falar de Jesus, estou entrando num mundo de filosofia/teologia comparadas que estou tentando evitar. Não penso que isso seja uma imagem adequada para Jesus, não porque ela seja hindu, mas porque não quero ser envolvido na cosmologia e antropologia que tal imagem evoca. Gente como Chenchiah e Swami Abishiktananda usam-na em sua investigação do mistério de Jesus, mas nesse caso ela é colocada no contexto de uma determinada antropologia teológica, que precisa ser explicada e justificada.

Falando num contexto intercultural e inter-religioso não se pode escapar completamente de uma certa perspectiva comparativa. Mas eu gostaria de manter essa comparação no nível da linguagem e do símbolo, sem entrar na área da reflexão filosófica e teológica onde ela se torna teologia comparada. Não estou dizendo que teologia comparada não possa ou não deva ser feita. Só estou dizendo que não estou me ocupando dela aqui. Estou exercendo meu direito, como indiano e asiático, de falar de Jesus em minha própria linguagem e cultura, com seus símbolos e imagens.

Embora eu reivindique o direito de usar imagens asiáticas para Jesus e de dialogar com as imagens usadas nas culturas e religiões asiáticas, vou me abster desse diálogo neste pequeno volume. Como cristão indiano/asiático posso levar o diálogo avante dentro de mim mesmo. Mas se quiser lhe dar expressão, talvez fosse bom fazê-lo num contexto dialogal inter-religioso e intercultural, onde existissem outros interlocutores presentes. Isto é, eu optaria por um hindu para falar da compreensão hindu de "guru" e por um confuciano para explicar a compreensão chinesa de "sábio". Aqui só estou dizendo de que maneira, como cristão asiático, estou percebendo Jesus como guru e como sábio.

O emergir de imagens de Jesus no Novo Testamento e na história da igreja justifica meu esforço. Não estou empenhado em qualquer tentativa de redefinir os dogmas da igreja. Certamente não os nego. Mas certamente acho que eles não dizem tudo que os cristãos poderiam dizer acerca de Jesus para torná-lo significativo para si mesmos e para outros, em diferentes contextos culturais e religiosos. As imagens, portanto, não negam o dogma, mas o complementam em outro nível. Trazem uma nova perspectiva que torna Jesus relevante para nós hoje. Os dogmas tendem a se limitar ao exame do que é Jesus, em sua constituição "ontológica e pessoal", no contexto das "heresias" dos primeiros séculos do cristianismo. Eles podem também representar uma preocupação cultural grega. Os símbolos se concentram antes no que Jesus faz. Naturalmente, o que ele faz não acontece sem um impacto no que ele é, embora revele diferentes aspectos de sua personalidade.

Quem é meu público neste livro? Meu público é o crente cristão asiático comum. Pressuponho uma certa familiaridade com a história de Jesus, como ela nos é narrada nos quatro evangelhos. Os Evangelhos usam suas próprias imagens. Mas além dessas imagens, que já são interpretativas, há uma história simples de Jesus, de suas ações e ensinamentos. Parto da hipótese de que isso, em linhas gerais, é conhecido, de modo que minha linguagem será às vezes apenas indicativa. Não sinto necessidade de relatar a história de Jesus. O que significa que este livro não se destina primariamente aos membros de outras religiões, que nada conhecem acerca de Jesus. Mas um membro de outra religião que tenha alguma familiaridade com a pessoa de Jesus e sua vida e tenha vontade de compreender mais profundamente o que ele significa pode achar o livro interessante. O segundo capítulo realmente dá uma ideia de como hindus e budistas, a partir do seu próprio contexto religioso, encaram Jesus.

Ao falar de símbolos e imagens, estamos trabalhando num segundo nível, um passo seguinte ao simples ato de narrar uma história. Símbolos dão origem à reflexão interpretativa. E essa reflexão estaria ainda em outro nível.

Antes de apresentar minha seleção de imagens asiáticas de Jesus, eu gostaria, em primeiro lugar, de falar rapidamente das imagens de Jesus que emergiram na tradição cristã. Depois evocarei as imagens que hindus e budistas da Ásia encontraram para Jesus.

1
Imagens de Jesus na História Cristã

Como é que um Jesus asiático se torna ocidental? Jesus nasceu judeu na Palestina. Foi batizado por João Batista. Proclamou a vinda do governo de Deus e exortava o povo a aceitá-lo. Explicou sua natureza por meio de muitas parábolas e detalhou suas exigências em muitos sermões. Ilustrou e tornou real o reino de Deus por seus muitos milagres de cura. Anunciou o perdão e o amor desinteressado de Deus e demonstrou-o por sua solidariedade com os pobres e os párias do seu tempo. Foi visto como uma ameaça pelas autoridades judaicas, que o condenaram à morte com a ajuda do poder romano. Seus discípulos afirmaram que retornou à vida e andaram pelo mundo então conhecido pregando o reino de Deus que ele inaugurava, exortando as pessoas a se tornarem seus seguidores.

Jesus não era um homem comum. Quem o conhecia, que via suas ações e ouvia sua pregação era forçada a perguntar: "Quem é este homem?" A resposta que davam a essa pergunta dependia de dois fatores. Um era a vivência que tinham dele: o que viram e ouviram do que ele fazia e dizia. O outro era o contexto e a cultura a partir dos quais avaliavam sua importância: o que ele significa para nós? Todos testemunharam seus milagres e ouviram seus sermões pedindo uma mudança sincera com relação a Deus e às outras pessoas. Alguns o viam como um rabino, que ensinava com autoridade princípios e perspectivas que pareciam revolucionários. Outros viam-no como um profeta, que anunciava e compreendia o reino de Deus que se aproximava. Alguns chegavam mesmo a pensar que era o messias, cuja vinda esperavam para restabelecer o reino de Israel. Gente como Herodes via-o apenas como um fazedor de milagres, embora, por um momento, Herodes tivesse ficado com medo que pudesse ser outro João Batista, capaz de condenar suas más ações. Os líderes judeus viam-no como um impostor com certa influência entre o povo, alguém que ameaçava e desafiava o poder deles. Seu desrespeito pelo sábado e a limpeza que fez do Templo os transtornaram. Pilatos zombou dele como o "rei dos judeus", a quem poderia crucificar. Temos aqui diferentes imagens de Jesus. Suas fontes são a tradição histórico-cultural dos judeus. A escolha de uma determinada imagem depende de como uma pessoa ou um grupo se relaciona com ele, de suas atitudes e perspectivas.

Os discípulos, que seguiram Jesus e viveram com ele, que ouviram seus ensinamentos e viram os milagres de cura e exorcismo, julgavam que ele fosse o messias que estavam esperando. A pergunta que João Batista lhe fez por intermédio dos discípulos pode ser vista como paradigmática.

> Quando João ouviu na prisão o que o messias estava fazendo, enviou a ele os seus discípulos para lhe perguntarem: "És tu aquele que há de vir ou devemos esperar outro?" Jesus respondeu-lhes: "Ide contar a João o que estais ouvindo e vendo: os cegos recuperam a vista, os coxos andam, os leprosos são purificados, os surdos ouvem, os mortos são ressuscitados e os pobres ficam sabendo da boa-nova". (Mat 11,2-5)

Com uma referência ao profeta Isaías, a resposta de Jesus parece positiva. Ele repete a mesma mensagem quando proclama sua identidade na sinagoga em Nazaré. Declara:

> O espírito do Senhor está sobre mim, porque ele me ungiu para evangelizar os pobres. Enviou-me para proclamar o livramento aos cativos e aos cegos a recuperação da vista, para restituir a liberdade aos oprimidos, para proclamar um ano de graça do Senhor. (Lc 4,18-19)

Depois ele anuncia: "Hoje realizou-se esta escritura que acabastes de ouvir" (Lc 4,21). Sabemos da mesma expectativa entre os discípulos que estavam seguindo para Emaús após a morte de Jesus. Ao próprio Jesus, que estava caminhando com eles, mas irreconhecível, contaram:

> "O que aconteceu a Jesus de Nazaré, que foi um profeta poderoso em obra e em palavra diante de Deus e de todo o povo, e como nossos sumos sacerdotes e nossos chefes o entregaram para ser condenado à morte e o crucificaram. Esperávamos que fosse ele quem iria redimir Israel; mas o fato é que já faz três dias que todas essas coisas aconteceram! É verdade que algumas mulheres de nosso grupo nos deixaram muito espantados. Tendo ido hoje de manhã cedo ao túmulo e não tendo encontrado o corpo, voltaram dizendo que tinham tido uma visão de anjos a

declararem que ele está vivo. Alguns dos que estavam conosco foram até o túmulo e encontraram-no exatamente como as mulheres haviam dito; mas não o viram". Ele, então, lhes disse: "Ó, como sois insensatos e lentos de coração para crer em tudo que os profetas anunciaram! Não era preciso que o messias sofresse estas coisas e depois entrasse em sua glória?" Então, começando por Moisés e por todos os profetas, interpretou-lhes as coisas que a ele diziam respeito em todas as escrituras. (Lc 24,19-27)

Finalmente, quando Jesus estava com todos os discípulos reunidos,

Eles lhe perguntaram: "Senhor, será agora que haveis de restaurar o reino em Israel?" Ele respondeu: "Não vos compete conhecer os tempos ou períodos que o Pai estabeleceu pelo seu próprio poder. Mas o Espírito Santo descerá sobre vós e dele recebereis força; sereis, então, minhas testemunhas em Jerusalém, em toda a Judeia e Samaria, e até os confins da terra". Dito isto, elevou-se à vista deles, e uma nuvem o ocultou a seus olhos. E como fitassem o céu enquanto ele se ia, eis que apareceram junto deles dois homens vestidos de branco, que lhes disseram: "Homens da Galileia, por que estais aí parados olhando para o céu? Este Jesus, que vos foi arrebatado, virá do mesmo modo que para o céu o vistes partir". (At 1,6-11)

Jesus Descendo e Ascendendo

Essas passagens nos fornecem uma base para compreender como os primeiros cristãos chegaram à sua imagem de Jesus como Senhor. Os discípulos o viram como um profeta e o Messias. Ele anunciava o reino de Deus e o inaugurava com os seus milagres de perdão e cura. Viram-no ser preso pelos líderes judeus e entregue nas mãos dos romanos para ser morto como um falso messias. Mas Deus justificou-o, trazendo-o novamente à vida. O reino de Deus que Jesus proclamava de fato ainda não tinha vindo antes de Jesus ser levado para o céu. Mas o que eles tinham experimentado lhes dava uma certeza de que Jesus estava agora com o Pai e viria de novo para realizar o reino de Deus sobre a terra. Estêvão declarou diante dos líderes judeus: "Vejo os céus abertos e o Filho do Homem parado à direita de Deus!" (At 7,56)

Não precisamos especular aqui sobre o processo pelo qual a experiência que tiveram da vida, morte e ressurreição de Jesus se funde numa imagem multiforme. Mas podemos percebê-lo num primitivo hino cristão que Paulo cita em sua carta aos filipenses.

> *Tende em vós o mesmo sentimento de Cristo Jesus,*
>
> que, embora estivesse na forma de Deus,
> > não encarou a igualdade com Deus como algo a ser explorado,
>
> mas apagou-se a si mesmo, assumindo a condição de um servo,
> > nascendo com aparência humana.
>
> E sendo encontrado em forma humana,
> > humilhou-se
> >
> > e tornou-se obediente até a morte —
> >
> > mesmo a morte numa cruz.
>
> Por isso Deus também o exaltou grandemente
> > e deu-lhe o nome que está acima de qualquer nome,
>
> de modo que ao nome de Jesus
> > todo joelho deveria se dobrar,
> >
> > no céu e na terra e debaixo da terra,
>
> e toda língua deveria confessar
> > que Jesus Cristo é o Senhor,
> >
> > para a glória de Deus, o Pai. (Fl 2,5-11)

Esse hino tem muitos paralelismos. A imagem que transmite é a de um ser divino que desce à terra, torna-se humano, sofre e morre, mas se levanta de novo e se torna o Senhor. Jesus é o Senhor. Torna-se encarnado, sofre e morre pela obediência à vontade do Pai. É recolocado como Senhor mediante a sua ressurreição. Há um processo de descida e ascensão que é parte da história do mundo humano. Tem, portanto, um duplo aspecto: o que acontece a Jesus e o que acontece ao mundo. No que diz respeito ao mundo, esse processo não está completo. O reino de Deus não foi plenamente estabelecido. Assim o Senhor voltará para realizá-lo. Como diz Paulo: "Estou confiante nisto, que aquele que começou uma boa obra entre vós há de levá-la à perfeição até o dia de Jesus Cristo" (Fl 1,6). Este dia de Jesus Cristo está obviamente no futuro. É por isso que as pessoas continuam a rogar: "Vem, Senhor Jesus!" (Ap 22,20) A imagem não é a de um ser humano que é feito divino por Deus. Jesus é antes um ser divino que assume a humanidade e demonstra sua identidade por sua obediência perfeita.

Jesus é o Senhor

Os primeiros cristãos experimentam e confessam Jesus Cristo como um Senhor divino-humano. Jesus é o Senhor! Eles o cultuam. Rogam a ele. Os Evangelhos evocam a vida e a obra de Jesus precisamente para justificar essa fé-visão. Como diz João perto do fim de seu Evangelho: "Estes foram escritos para que possais crer que Jesus é o Messias, o Filho de Deus, e para que, crendo, tenhais vida em seu nome" (Jo 20,31).

"Jesus é o Senhor!" é a imagem dominante da igreja primitiva. Mas ao tentar justificá-la, os Evangelhos evocam outras imagens. Elas são definidas pelo contexto histórico, cultural e teológico onde eles estão sendo escritos.

Jesus nos Evangelhos

Marcos começa com a afirmação de que Jesus Cristo é o "Filho de Deus" (Mc 1,1). Uma voz celeste confirma isso quando Jesus recebe batismo pela mão de João Batista: "Tu és o meu filho amado, em ti me comprazo". Marcos, no entanto, parece construir sua narrativa ao redor da ideia do segredo messiânico. Embora expulse espíritos maus e cure as pessoas, Jesus adverte os beneficiados para que não contem o que houve. Embora sua vida e suas ações, ao proclamar o reino de Deus e pedir a conversão, instigue perguntas acerca dele, as pessoas em geral não reconhecem sua identidade messiânica. Jesus só a revela diante do sumo sacerdote (Mc 14,61-62) e é morto. Sua reivindicação é justificada por sua ressurreição.

Para Mateus, Jesus é de fato o Messias, que traz a nova lei que cumpre a antiga (5,17). Ele é um rabino que ensina com autoridade. "Ouvistes que foi dito... Eu, porém, vos digo" (5,21-22). Ele usa parábolas e sermões para transmitir seu ensinamento. Prega a nova lei de amor sincero — amor pelos outros, mesmo os nossos inimigos (Mt 5,38-48), vendo-se a si mesmo nesses outros, em especial nos pobres (Mt 25,31-46). Ele faz discípulos e os envia por toda parte para fazer outros discípulos (28,18-20). O público de Mateus parece ser formado basicamente de comunidades judaicas. Ele está tentando fazê-las compreender que Jesus não é o tipo de Messias que estavam esperando. É um Messias que está destinado a sofrer e ser morto.

Lucas parece estar escrevendo essencialmente para comunidades não judaicas. Apresenta Jesus como o grande reconciliador e como aquele que cura. Jesus dá testemunho sobre o amor de Deus, que perdoa e reconcilia. Sua missão está situada no contexto do jubileu, quando todas as dívidas deveriam ser perdoadas e toda propriedade devolvida a seus donos originais, a fim de que a comunidade tivesse um novo começo (cf. Lv 25 e Dt 15). Ele traz boas-novas para o pobre, visão para o cego e liberdade para os cativos (Lc 4,18-19). Também proclama o perdão para os pecadores. Fala do Pai misericordioso que recebe de volta o filho pródigo com amor incondicional e do bom pastor que vai atrás da ovelha desgarrada (Lc 15). Lucas narra a história de Zaqueu, um coletor de impostos, que é convertido (Lc 19,1-10).

João vê Jesus como a Palavra de Deus feita carne (Jo 1,1-14). A "palavra" bíblica não indica apenas revelação, mas também ação. A imagem que João faz da palavra pode também se apoiar na imagem bíblica da sabedoria, que está intimamente relacionada a Deus e é personificada como um ser divino no Antigo Testamento.

> O Senhor me criou no início de sua obra,
>   fui o primeiro de seus atos mais antigos.
> Eras atrás fui lançada, no princípio,
>   antes do começo da terra.
> Quando ainda não havia abismos, fui gerada,
>   quando não havia fontes carregadas de água.
> Antes que as montanhas fossem formadas,
>   antes das colinas, eu fui gerada —
> Quando ele ainda não tinha feito a terra e os campos,
>   nem os primeiros bocados de solo do mundo.
> Quando ele definiu os céus, eu estava lá,
>   quando desenhou um círculo sobre a face do abismo,
> quando firmou os céus lá no alto,
>   quando estabeleceu as fontes do abismo,
> quando assinalou ao mar seu limite,
>   para que as águas não pudessem transgredir sua ordem,
> quando ele demarcou as fundações da terra,
>   então eu estava ao lado dele, como capataz;
> e era a cada dia as suas delícias, exultando todo tempo diante dele,
>   exultando no seu mundo habitado
> e me deliciando entre o gênero humano. (Pr 8,22-31)

Isso torna fácil para João personificar a Palavra como automanifestação de Deus. A automanifestação de Deus em Jesus encontra a recusa dos judeus. João dá muita ênfase a essa confrontação. Ao mesmo tempo, a divindade da Palavra é realçada pelas passagens "eu sou": "Eu sou o pão da vida" (Jo 6,35), "Eu sou a luz do mundo" (Jo 8,12), "Antes que Abraão existisse, eu sou" (Jo 8,58), "Sou o bom pastor" (Jo 10,11), "Sou a ressurreição e a vida" (Jo 11,25), "Eu sou o caminho, a verdade e a vida" (Jo 14,6). A Palavra, contudo, se torna carne e, portanto, realmente humana. Isso possibilita que ela leve a humanidade à condição divina. Vemos o paradigma descendente e ascendente. A participação na vida divina leva à comunhão com Deus e com os outros, mostrada no amor e no serviço desinteressado (Jo 17). A videira e os ramos se tornam o símbolo dessa comunhão (Jo 15,1-13). O espírito é dado para sustentar e fortalecer essa comunhão (Jo 14,15-17). O perdão é uma dimensão dessa comunhão. Após sua ressurreição, Jesus apareceu aos apóstolos, "soprou sobre eles e lhes disse: 'Recebei o Espírito Santo. Se perdoardes os pecados de alguém, eles ficarão perdoados'" (Jo 20,22-23).

Todos os Evangelhos dão grande importância ao sofrimento e morte de Jesus. Aludem à imagem do Servo Sofredor de Jeová em Isaías (Is 52,13-53; 12). Jesus sofre por nós. Contudo, a natureza exata do "por nós" não é especificada. Poderia ser exemplar, inspiradora, indicar uma solidariedade pactual e manifesta, ou uma autodoação — tudo menos expiação e substituição. Autodoação total e renúncia parecem ser condições para a aceitação e comunhão totais. Não existe Jesus sem a cruz. É por essa razão que Paulo encontra glória no Jesus crucificado (Gl 6,14).

Jesus como o Sumo Sacerdote

Mas a imagem do "Senhor" empurra todas as outras imagens para o segundo plano. Mesmo a paixão é vista como uma passagem necessária para a glorificação do Senhor. Durante as perseguições essa necessidade é experimentada também num nível pessoal, como uma participação nos sofrimentos do Senhor. O que domina, no entanto, é o senhorio de Cristo. A carta aos hebreus é representativa dessa imagem.

> Muito tempo atrás Deus falou a nossos ancestrais de muitas e variadas maneiras pelos profetas, mas nestes últimos dias tem falado conosco por meio de seu Filho, que apontou como herdeiro de todas as coisas e através de quem também criou os mundos. Ele é o reflexo da Glória de Deus e a exata impressão do próprio ser de Deus, e sustenta todas as coisas pelo poder de sua palavra. Depois de ter realizado a purificação dos pecados, sentou-se nas alturas à direita da Majestade, tão superior aos anjos quanto o nome que herdou excede o deles. (Hb 1,1-4)

Essa imagem de glória, no entanto, é complementada pela imagem de sua humanidade.

> Desde que, então, temos um grande sumo sacerdote que atravessou os céus, Jesus, o Filho de Deus, vamos logo confessá-lo com firmeza. Com efeito, não temos um sumo sacerdote incapaz de ser solidário com nossas fraquezas, mas um que foi provado em tudo como nós, com exceção do pecado. Aproximemo-nos, então, com coragem do trono da graça, para que possamos receber clemência e alcançar graça para ajudar em tempo de necessidade. (Hb 4,14-16)

Essa imagem do glorioso Cristo será perpetuada não apenas na devoção popular, mas também nas imagens do Cristo, o Senhor de tudo — *Pantocrator* —, que pode ser vista sobre a entrada principal de muitas antigas catedrais. A liturgia da igreja oriental está também centrada no mistério do Cristo sumo sacerdote intercedendo por nós no céu. É esse mistério que celebramos e do qual participamos.

O Jesus da Reflexão Teológica

Os primeiros concílios da igreja afirmam que sua crença em Jesus Cristo como Senhor divino não vai contra a afirmação bíblica: "Eu sou o Senhor teu Deus... Não terás outros deuses além de mim" (Dt 5,6). O concílio de Niceia (325) afirma acreditar

> num único Senhor Jesus Cristo, Filho de Deus, o unigênito gerado do Pai, isto é, do ser (*ousia*) do Pai, Deus de Deus, Luz da Luz, verdadeiro Deus de verdadeiro Deus, gerado, não criado, único em ser (*homoousios*) com o Pai, através de quem todas as coisas foram feitas, aquelas do céu e aquelas da terra. Para nós, seres humanos, e para nossa salvação ele desceu e se tornou carne, foi feito homem, sofreu e subiu de novo no terceiro dia. Ascendeu aos céus e voltará de novo para julgar os vivos e os mortos.

O concílio de Calcedônia (451), por outro lado, proclama

> um único e mesmo Filho, nosso Senhor Jesus Cristo, o mesmo perfeito em divindade e perfeito em humanidade, o mesmo verdadeiramente Deus e verdadeiramente homem composto de alma racional e corpo, o mesmo único em ser (*homoousios*) com o Pai quanto à divindade e o único em ser conosco quanto à humanidade, igual a nós em todas as coisas menos no pecado (cf. Hb 4,15)... Com duas naturezas, sem confusão ou mudança, sem divisão ou separação.

Os concílios afirmam que Jesus Cristo é tanto divino quanto humano. Usam, porém, uma terminologia um tanto técnica. Não explicam o mistério. Fixam as fronteiras da linguagem que fala do assunto. Opõem-se a ambas as afirmativas que enfatizam unilateralmente a divindade ou a humanidade de Jesus e a declarações que procuram subordinar Jesus ao Pai. Mas essas declarações são algo muito diferente de símbolos e imagens inspiradores.

Jesus, o Rei dos Reis

Na igreja ocidental, a imagem de Cristo, o Senhor, toma a forma do Rei dos reis. Após a conversão do imperador Constantino, todo o império se tornou cristão — pelo menos sociologicamente — e Cristo é entronizado como o Rei dos reis. Essa imagem continua a predominar até hoje. No começo, o imperador é visto como seu delegado na terra, governando com a autoridade dele. É visto não apenas como chefe do reino político, mas também da igreja. Os imperadores convocaram e presidiram alguns dos primeiros concílios ecumênicos. Quando o império entra em colapso, o papa passa a desempenhar esse papel, desfrutando de autoridade sagrada e secular, especificada como as duas espadas de poder. O papa consagra e depõe reis. Na época da expansão colonial, pode mesmo dividir o novo mundo entre esferas de influência espanhola e portuguesa. A liberação da ciência, da filosofia e do poder político da autoridade papal na Europa é resultado de uma longa luta ter sido travada — uma das razões para o anticlericalismo e secularização na Europa. Os senhores coloniais alegavam ter o poder de impor o cristianismo a povos de outras religiões, mesmo por meio da força militar quando e onde necessário. Uma justificativa para essa prática era encontrada na frase das Escrituras: "Obriga as pessoas a entrarem" (Lc 14,23), que Jesus põe na boca do anfitrião em sua parábola do Grande Banquete (cf. Lc 14,12-24). O papa continuará a reivindicar uma certa autoridade universal no reino espiritual como "Vigário de Cristo". Mesmo hoje se afirma que todos os que são salvos se relacionam de alguma maneira misteriosa com a igreja, cuja cabeça visível é o papa. A igreja ainda celebra o banquete de Cristo Rei. Imagens de Jesus com uma coroa dourada são comuns. Na religiosidade popular, até o Menino Jesus é visto com uma coroa.

Jesus na Cruz

Na igreja primitiva, tanto no Oriente quanto no Ocidente, as pessoas não se concentram muito na Paixão de Jesus, embora ela seja a peça central em todos os Evangelhos. Jesus instrui os discípulos, tanto antes quanto após sua morte-ressurreição, de que seu caminho para a glória passa pelo sofrimento. Vimos a trajetória de descida e ascensão nos hinos da igreja primitiva. Paulo disse aos coríntios: "Quando fui ter convosco, irmãos e irmãs, não cheguei proclamando o mistério de Deus com grandiosas palavras de sabedoria. Pois decidi nada levar em consideração entre vós além de Jesus Cristo, e Jesus crucificado" (1Cor 2,1-2). A igreja oriental via a salvação como participação na vida divina que Jesus, descendo do céu, compartilha conosco. Foi também por essa razão que defenderam a divindade e humanidade de Cristo nos primeiros concílios. Como Jesus é realmente humano, ele pode ser um de nós. Mas como é também realmente divino, pode fazer-nos todos divinos, parceiros da vida divina. A igreja ocidental, contudo, via a salvação em termos mais específicos. Fosse qual fosse a explicação teológica, o foco estava no fato de que Jesus nos salvou ao sofrer e morrer por nós. O sofrimento de Jesus, então, se torna a manifestação do amor de Deus por nós. Como tinha dito Paulo: "Deus demonstra seu amor para conosco pelo fato de Cristo ter morrido por nós quando éramos ainda pecadores" (Rm 5,8). Assim, imagens do Cristo sofrendo na cruz tornam-se comuns na Europa. Devoções como o "Caminho da Cruz" tornam-se populares. Às imagens do Jesus sofredor é mais tarde adicionada a imagem do Sagrado Coração. Existe ainda aqui uma referência ao sofrimento, já que o coração de Jesus está perfurado. Mas a imagem principal do coração simboliza antes o amor. A atitude focada nos sofrimentos de Jesus é mantida viva pela insistência na reparação. As imagens do Sagrado Coração de Jesus como objeto de devoção são tão comuns em lugares como a Índia que, quando os membros de outras religiões procuram representar Jesus, parecem escolhê-las espontaneamente. O corpo eucarístico do Cristo também se torna um meio comum de encontrar o Cristo. O foco está na presença de Jesus conosco, embora isso também se relacione à sua auto-oferta sacrificial. Um elemento comum subjacente a todos esses símbolos parece ser uma relação vertical com Jesus que é o rei, que morreu por nós, que ama e sofre por nós, que está presente para nós na forma do pão. É uma atitude de adoração.

Essa atitude, contudo, se altera nos movimentos de libertação contemporâneos. Jesus opta pelos pobres e luta com eles por sua libertação. É profeticamente crítico dos líderes religiosos e políticos do seu tempo, que resolvem acabar com ele. Jesus assume os sofrimentos que lhe são impostos em solidariedade com os pobres. O fato de que em Jesus o próprio Deus sofre em solidariedade com os pobres e o fato de que, na ressurreição de Jesus, o "bem" finalmente vence o "mal" são ambos fontes de força e de esperança para os pobres que sofrem. São uma garantia de que Deus está conosco, mesmo que a libertação total possa ser escatológica.

Jesus como a Palavra

A atenção dos reformadores no século XVI está sobre Jesus, a palavra. Jesus é o revelador. Sua revelação exige de nossa parte a resposta da fé. Esta fé é justificadora ou salvífica. Jesus, como Palavra de Deus, nos desafia e julga. Ele também nos salva. Mas tenho a impressão de que o foco dos cristãos reformados se move lentamente de Jesus, Palavra de Deus, para a Bíblia como palavra escrita de Deus. Torna-se importante ler a palavra e ouvi-la com atenção. São feitas tentativas de disseminar a palavra pela mídia. É atribuída a ela, inclusive, uma certa eficácia automática. A vida de Jesus ou o Novo Testamento lentamente cedem lugar ao conjunto da Bíblia. Deus e a palavra de Deus ofuscam Jesus. Nos grupos pentecostais mais recentes, o espírito de Deus parece substituir Jesus como centro de atenção, embora, às vezes, possamos não ver uma distinção nítida entre o Senhor Jesus e o Espírito.

Jesus, o Libertador

Na última parte do século XX, Jesus é visto como o Libertador, especialmente pelos cristãos pobres e oprimidos da América Latina, da África e da Ásia. Quando Jesus é visto como Senhor, o foco está no Jesus ressuscitado e glorificado. Menos atenção é concedida à vida, à paixão e à morte de Jesus. A imagem de Jesus como Libertador procura restaurar o equilíbrio. Os pobres olham mais atentamente para a vida de Jesus e veem que ele realmente pregou boas-novas para o pobre. Numa sociedade que estava dividida entre a elite rica e poderosa e o povo pobre e oprimido, Jesus critica o rico arrogante e fala e age em solidariedade com os pobres. Embora não promova diretamente um movimento revolucionário, não se esquiva da esfera política em sua oposição aos opressores. Senta-se à mesa com os pobres e os oprimidos. Seus milagres atendem às necessidades deles pelo menos simbolicamente. Ele não hesita em sofrer e morrer quando os líderes poderosos decidem retirá-lo de cena. Seus sofrimentos e sua morte podem ser vistos como gestos de protesto em defesa dos pobres. O reino de Deus que ele proclama e delineia em seus ensinamentos fornece a moldura de uma nova sociedade de liberdade, companheirismo e justiça. Em Jesus, portanto, os pobres veem Deus-com-eles, lutando com eles e morrendo com eles. A ressurreição de Jesus se torna então uma garantia de libertação, mesmo se essa libertação permanece como objeto de esperança escatológica. Mas a transformação que Jesus procura trazer não é meramente para o outro mundo. Ela se torna ativamente presente já na história, onde quer que as pessoas amem umas às outras, compartilhem suas posses e sirvam os outros até mesmo com o risco da própria vida. Por meio de seus discípulos, Jesus desencadeia um movimento social de libertação na história. Eles continuam lutando por essa libertação em colaboração com as pessoas de boa vontade.

Um Jesus Hindu-Cristão

Brahmabandhab Upadyaya (1861-1907) chamava a si próprio de hindu-cristão: hindu com relação à cultura e cristão com relação à religião. Usava o termo *Saccidananda = Sat + Cit + Ananda* (Verdade-Consciência-Júbilo) para se referir à Trindade. Afirmava vigorosamente a divindade de Jesus, identificando-o com *Cit*. Expressou a fé em Jesus num hino. O original está em sânscrito. Aqui está uma tradução:

> A Imagem transcendente do brâmane,
> Florescida e refletida na pronta-a-transbordar
> Inteligência Eterna —
> Vitória de Deus, do Deus-Homem.
>
> Filho da Virgem imaculada,
> Guia do Universo, ser infinito
> Mas em harmonia com seus parentes,
> Vitória de Deus, o Deus-Homem.
>
> Ornamento da Assembleia
> De santos e sábios, Destruidor do medo,
> Punidor do Espírito do Mal —
> Vitória de Deus, o Deus-Homem.
>
> O que dispersa a fraqueza
> Da alma e do corpo, despejando vida para outros,
> Cujos feitos são sagrados,
> Vitória de Deus, o Deus-Homem.
>
> Sacerdote e Ofertante de sua própria alma em agonia,
> Cuja vida é Sacrifício,

Destruidor do veneno do pecado —
Vitória de Deus, o Deus-Homem.

Brando, bem-amado, pacificador do coração humano,
Unguento dos olhos,
Vencedor da morte feroz —
Vitória de Deus, o Deus-Homem.[1]

O hino tem de ser ouvido no sânscrito original para captarmos todas as alusões à tradição religiosa indiana e a ressonância da terminologia indiana como *Cit, Hari, Brâmane, Saguna, Nirguna, Nara-Hari*, etc. É uma litania de símbolos e atributos evocativos, que constituem ao mesmo tempo uma questão teológica. É o fruto do diálogo entre duas tradições filosóficas, mas em profunda e consciente fidelidade a uma única tradição de fé.

Fiz um apanhado muito rápido de algumas das diferentes imagens ou nomes que teve Jesus no decorrer da história cristã. Isso mostra que os crentes não se satisfizeram com uma repetição dos dogmas de Niceia e Calcedônia para compreender e viver o significado de Cristo em suas vidas.

---

1. Citado em Robin Boyd, *An Introduction to Indian Christian Theology*, Madras, The Christian Literature Society, 1979, pp. 77-8.

2
Imagens de Jesus entre Outros Fiéis Asiáticos

Antes de evocar algumas imagens cristãs asiáticas de Jesus será útil examinar, muito brevemente, como outros asiáticos têm imaginado Jesus. Mesmo hoje, muitos hindus que mantêm uma atitude crítica ou mesmo oposta ao cristianismo como religião hão de ter um lugar reservado para Jesus como mestre, guru ou avatar, não apenas dos cristãos, mas também deles. Não aceitariam as reivindicações de excepcionalidade e superioridade que os cristãos fazem acerca de Jesus, considerando-o como Deus. Mas não têm dificuldades em aceitar Jesus como uma figura "divina". Isso se aplica tanto ao povo comum quanto à elite educada e pode ser visto como uma prática constante na Índia há mais de duzentos anos. Alguns, como Gandhi, diriam ser seus discípulos. Nas páginas seguintes vou me concentrar em algumas pessoas que tiveram pontos de vista bem claros acerca de Jesus.

Jesus como Mestre Moral

O rajá Ram Mohan Roy (1774-1833) era um reformador sociorreligioso. Quis livrar o hinduísmo de suas superstições, como o politeísmo e o culto de "ídolos". Também se bateu contra práticas sociais como a incineração da viúva juntamente com o marido morto. Seu zelo pela reforma religiosa também o levou a criticar os cristãos que cultuavam a trindade, em vez de se manterem estritamente monoteístas ou unitaristas. Ele deve ter sido influenciado pela tradição deísta na Inglaterra. Tendia a desmitologizar as histórias evangélicas sobre Jesus, extraindo delas apenas os "preceitos". Escreveu a um amigo em 1815:

> A consequência de minhas longas e ininterruptas pesquisas sobre a verdade religiosa foi que achei a doutrina de Cristo mais conducente a princípios morais e

mais bem adaptada ao uso de seres racionais que quaisquer outras que tenham chegado ao meu conhecimento.[1]

Ele compilou um volume com o título *Os Preceitos de Jesus*, em que reuniu trechos das parábolas e dos sermões dos Evangelhos. Escreveu a outro amigo:

> Só lamento que os seguidores de Jesus, em geral, tenham dado atenção muito maior a indagações sobre sua natureza que à observância de seus mandamentos.[2]

Ele tinha, no entanto, pontos de vista muito definidos sobre a "natureza" de Jesus. Devido a seu forte monoteísmo, provavelmente ligado também à não dualidade indiana (*advaita*), recusava-se a aceitar Jesus como Deus. Falava da unidade de vontade entre Jesus e Deus antes que da identidade do ser. As pessoas são salvas não pela morte de Jesus, mas por serem obedientes a Deus por meio da fiel observância dos preceitos de Jesus. Em suma, para Ram Mohan Roy, Jesus foi um ser humano exemplar que nos ensinou a viver pela palavra e pelo exemplo. Ele nos mostra o caminho do autoconhecimento e do comportamento moral.

Jesus como um Avatar

Ramakrishna Paramahamsa (1836-1886) foi uma figura santa em Bengala, que tinha um grupo de discípulos. Estava aberto a outras religiões, comparando-as com as diferentes palavras usadas em diferentes línguas para indicar a mesma realidade. Mostrava essa abertura ao empregar recursos de diferentes religiões para seu *sadhana* (trabalho espiritual). Foi atraído pela imagem de Maria com o Menino Jesus que viu na casa de um de seus devotos. Pouco depois, quando estava passeando em seu jardim, "viu uma pessoa de aparência fora do comum, ar sereno e origem estrangeira aproximar-se com os olhos fixos nele. O coração de Sri Ramakrishna espontaneamente lhe assegurou que quem estava ali era simplesmente o Cristo. O Filho do Homem, então, abraçou-o e fundiu-se nele, colocando-o num êxtase profundo".[3] O significativo aqui é a pretensão de experimentar Cristo pessoalmente, fora das mediações

---

1. Citado em M.M.Thomas, *The Acknowledged Christ of the Indian Renaissance*, Madras: Christian Literature Society, 1970, p. 9.
2. Sophia Dobson Collet, *The Life and Letters of Raja Ram Mohan Roy*, Londres, 1900, p. 42, citado *Ibid*.
3. Swami Gambirananda, *The History of the Ramakrishna Math and Mission*, Calcutá, 1957, p. 16.

oficiais da igreja. Ramakrishna considerava Jesus como um dos avatares. Parecia, aliás, ter considerado a si próprio como um avatar e certamente seus discípulos pensavam assim.[4]

Swami Vivekananda (1863-1902) foi o discípulo favorito de Ramakrishna e fundador da ordem dos monges de Ramakrishna. A ordem foi fundada na véspera do Natal e Vivekananda falou sobre Jesus e sua vida para os monges, apresentado-o como um exemplo a ser seguido. A ceia de Natal é ainda celebrada a cada ano nas casas da ordem. Vivekananda considerava Jesus como um avatar ou encarnação de Deus, mas certamente não como o único. Ele não se preocupava muito com a historicidade de Jesus. Achava que, como avatar, Jesus não poderia realmente sofrer. Assim, não levava seriamente em conta a morte e ressurreição de Jesus e o aspecto da redenção. Na verdade, ele aceita a ignorância (*avidya*) como um obstáculo para a autorrealização, mas não o pecado. O que chamamos de pecado pode indicar imperfeição, mas ao encorajar a culpa apenas tornamos mais fortes as cadeias da ignorância.

Jesus como avatar experimenta sua unicidade ou não dualidade (*advaita*) com o divino e é, portanto, um modelo que todos nós devemos seguir. "Jesus tinha nossa natureza; tornou-se o Cristo; o mesmo podemos fazer e o mesmo *temos* de fazer. Cristo e Buda foram os nomes de um estado a ser atingido. Jesus e Gautama foram as pessoas a manifestá-lo."[5] Ninguém precisa se tornar cristão para ser um seguidor de Jesus. "O cristão não deve se tornar um hindu ou budista, nem um hindu ou um budista deve se tornar cristão. Cada um tem de assimilar o espírito dos outros sem deixar de perceber sua individualidade e progredir de acordo com sua própria lei de progresso." [6] O trecho abaixo dá uma ideia de como Vivekananda via Jesus Cristo.

> A Palavra tem duas manifestações: a geral da Natureza, e a especial das grandes Encarnações de Deus — Krishna, Buda, Jesus e Ramakrishna. Cristo, a manifestação especial do absoluto, é conhecido e cognoscível. O Absoluto não pode ser conhecido; não podemos conhecer o Pai, só o Filho...[7] Ele (Cristo) não teve outra ocupação na vida; nenhum outro pensamento exceto aquele, que ele era um espírito. Era um espírito desencarnado, desacorrentado, liberto. E não apenas isso, mas com sua visão maravilhosa, percebera que cada homem e mulher, fosse judeu

---

4. Ver S. J. Samartha, *The Hindu Response to the Unbound Christ*, Madras, Christian Literature Society, 1974, pp. 45-6.
5. *The Complete Works of Swami Vivekananda* (Almora, 1931), vol. VII, pp. 20, 27.
6. *Ibid.*, vol. I, p. 22.
7. *Ibid.*, vol. VII, p. 1.

ou grego, rico ou pobre, santo ou pecador, era a encarnação do mesmo espírito imortal que ele. Portanto a única obra que toda a sua vida mostrava os estava exortando a compreender suas próprias naturezas espirituais... Vocês são todos filhos de Deus, espírito Imortal. "Saibam", ele declarava, "que o reino dos Céus está dentro de vocês". "Eu e meu Pai somos um."[8]

Cristo pode, portanto, ser chamado de *yogue* e *jivanmukta* — isto é, alguém que realizou sua libertação final já nesta vida. Por isso ele é um modelo de renúncia — um verdadeiro *sannyasin*. Vivekananda sustentava que Cristo era basicamente um oriental em espírito e os orientais podem entendê-lo e segui-lo melhor e mais facilmente que os ocidentais.

Jesus, o *Satyagrahi*

Mahatma Gandhi (1869-1948) não foi só um político que levou a Índia à sua independência do colonialismo; ele foi também uma pessoa profundamente religiosa. Embora fosse hindu e tirasse sua inspiração do *Bhagavad Gita*, Gandhi desenvolveu uma religião pessoal. Para ele a verdade é Deus. A palavra sânscrita para verdade, *sat*, também significa "ser". Só podemos perceber essa verdade progressivamente, sendo fiéis às verdades limitadas da vida diária. O meio de alcançar essa verdade é a *ahimsa* ou não violência. A pessoa deve ser capaz de amar a mais insignificante criação como a si própria. A não violência não é possível sem a *brahmacharya*, isto é, autocontrole e renúncia. A religião pessoal de Gandhi, portanto, tinha um forte caráter ético. É desse ponto privilegiado que ele olha para todas as religiões, incluindo o cristianismo.

Para Gandhi todas as religiões são verdadeiras, mas imperfeitas. Todas mostram o caminho para Deus. "Acredito que todas as grandes religiões do mundo são verdadeiras, mais ou menos verdadeiras. Digo 'mais ou menos' porque creio que tudo que a mão humana toca, em razão do próprio fato de os seres humanos serem imperfeitos, se torna imperfeito."[9]

Dada sua orientação ética e seu interesse pela não violência, o que o atraía em Jesus era o ensinamento no Sermão da Montanha e a experiência na cruz. Ele diz: "A mensagem de Jesus, como eu a entendo, está contida em Seu Sermão

---

8. *Ibid.*, vol. IV, pp. 141s.
9. *Harijan*, 16 de fevereiro de 1934. Citado em S. J. Samartha, *op. cit.*, p. 80.

da Montanha".[10] Via em Jesus "um mártir, uma personificação do sacrifício". A cruz era o símbolo deste amor cheio de autossacrifício do Cristo.

> A doce figura de Cristo — tão paciente, tão amável, tão amorosa, tão cheia de perdão a ponto de ele ensinar os seguidores a não revidar quando fossem maltratados ou golpeados, mas a dar a outra face — era um belo exemplo, eu pensei, do homem perfeito...[11] Embora eu não possa dizer que sou cristão no sentido sectário, o exemplo do sofrimento de Jesus é um fator na constituição de minha fé essencial na não violência, que governa todas as minhas ações, mundanas e temporais. Jesus viveu e morreu em vão se não nos ensinou a regular o conjunto da vida pela lei eterna do Amor.[12]

A cruz e o Sermão da Montanha tornam-se assim símbolos de um modo de vida. Gandhi julga-os válidos sempre e por toda parte, na medida em que a historicidade de Cristo não é importante para ele. "Eu não me importaria se ficasse provado por alguém que o homem chamado Jesus jamais existiu... pois o Sermão da Montanha continuaria sendo verdadeiro para mim."[13]

> Deus não carregou a Cruz só há mil e novecentos anos atrás, mas Ele a carrega hoje e Ele morre e é ressuscitado dia após dia. O mundo não teria grande consolo se tivesse de depender de um Deus histórico que morreu há dois mil anos. Não pregue então o Deus da história, mas mostre-O como Ele vive hoje por seu intermédio... O Cristo Vivo significa uma Cruz viva, sem a qual a vida é uma morte viva.[14] A alegria vem, não como resultado da dor aplicada a outro, mas da dor carregada voluntariamente pela própria pessoa.[15]

Encarando Cristo como símbolo e sem interesse pela sua historicidade, Gandhi não poderia aceitar o caráter único de Cristo como o Filho de Deus.

> Eu não seria capaz de acreditar que Jesus fosse o único Filho de Deus encarnado... Se Deus podia ter filhos, todos nós éramos seus filhos... Apenas Deus é absolutamente perfeito. Quando desce à terra, Ele se limita por sua própria vontade. Jesus morreu na Cruz porque estava limitado pela carne.[16]

---

10. M. K. Gandhi, *The Message of Jesus Christ*, Bombaim, 1940, página de abertura.
11. *Ibid.*, Prefácio.
12. *Ibid.*, p. 79.
13. *Ibid.*, p. 35.
14. *Ibid.*, pp. 21, 36.
15. *Young India*, 31 de dezembro de 1931. Citado em S. J. Samartha, *op.cit.*, p. 93.
16. M. K. Gandhi, *The Message of Jesus Christ*, pp. 6, 140.

O maduro tributo que Gandhi presta a Jesus diz assim:

> Eu me recuso a acreditar que exista agora ou que tenha algum dia existido alguém que não tenha feito uso de seu exemplo para reduzir seus pecados... As vidas de todos foram, num grau maior ou menor, alteradas pela sua presença, por suas ações e pelas palavras ditas por sua divina voz... Pertence não somente ao cristianismo, mas ao mundo inteiro, a todas as raças e povos, por mais que as doutrinas que eles sustentam e as formas de culto que praticam possam variar de uns para outros.[17]

Jesus, o *Advaitin*

S. Radhakrishnan era um professor de filosofia, que também prestou serviços como presidente da Índia. Não era uma personalidade religiosa como Gandhi ou Vivekananda. Parece ter ficado ofendido com o modo dos missionários tratarem o hinduísmo como religião supersticiosa. Por esse motivo se impôs a tarefa de mostrar que o hinduísmo é a "religião eterna" (*sanatana dharma*), que se encontra por trás de todas as religiões. De um modo comparativo, procurou mostrar que em todas as religiões podem ser encontradas doutrinas e princípios similares. Ele não vê, portanto, razão para empregar uma linguagem de excepcionalidade quando fala de Jesus Cristo. Radhakrishnan não tem dificuldade em aceitar o Jesus histórico e os acontecimentos de sua paixão e morte na cruz. Mas eles têm um significado simbólico.

> Para mim a pessoa de Jesus é um fato histórico. Cristo não é um dado da história, mas um julgamento da história. A percepção de Jesus é expressiva de um fato espiritual intemporal...[18] Cristo nasceu nas profundezas do espírito: vemos que ele passa pela vida, morre na Cruz e surge de novo. Não se trata aqui exatamente de acontecimentos históricos que um dia ocorreram, mas de processos universais da vida espiritual, que estão sendo continuamente realizados na alma dos homens.[19]

Radhakrishnan entende *avatar* de uma maneira dual, como indicando tanto a descida do divino quanto a ascensão do homem. Jesus será um *avatar* em ambos os sentidos. É nesse sentido que ele é um *advaitin*, que compreendeu sua relação não dual com Deus. "Jesus é o exemplo de um homem que se tornou Deus e ninguém pode dizer onde Sua humanidade termina e Sua

---

17. *The Modern Review*, outubro de 1941. Citado em S. J. Samartha, *op. cit.*, p. 94.
18. Ver Paul Arthur Schilp (org.), *The Philosophy of Sarvepalli Radhakrishnan*, Nova York, 1952, p. 807.
19. *Ibid.*, p. 79.

divindade começa. Homem e Deus estão vinculados. 'Esse és Tu — *Tat tvam asi*.'"[20]

Jesus, Solidário com a Humanidade Sofredora

Num pequeno livro, *Jesus in Indian Painting* (Jesus na Pintura Indiana), Richard W. Taylor[21] dá uma lista de mais de dez pintores hindus que julgaram a imagem de Jesus um tema atraente. Essas imagens de Jesus se concentram principalmente em torno de dois temas: o Cristo sofredor e o Menino Jesus com a Virgem Maria. A criança é frequentemente apresentada com as mãos no gesto de proteção (*abhaya mudra*). Aqui Taylor acrescenta uma lista de deuses hindus com gestos semelhantes. O Cristo sofredor é visto como um símbolo do sofrimento humano. Cristo é mais do que um arquétipo humano da humanidade sofredora. Certa vez, quando pintava Cristo, K. C. S. Panikkar disse a um amigo que na realidade não estava pintando Cristo mas a "agonia" e "que Cristo lhe ocorreu como um motivo apropriado".[22] Outro artista, Nikhil Biswas, disse que para ele Jesus Cristo simbolizava a dor e a agonia de um homem sofrendo, o símbolo mais apropriado de nossa época. "A Europa, com seu zelo de transformá-lo num deus, passou por cima da verdade simples de que ele era essencialmente um ser humano."[23] Arup Das é ainda mais explícito. Comentando uma de suas exposições intitulada "Agonia" (1970), ele dizia:

> Não há espaço para o bom homem na terra quando ele de fato aparece entre nós. Sua vida é abreviada pelo próprio povo que ele ama. Essa alma era Jesus de Nazaré. Perto de casa tivemos Gandhiji... Escolhi Cristo, em vez de Gandhi, bastante inconscientemente no início e então percebi que ninguém sofreu como Ele em toda a história. Sua crucificação foi transcendental e sua agonia não tem paralelos. De fato a Agonia é o tema de minhas pinturas. Agonia não apenas de Cristo ou de Gandhi, mas do Homem, pobre homem.[24]

Jesus se torna o símbolo da humanidade que sofre. Esse é um aspecto que os artistas hindus não encontram em seus próprios deuses e deusas. Um poeta indiano e crítico de arte sugeriu que houve três rupturas iconográficas na história: o Cristo sofredor, o Buda sorridente irradiando paz e a *Nataraja*

---

20. S. Radhakrishnan, *The Heart of Hinduism*, Madras, 1932, p. 100.
21. Madras, Christian Literature Society, 1975.
22. *Ibid.*, p. 72.
23. *Ibid.*, p. 79.
24. *Ibid.*, p. 83.

dançante, simbolizando a criatividade dinâmica.[25] É significativo que, assim como os artistas hindus se acostumaram a pintar o Jesus que sofria, os artistas cristãos indianos gostam de retratar Jesus como o Buda, sentado em meditação, ou como *Nataraja*, dançando em alegria criativa.

Jesus, o Bodhisattva

Os budistas em geral veem o Buda como alguém que descobriu o caminho para a libertação ou *nirvana*. Ele mostra um caminho que todo ser humano pode seguir para alcançar o mesmo objetivo. Certas tradições budistas mais recentes verão Buda como um *avatar* ou manifestação divina, ou mesmo como um salvador que oferece a graça da libertação. O importante é a prática da meditação, ou plenitude de consciência, e da *karuna*, ou compaixão para com a humanidade que sofre. Líderes budistas contemporâneos não têm dificuldade em ver Jesus como um *bodhisattva* — uma alma liberta, que mostra o caminho da libertação a outros humanos. Thich Nhat Hanh é representativo.[26] Em seu livro *Living Buddha, Living Christ* (Buda Vivo, Cristo Vivo),[27] ele diz:

> Sentado debaixo da árvore Bo, muitas sementes maravilhosas, sagradas, floresceram dentro do Buda. Ele era humano, mas, ao mesmo tempo, tornou-se uma expressão do mais elevado espírito da humanidade. *Quando estamos em contato com o mais elevado espírito em nós, também somos um Buda, cheios do Espírito Santo, e ficamos muito tolerantes, muito abertos, muito perspicazes e muito compreensivos...* (37-38)
> Jesus é o Filho de Deus e o Filho do Homem. Somos todos, ao mesmo tempo, filhos e filhas de Deus e filhos de nossos pais. Isso significa que somos da mesma realidade que Jesus... Jesus não é apenas nosso Senhor; Ele é também nosso Pai, nosso Mestre, nosso Irmão e nosso Eu. O único lugar onde podemos tocar Jesus e o Reino de Deus está dentro de nós. (44)
> Quando compreendemos e praticamos seriamente a vida e os ensinamentos de Buda ou a vida e os ensinamentos de Jesus, abrimos a porta e penetramos na morada do Buda vivo e do Cristo vivo, e a vida eterna se apresenta a nós. (56)

---

25. P. Lal *in Ibid.*, p. 57.
26. Ver também Buddhadasa, *Un Bouddhiste dit le Christianisme aux Bouddhistes*, Paris, Desclée; *Le Dalaï-Lama parle de Jésus*, Paris, Brepols, 1996.
27. Londres, Rider, 1995.

3
Jesus, o Sábio

Toda comunidade tem o seu sábio. Toda cultura tem sua tradição de sabedoria. A sabedoria não é monopólio da elite social e cultural. As pessoas pobres também têm sua sabedoria prática. Essa sabedoria encontra expressão em histórias, provérbios e parábolas. Eles comunicam o conhecimento coletivo que a comunidade adquiriu no curso do tempo mediante sua própria experiência viva. Sugerem atitudes diante da vida e do mundo, bem como meios de a pessoa se relacionar e se comportar. Em cada comunidade algumas pessoas são identificadas como repositórios dessa sabedoria. Ensinam não apenas com palavras, mas também pelo exemplo. São abordadas pelos outros em busca de conselho em tempos de desorientação. Julga-se que as pessoas, quando envelhecem, fiquem mais sábias graças à experiência e à observação.

A sabedoria do sábio é marcada por um caráter secular. Não é conhecimento adquirido mediante revelação divina. O comportamento que sugere não é traçado pela lei positiva de Deus, mas pelo que qualquer pessoa que seja uma observadora zelosa da natureza e da vida humana pode aprender. E ela não se limita a refletir o modo como as pessoas se comportam. As pessoas tendem a ser egoístas e imperfeitas. Por isso ela indica como as pessoas, sendo seres humanos, deviam se comportar. Representa a consciência coletiva das pessoas sobre como os seres humanos deveriam viver. Formula princípios morais básicos que guiam a vida pessoal e as relações entre as pessoas. A sabedoria não é algo que se cria como literatura ou poesia. É uma riqueza interior da qual a pessoa pode se tornar consciente. Inspira e guia.

A sabedoria está à disposição de qualquer um. Todo ser humano pode ser uma pessoa sábia. Mas, infelizmente, os preconceitos podem embaçar a visão da pessoa. Os desejos podem influenciar o julgamento. A emoção pode induzir a inteligência a erro. A má conduta pode embotar a sensibilidade. Assim, a sabedoria só é acessível a uns poucos que conseguiram superar essas deficiências. É por isso que ser um sábio é também um sinal de caráter. Um sábio pode comunicar sua sabedoria a seus discípulos, homens ou mulheres. Mas os discípulos têm de ser dignos de aprender a sabedoria que é ensinada. Seja como for, o aprendizado da pessoa amadurece com a prática.

Sábios na Ásia

As tradições asiáticas têm um alto respeito pelos sábios. O caractere chinês para sábio indica alguém que escuta (a natureza/o Céu) e fala. Confúcio achava que um sábio era um ser humano perfeito que compreendia o caminho (*Tao*) do cosmos ou "Céu" e vivia de acordo com ele, mostrando o caminho para os outros. Era um ideal a que todo mundo devia aspirar. Confúcio sugeria que os governantes deviam tentar ser sábios. Mas não se atrevia a atribuir esse título a qualquer um, certamente não a si mesmo. A definição de sábio proposta por Mencius nos mostra por quê.

> O desejável é chamado "bem". Tê-lo em si mesmo é chamado "verdade". Possuí-lo plenamente em si mesmo é chamado "belo", mas resplandecer com essa posse plena é chamado grande. Ser grande e ser transformado por essa grandeza é chamado "sábio"; ser sábio e transcender o entendimento é chamado "divino".[1]

Mencius, contudo, considerava Confúcio um sábio e achava que a sapiência era alcançável pelos seres humanos, embora não fosse fácil. Confúcio, então, se torna o guia para a sapiência. Seus escritos (*Os Analectos*) são cuidadosamente estudados e comentados por seus sucessores. A sabedoria de Confúcio promove uma vida perfeita neste mundo.

Na tradição indiana, os autores dos *Upanishads* seriam certamente considerados sábios. Não satisfeitos com o sistema sacrificial dos Vedas, procuram compreender a natureza dos seres humanos e do universo. Declaram a unidade do *Brahman* — a base do universo — e do *Atman* — a identidade básica dos seres humanos. Dizem que experimentar essa unidade ou não dualidade (*advaita*) liberta os seres humanos dos ciclos da existência fenomênica. Alcançar uma experiência tão libertadora é o objetivo da vida. Eles propõem vários caminhos para lutar por essa libertação: o caminho da sabedoria ou percepção (*jnana*), cumprido por meio da meditação e da concentração; o caminho da devoção (*bhakti*), que consiste de vivência afetuosa e serviço a Deus, como

---

1. *Mencius* 7B,25.

Senhor/Senhora, em suas muitas manifestações doadoras de graça na história; o caminho da ação desinteressada (altruísta) ou ação sem conexão com seus frutos (*nishkama karma*), motivada unicamente pela necessidade de manter o *dharma* (a ordem do mundo), e o caminho da disciplina psicofísica (*yoga*), unificando a pessoa por meio da concentração e se estendendo para o campo da energia humana e cósmica, do qual não costumamos ter consciência. O yoga, com seus exercícios de relaxamento físico e mental e métodos de meditação que levam à harmonia e paz interiores, tornou-se propriedade comum das tradições religiosas e seculares asiáticas com suas raízes no hinduísmo e no budismo. *Chakras* ou centros de energia no corpo, *asanas* ou posturas corporais e *pranayama* ou técnicas respiratórias são hoje conhecidas no mundo inteiro. Lado a lado com esses métodos temos também uma tradição popular de fábulas (o *Panchatantra*, por exemplo) que expõem parâmetros morais básicos para a vida no mundo. Épicos como o *Ramayana* e a *Mahabharata* também estão cheios de histórias que ilustram princípios éticos.

No sul da Índia, a tradição tâmil tem uma série de escritos que expõem regras básicas de conduta moral para a vida social. O mais importante entre eles é o *Tirukkural*, que descreve um modo de viver no mundo. Colocando-se no âmbito dos quatro objetivos da vida segundo a tradição indiana, a saber, retidão (*dharma*), riqueza (*artha*), prazer (*kama*) e libertação (*moksha*), propõe linhas de orientação detalhadas para os primeiros três dos objetivos da vida — um tanto ao modo de Confúcio.

É nesse contexto que tanto os chineses quanto os indianos veem Jesus como um sábio que nos mostra, pela palavra e pelo exemplo, o meio de viver no mundo para alcançar o(s) objetivo(s) da vida.

O Pano de Fundo Bíblico

A imagem do sábio não é estranha à Bíblia. Existem os livros da sabedoria na Bíblia: Jó, Provérbios, Eclesiastes, Cântico dos Cânticos e o livro da Sabedoria. Israel compartilha essa tradição com outros povos do Oriente Médio. Comparados a livros históricos como o Gênesis e o Êxodo e aos profetas como Isaías, Jeremias e Ezequiel, os livros de sabedoria não se referem diretamente à intervenção de Deus na vida e história do povo de Deus. Refletem antes sobre a presença de Deus no cosmos e na vida humana e extraem lições dessa experiência. Por outro lado, tendem a afirmar a soberania de Deus sobre o mundo, Deus como criador cuja providência prevalece, a despeito dos acontecimentos que vemos como inexplicáveis e que nos desconcertam. Os livros de sabedoria também dão expressão às dúvidas que surgem na mente das pessoas com relação à justiça e ao poder de Deus quando elas ficam transtornadas pelo que experimentam como sofrimento não merecido. Há desastres naturais e humanos que não parecem razoáveis. No meio de tudo isso, eles veem a sabedoria de Deus em ação no mundo.

A Bíblia tende também a personificar a sabedoria (lemos essa passagem antes, nas pp. 26-27). Essa tendência voltada para a personificação da sabedoria parece facilitar os esforços dos autores do Novo Testamento para compreender e interpretar Jesus como Sabedoria encarnada e Palavra do Pai. Mateus faz Jesus dizer:

> Eu te louvo, ó Pai, Senhor do céu e da terra, porque ocultaste estas coisas aos sábios e doutores e as revelaste aos pequeninos. Sim, Pai, porque assim foi do teu agrado. Todas as coisas me foram entregues por meu Pai e ninguém conhece o Filho senão o Pai, e ninguém conhece o Pai senão o Filho e aquele a quem o Filho o quiser revelar. (Mt 11,25-27)

O filho serve de mediador — corporifica — à sabedoria de Deus, que é uma dádiva não para os inteligentes, mas para a gente simples e humilde. Mas ao explorar o tema de Jesus como sabedoria encarnada, a atenção dos exegetas parece se concentrar mais na necessidade de mostrar como a natureza divina de Jesus passou a ser reconhecida por meio de um tal processo de personificação do que em entender como Jesus é um homem sábio.

Pessoas de outras religiões, no entanto, que leem a história de Jesus nos Evangelhos, não preocupadas com a explicação e defesa de desenvolvimentos dogmáticos, concentram-se mais na sabedoria de Jesus do que em Jesus como sabedoria. Veem Jesus como um sábio. Ao encarar Jesus como um sábio, não estou negando as perspectivas de Jesus como sabedoria encarnada. Estou simplesmente prestando atenção à sabedoria de Jesus. Os teólogos geralmente estão preocupados com a explicação e defesa do dogma. Assim, não falam muito sobre a sabedoria de Jesus. Suas preocupações soteriológicas* fazem com que se concentrem na paixão de Jesus que morreu pelos pecados da humanidade, não em sua vida e ensinamentos. Ao evocar a imagem de Jesus como sábio, estou tentando compreender o significado de Jesus como mestre e guia para nossa vida neste mundo mediante sua própria vida e pregação. Acho que essa

---

* Relativo à soteriologia, teologia que trata da salvação, especialmente como operada por Jesus Cristo. (N. do T.)

imagem atraiu e continuará atraindo fortemente asiáticos de todas as religiões. Será muito útil para os cristãos também.

Jesus como Mestre

Jesus foi reconhecido como um mestre durante seu tempo de vida. O termo hebreu para mestre é *rabino*. Isso se torna um título. Não só Maria Madalena (Jo 20,16), mas até mesmo Judas (Mt 26,49) o emprega. Mas o título estava baseado no que ele fazia. Marcos nos diz: "E ele percorria as aldeias, ensinando" (Mc 6,6). Um homem rico lhe pergunta: "Mestre, que devo fazer de bom para ter a vida eterna?" (Mt 19,16), embora não estivesse disposto a seguir seu conselho de vender todos os seus bens, dar o que apurasse aos pobres e depois segui-lo. Uma pergunta semelhante feita por um doutor da lei incita Jesus a narrar a parábola do Bom Samaritano, em que um samaritano vai ajudar uma pessoa ferida na estrada, alguém que fora ignorado por um sacerdote e um funcionário do Templo que também haviam passado por lá (Lc 10,25). Jesus ensina ao povo em parábolas. Quando o sentido delas não fica de todo claro, porque alguém não está aberto à mensagem ou não reflete, ele tem o cuidado de explicá-las aos discípulos (Mt 13,11). Enquanto João fornece longos sermões — a Nicodemus (Jo 3), à mulher samaritana (Jo 4), às multidões após a multiplicação do pão (Jo 6), aos discípulos após a última ceia (Jo 13-17) e assim por diante —, descrevendo algumas das ações simbólicas de Jesus, Mateus sintetiza seus ensinamentos por temas. O Sermão da Montanha (Mt 5-7) certamente atraiu muitos asiáticos.

Ensinando com Autoridade

Na tradição judaica, os profetas falavam em nome de Jeová. "Assim diz Jeová" era sua introdução habitual. Os escribas interpretavam e explicavam a Bíblia, como fazem hoje nossos exegetas e pregadores. Mas Jesus era reconhecido como alguém que falava com autoridade própria. Mateus conclui o Sermão da Montanha com as seguintes palavras: "Quando Jesus acabou de dizer estas coisas, as multidões ficaram extasiadas com seus ensinamentos, pois as ensinava como alguém que tinha autoridade, não como seus escribas" (Mt 7,28-29). A autoridade estava clara no modo como ele falava: "Ouvistes o que foi dito... Eu, porém, vos digo..." (Mt 5,21-22). Não contradizia o antigo preceito, mas o aprofundava: não é suficiente não matarmos; não deveríamos sequer insultar o outro e, quando ofendemos alguém, temos de procurar nos reconciliar com ele ou ela (Mt 5, 21-26).

Jesus também exibia sua autoridade de outras maneiras. Ele "entrou no Templo e expulsou todos que estavam vendendo e comprando no Templo", dizendo que um lugar de oração não devia virar um mercado (Mt 21,12). As autoridades judaicas sentiram-se desafiadas e questionaram sua autoridade: "Com que autoridade fazes estas coisas? Quem te deu esta autoridade?" (Mt 21,23) Jesus calmamente se recusa a responder-lhes. Provavelmente está sugerindo que não precisa de qualquer autoridade especial para lembrar a eles que o Templo é um lugar de oração, não de compra e venda. O desafio é ainda mais contundente porque denuncia um abuso de autoridade. Esse desafio parece ter desencadeado a decisão das autoridades judaicas de liquidá-lo (Jo 11,47-50).

Os ensinamentos de Jesus não nos dão informação sobre realidades celestiais. Jesus não fala sobre a vida ou a natureza de Deus. Não descreve a vida no céu. Não estabelece uma organização ritual concentrada no sagrado. Quando finalmente deixa um sinal pelo qual pudesse ser lembrado pelos discípulos, trata-se do gesto comum de compartilhar uma refeição em comunidade, com todos comendo e bebendo juntos em sua memória. Ele nos diz como viver e como nos relacionarmos uns com os outros e com Deus. Fala no contexto da vida neste mundo. Dá exemplos comuns com os quais todos estão familiarizados: os lírios no campo, o semeador saindo para semear, o grão crescendo, as árvores e as aves do céu que vêm pousar sobre elas, o mar com o povo pescador, o pobre sofredor e marginalizado, os governantes injustos, o Deus Pai e Mãe cheio de amor e perdão. É por isso que seu ensinamento tem uma ressonância universal. Vou agrupar os ensinamentos de Jesus de um modo temático para conseguir melhor compreensão. Não pretendo ser exaustivo. Meu objetivo é apenas evocar a imagem de Jesus como sábio.

Ser Autêntico

Jesus sugere que as pessoas deviam ser *autênticas* em seu comportamento. As pessoas são capazes de pensar ou planejar uma coisa e fazer outra. Jesus insiste que devemos fazer o que pensamos. Não devemos enganar os outros fazendo algo que realmente não pretendemos fazer. Somos o que pensamos e planejamos e nem sempre o que fazemos. Paulo tinha consciência da tensão. "Não compreendo minhas próprias ações. Não faço o que quero, faço exatamente o que detesto" (Rm 7,15). Não apenas nossas ações, mas nossas intenções também deviam ser irrepreensíveis. Podemos facilmente enganar outros pelo que fazemos. Mas não podemos enganar a nós mesmos. Certamente não podemos enganar a Deus. A chamada à autenticidade pode ser mais ampliada pelo axioma: "O fim não justifica os meios". Não apenas o fim, mas também os meios devem ser bons.

Não é suficiente se abster de matar alguém. Não devíamos sequer ficar com raiva dos outros e maltratá-los. Nem devíamos despertar a raiva nos outros por nosso comportamento. Jesus chega a ponto de dizer que, quando nos aproximarmos do altar de Deus para fazer uma oferta, se lembrarmos que alguém tem uma queixa contra nós, devemos largar a dádiva e dar meia-volta para nos reconciliarmos com essa pessoa. Depois então voltaríamos para fazer a oferta. É significativo que Jesus não nos peça para perdoar os que nos ofenderam. Ele dá isso como certo. O que ele nos pede é que busquemos o perdão de quem possamos ter ofendido. O ônus de procurar a reconciliação cabe a nós porque nós é que agimos errado (Mt 5,21-26).

Podemos facilmente nos abster de relações adúlteras por causa da vergonha e exclusão social que isso pode trazer. Mas podemos ser mais liberais com relação a pensamentos e fantasias adúlteras. Revistas pornográficas e filmes adultos abastecem hoje um público bastante receptivo e a Internet tem tornado isso mais fácil, discreto e acessível. Jesus não vê qualquer diferença entre uma intenção adúltera e uma ação adúltera. Ambas são igualmente repreensíveis. Podemos procurar nos desculpar dizendo que o "espírito está de fato disposto, mas a carne é fraca". Jesus no entanto é muito exigente. Se nosso olho ou nossa mão — nosso corpo, em suma — é causa de pecado, é melhor cortá-los do que se entregar ao mau comportamento a que eles nos levam (Mt 5,27-30). Jesus também exige lealdade nas relações conjugais. Ele não aceita o divórcio fácil, pois isso pode levar à promiscuidade adúltera (Mt 5,31-32).

O juramento costumava ser uma prática comum quando a pessoa queria assegurar que ela ou ele estava falando a verdade. Ela ou ele então invocavam Deus ou os santos como testemunhas. Jesus sente que jurar é um formalismo estéril. Se falamos a verdade, ela pode se sustentar por si mesma, sem qualquer outro apoio. O melhor é cultivar relações de confiança para que não seja mais preciso jurar. Não teremos então de ficar repetindo solenemente que falamos a verdade. Nossa relação será transparente. Podemos reduzir nossa fala a "sim" e "não" (Mt 5,33-37).

Todos nós queremos estar em paz com todos. Isso pressupõe uma capacidade de a pessoa se adaptar, tolerar, perdoar, ceder. Podemos sempre defender nossos direitos e insistir em retaliar quando sentimos que alguém agiu errado conosco: olho por olho e dente por dente. Há sempre alguém suficientemente estúpido ou cruel para dar início ao processo. Mas em vez de pôr um fim na cadeia ou espiral de violência, somos tentados a continuar pagando à pessoa na mesma moeda. Num contexto social podemos não atingir a pessoa culpada, mas alguém do grupo dela. Assim uma animosidade individual se transforma num conflito de grupo. O processo então passa a ser incessante. A espiral só pode ser interrompida se alguém rompe o círculo recusando-se a exigir o olho por olho. Jesus sugere que podemos não só deter o ciclo deixando de pagar na mesma moeda, mas promover a reconciliação e a boa vontade se tivermos uma generosidade extra. "Se alguém te bater na face direita, oferece-lhe também a outra" (Mt 5,39). Não revidar quando sou capaz de fazê-lo é uma demonstração de força (humana, não física), não de fraqueza (Mt 5,38-42). Recordo o aforismo do poeta tâmil Tiruvalluvar: "O modo de punir os que agiram mal conosco é envergonhá-los fazendo-lhes o bem".

Ser Sincero

Não é raro fazermos alguma coisa não porque ela precise ser feita ou porque gostemos de fazê-la, mas para impressionar os outros e ganharmos reputação. O "eu" quer ficar em evidência. Não desejamos exatamente *sermos* bons e santos, mas *sermos vistos* como bons e santos. A bondade não é mais vista como um valor em si, mas como meio de nos trazer apreço e louvor. Em vez de nos ajudarem a crescer em generosidade, tais atos só alimentam nosso ego e nutrem nosso orgulho. Jesus evoca cenas que podem nos ser familiares mesmo hoje. Talvez os judeus tocassem clarins quando distribuíam esmolas. Hoje ouviremos o gesto anunciado e louvado pelos alto-falantes e veremos os flashes de câmeras fotográficas e câmeras de vídeos que registram tudo para colocar no ar e para a posteridade. Toda pequena fundação ostenta uma placa com os detalhes sobre os benfeitores e os construtores (Mt 6,1-4).

Na oração, falamos com Deus. Na realidade não precisamos falar com Deus, pois Deus já sabe do que precisamos. Tudo que temos de fazer é ficar silenciosos e atentos, com um sentimento de dependência e gratidão, sabendo que Deus cuidará de nossas necessidades, assim como Deus alimenta os pássaros e veste os lírios do campo. O importante são as atitudes interiores e não as expressões externas. Mas também aqui gostamos que os outros reparem que estamos orando. É como as demonstrações políticas, que às vezes ficam violentas. A mensagem é imposta aos espectadores, alcance ou não aqueles a quem é dirigida. A sensação de ter feito alguma coisa e de conquistar publicidade para si próprio pode ser a verdadeira necessidade. Talvez alguns de nós nos enganemos achando que podemos forçar a mão de Deus se tornarmos nossas preces públicas e eloquentes. Em vez de um pedido silencioso, usamos uma superabundância de palavras. Podemos inclusive ficar impressionados com nossa eloquência e imaginar que ela impressionará Deus (Mt 6,5-8). Em práticas aparatosas desse tipo damos mais lugar ao ego que a Deus. Na realidade não somos sinceros. Preces altas e frequentes são menos importantes que prestar atenção à palavra de Deus e cumpri-la. Jesus diz: "Nem todo o que me diz: Senhor, Senhor! entrará no reino dos céus, mas só aquele que faz a vontade de meu pai, que está nos céus" (Mt 7,21). Jesus reclama inclusive uma relação especial com aqueles que fazem a vontade de Deus, mesmo sob o risco de aparentemente menosprezar sua própria família.

> Enquanto continuava falando às multidões, sua mãe e seus irmãos estavam parados do lado de fora, querendo falar com ele. Alguém lhe disse: "Olha, tua mãe e teus irmãos estão parados lá fora, querendo falar contigo". Mas a quem lhe dissera isto, Jesus respondeu: "Quem é minha mãe e quem são meus irmãos?" E apontando para os discípulos, disse: "Aqui estão minha mãe e meus irmãos! Pois todo aquele que faz a vontade de meu Pai que está nos céus, este é meu irmão, irmã e mãe" (Mt 12,46-50).

Embora os outros pudessem ter ficado chocados com isso, sua mãe teria compreendido, pois sua maternidade começou quando ela foi informada da vontade de Deus e se dispôs a fazê-la. Quando o anjo lhe anuncia a concepção de Jesus em seu útero, ela se rende após esclarecer suas dúvidas sobre a própria virgindade: "Aqui estou eu, a serva do Senhor; faça-se em mim segundo a tua palavra" (Lc 1,38). Quando os pastores visitam o Jesus recém-nascido e quando Jesus se demora no templo aos 12 anos de idade e parece repreender os pais ao dizer: "Não sabiam que tenho de estar na casa de meu Pai?", Maria guarda todas essas coisas em seu coração (Lc 2,19.51).

As pessoas procuram não apenas enganar a Deus com preces altas e insistentes, mas podem também tentar enganar outras pessoas fingindo falar com elas em nome de Deus. Estamos familiarizados com falsos gurus que prometem paz e felicidade imediatas. Astrólogos e adivinhos pretendem prever exatamente nossos futuros e corrigi-los, quando necessário, por rituais apropriados. A advertência de Jesus é severa. "Guardai-vos dos falsos profetas, que vêm a vós disfarçados de ovelhas, mas por dentro são lobos ferozes. Pelos seus frutos, os conhecereis" (Mt 7,15-16).

O jejum é um meio de nos disciplinarmos. Jejuns podem ser feitos para apoiar práticas ascéticas em geral. Como meio de autodisciplina, podem ser úteis. Eles nos treinam para controlar nossos desejos carnais e egoístas. Mas assim como a doação de esmolas e a prece, podem ser usados para impressionar os outros. Na Índia, conhecemos yogues que assumem posturas incomuns, deitam-se numa cama de pregos ou se fazem enterrar no solo. É sabido que o corpo possui fontes de energia subaproveitadas que podemos utilizar por meio da força de vontade, do poder mental e de exercícios físicos adequados. Alguns podem adotar essas práticas para adquirir poderes supranormais, embora não supra-humanos, e depois usá-los para impressionar. Outros podem usá-los de modo mais simplista para conquistar mérito, para reparar seus pecados ou para obter recompensas de Deus. Explorar os poderes supranormais da pessoa humana é uma coisa boa que pode nos ajudar na cura e na autorrealização. São poderes humanos naturais e não faz mal que nos tornemos conscientes deles e os usemos em nossa vida e desenvolvimento. Alguns sistemas contemporâneos de cura e terapias alternativas como Reiki, Terapia do Toque e Cura Prânica, baseados nos princípios do yoga, procuram fazer isso. Mas não precisamos usá-los para nos exibirmos.

Estar com os Outros

Os seres humanos são seres sociais. Nascemos e somos criados numa família. Interiorizamos a linguagem e a cultura de um grupo de pessoas. Nossa vida está continuamente na dependência de uma série de outras pessoas, dos bens que elas produzem e dos serviços que oferecem. Nossa tentação é explorá-las em benefício próprio. Encaramos os outros como objetos a serem usados para construirmos nosso próprio ego. Estruturas sociais como o feudalismo e o sistema de castas foram concebidas para dominar e explorar grupos de pessoas. Tamanha hierarquia e injustiça provocam conflito. As pessoas procuram liberdade e justiça. Tentam construir comunidades. Procuram paz e harmonia. Mas como vimos, seguir um princípio de justiça retaliadora expresso pela frase "olho por olho, dente por dente" só pode levar a uma espiral de violência. Se o processo continua, todos acabam cegos e sem dentes. Por isso hoje as pessoas sugerem um princípio de justiça reparadora, que rompa o ciclo de violência e restaure a comunidade. Ele se concentra não apenas no indivíduo, homem ou mulher, e em seus direitos, mas também em seus deveres para com a comunidade. A comunidade também tem seus direitos. Isso implica num espírito de dar e receber entre os indivíduos. As pessoas aprendem a perdoar, tentam esquecer o passado e procuram construir o futuro. Perdão e amor, em vez de vingança e exploração, tornam-se princípios da vida e organização sociais. Jesus assentou as fundações para isso por sua própria vida e ensinamento.

Jesus repete a regra de ouro que pode ser encontrada, sob diferentes formulações, em muitas tradições culturais: "Fazei aos outros aquilo que quereis que eles vos façam" (Mt 7,12). Mas vai muito além disso. Sugere que o nosso próprio senso de justiça pode frequentemente ser deturpado por nossos preconceitos e egoísmo. Por isso nos adverte: "Não julgueis para não serdes julgados" (Mt 7,1). Depois acrescenta: "Por que reparas no cisco no olho do teu vizinho, mas não percebes o cepo que está no teu?" (Mt 7,3) A percepção de nossos próprios defeitos nos tornará mais sensíveis às necessidades e atitudes dos outros. Por isso é que Jesus diz: "Dá ao que te pede e não voltes as costas ao que te pede emprestado" (Mt 5,42). Na realidade, poderíamos ser mais magnânimos, porque nossa dádiva é mais a medida de nossa generosidade que a necessidade do outro. "Se alguém quer pleitear contigo para tomar-te a túnica, dá-lhe também a veste; e se alguém te obriga a andar uma milha, caminha com ele duas" (Mt 5,40-41).

Ser Afetuoso

Ao nos relacionarmos desse modo com os outros talvez não ultrapassemos as exigências práticas da vida em conjunto num grupo. Pode ser uma política de viver e deixar viver. Aprendemos a fazer ajustes no processo de vida em comum. Jesus dá um passo adiante quando diz que devemos nos amar uns aos outros. É verdade que ele faz isso remontar ao mandamento bíblico. Respondendo a um fariseu que pergunta: "Qual é o grande mandamento da Lei?", ele diz: "'Amarás ao Senhor teu Deus com todo o coração, com toda a alma e com todo o entendimento'. Este é o grande e o primeiro mandamento. O segundo é parecido com ele: 'Amarás o teu próximo como a ti mesmo'" (Mt 22,36-40). Em sua pregação, Jesus reduz esse duplo mandamento a um só. Ele diz: "Dou um mandamento novo: que vos ameis uns aos outros" (Jo 13,34). A implicação é que amamos Deus nos outros. Ele na realidade explica isso em sua evocação da cena do julgamento das nações no fim do mundo. Lá o Filho do Homem recompensa as boas pessoas dizendo: "Tive fome e me destes de comer. Tive sede e me destes de beber. Era forasteiro e me recolhestes. Estive nu e me vestistes. Estava na prisão e me visitastes". As pessoas não se reconhecem nessa descrição e mostram surpresa. Perguntam: "Quando isso aconteceu?"

E o Filho do Homem responde: "Em verdade vos digo: cada vez que o fizestes ao menor destes meus irmãos, a mim o fizestes" (Mt 25,31-40).

Nesse caso, a ênfase não está nas pessoas que estão famintas, com sede, nuas, etc. O que é levado em conta não é a especificidade da coisa. O importante é nossa abertura e disposição para ajudar quem quer que esteja em necessidade. É uma atitude de altruísmo que alcança a todos e vai ajudar aqueles que estão necessitados. Esse aspecto se destaca com clareza na parábola do bom samaritano (Lc 10, 25-37). Há o homem assaltado e ferido na estrada. O sacerdote e o funcionário do Templo passam por ele. Podem ter pensado apenas em sua conveniência, na urgência em chegar ao Templo e em sua pureza ritual. Não sabemos. Mas o samaritano pensa apenas na necessidade do homem ferido. Cuida dele, leva-o para uma estalagem e providencia para que continue recebendo cuidados até ficar bom. O importante aqui não é saber o que vale o indivíduo necessitado ou até que ponto ele é digno de amor. O foco está naquele que ajuda, cujo coração é generoso e aberto. Amar é ter um coração assim aberto. Ele se volta espontaneamente para os outros independentemente de casta, raça, credo, sexo, família ou laços de amizade. Seu envolvimento e ação são desencadeados quando o outro está necessitado. O amor se torna ativo onde e quando há necessidade de amor. Na história do bom samaritano, ao responder à pergunta do fariseu "quem é o meu próximo?", Jesus não diz que o homem ferido na estrada é nosso próximo; ele antes diz que o samaritano foi um verdadeiro próximo para o homem ferido. Nosso amor e proximidade são determinados por nossa atitude de amor que é sempre aberta, em todo lugar e com relação a todos, independentemente da identidade e/ou do que o outro vale. Não procuramos próximos adequados para amar. Somos atenciosos para com todos. O amor, portanto, não é mera emoção. Tem de ser mostrado em ação. Jesus indica que a generosidade do amor pode ser total. Diz aos discípulos no próprio momento em que o desastre que vai atingi-lo parece estar despontando de modo claro no horizonte: "Ninguém tem maior amor do que aquele que dá a vida por seus amigos" (Jo 15,13). Outras passagens do Novo Testamento ilustram isso: "Deus amou tanto o mundo que lhe entregou seu filho único" (Jo 3,16). Jesus continua: "Assim como o Pai, que vive, me enviou e eu vivo pelo Pai, quem de mim se alimenta também viverá por mim" (Jo 6,57). A referência a "se alimentar" pode parecer canibalesca até percebermos que se refere à unidade da vida e que toda a operação é feita simbolicamente por meio do pão e do vinho (Mt 26,26-9). A comunhão na vida é tornada possível através da partilha e pela autodoação: dando não apenas o que se tem, mas o que se é.

Jesus se faz presente fisicamente no próprio ato em que um grupo de pessoas compartilha comida e bebida. Na última ceia com seus discípulos, Jesus reparte o pão, serve-o aos discípulos e diz: "Peguem, comam, este é o meu corpo". Depois pega um copo de vinho, que passa a eles dizendo: "Bebam todos dele; pois este é o meu sangue, o sangue da aliança" (Mt 26,26-27). No próprio ato de compartilhar, o pão e o vinho se tornam corpo e sangue de Jesus. Isto é, Jesus se torna fisicamente presente na refeição. Compartilhar comida e bebida é de novo um símbolo de compartilhar a vida, que a comida nutre. Compartilhar as posses de alguém é apenas um símbolo externo desse compartilhar da vida. A primitiva comunidade de cristãos percebeu isso. Dizem-nos que:

> Todos os fiéis andavam juntos e tinham todas as coisas em comum; vendiam suas propriedades e bens e dividiam o saldo entre todos, segundo as necessidades de cada um. Dia após dia, passavam muito tempo juntos no templo e repartiam o pão em casa, tomando o alimento com alegria e generosidade no coração, louvando a Deus e sendo bem aceitos por todo o povo. (At 2,44-47)

Outra manifestação desse amor recíproco é o serviço. Vemos isso na parábola do Bom Samaritano. Nessa parábola, o foco está no samaritano, que está disposto a ajudar qualquer um que precise sem fazer perguntas. Essa presteza para ceder o que a pessoa é e o que a pessoa tem pressupõe humildade e total falta de egoísmo. Jesus ilustra isso ao lavar os pés dos seus discípulos (Jo 13,1-11). Em seguida ele diz aos discípulos:

> Compreendeis o que vos fiz? Vós me chamais de Mestre e Senhor e dizeis bem, pois eu o sou. Se, portanto, eu, o Mestre e Senhor vos lavei os pés, também deveis lavar-vos os pés uns aos outros. Dei-vos o exemplo para que, como eu vos fiz, também vós o façais. (Jo 13,12-15)

Jesus lhes dissera antes: "Aprendei comigo, que sou manso e humilde de coração" (Mt 11,29). Aqui ele mostra o que essa humildade significa na prática. O processo de pensamento é simples: formar uma comunidade é amarem-se uns aos outros; amar é doar; doar é ser desprovido de egoísmo; ser desprovido de egoísmo é ser humilde; ser humilde é servir. É o que se espera dos seres humanos. Egoísmo, orgulho e ódio não são humanos. Mais do que prejudicar os outros, ferem o próprio eu da pessoa. Eles nos tornam insatisfeitos e infelizes, tensos e irritados. Eles nos consomem por dentro como um câncer. Eles nos deprimem. Eles podem nos tornar fisicamente doentes. Amar os outros é bom para nós e para nossa integridade e saúde física e psicológica. É por isso que Jesus vai um passo além.

É fácil amar aqueles que nos amam. Podemos ainda conseguir amar aqueles que, de algum modo, têm ligação conosco. Ter um coração aberto para todos é mais difícil, embora saibamos que existem pessoas que são assim. Mas podemos gostar de traçar uma linha diante das que, de alguma maneira, se contrapõem a nós. Nós as vemos como inimigos que não desejam nosso bem. Podemos, então, compreender o princípio: "Amarás o teu próximo e odiarás teu inimigo" (Mt 5,43). Mas Jesus diz com autoridade: "Eu, porém, vos digo: amai os vossos inimigos e orai pelos que vos perseguem" (Mt 5,44). Ele continua, dando uma justificativa:

> Deste modo vos tornareis filhos do vosso Pai que está nos céus, porque ele faz nascer o seu sol sobre maus e bons e faz cair a chuva sobre justos e injustos. Pois se amais aos que vos amam, que mérito tendes? Não fazem os publicanos a mesma coisa? E se saudais apenas os vossos irmãos e irmãs, que fazeis de mais? Não fazem também os gentios a mesma coisa? Portanto, sede perfeitos como o vosso Pai celeste é perfeito. (Mt 5,45-48)

Essa referência ao Pai celestial pode fazer isso parecer um ideal impossível, antes uma fonte de inspiração que uma norma de comportamento. Mas Jesus não parece propor a coisa como algo super-humano. É possível para os humanos, precisamente porque eles são filhos desse Pai. Esse amor pelos inimigos começa com o perdão. É significativo que onde Mateus diz: "Sede perfeitos como o vosso Pai celeste é perfeito", Lucas declare: "Sede misericordiosos como o vosso Pai é misericordioso" (Lc 6,36). A perfeição está relacionada com ser misericordioso e cheio de perdão. É por isso que o perdão parece ser uma das maiores mensagens da vida e dos ensinamentos de Jesus.

Saber Perdoar

Jesus também associa o perdão com amor. Estamos familiarizados com a história da mulher pecadora que vai até Jesus quando ele é hóspede de um fariseu e, para espanto de todos, chora, banha os pés de Jesus com suas lágrimas e os enxuga com o cabelo. Depois ela unta os pés com perfume e os beija (Lc 7,36-48). Após uma breve conversa com o fariseu, Jesus comenta com ele: "Eu te digo, os pecados dela, que eram muitos, foram perdoados; por isso ela demonstrou muito amor" (Lc 7,47). Vemos um elo entre amor e perdão, mas também uma reversão de perspectivas. Jesus não diz: "Ela amou e portanto está perdoada". Ele diz: "Ela foi perdoada e portanto ama". Podemos discernir um processo aqui: o perdão é certamente precedido por uma admissão de culpa e arrependimento. Eles representam um amor incipiente, embora isso ande junto com um senso de indignidade. Na presença de Jesus a mulher percebe que foi perdoada e responde, portanto, com seus gestos de amor. Jesus chama sua atitude básica de fé. Diz à mulher: "Tua fé te salvou; vai em paz" (Lc 7,50).

Jesus também associa o perdão à cura. Impressionado pela fé dos que lhe trazem um paralítico e o baixam pelo telhado, já que ele não pode ser alcançado pela porta por causa da multidão, Jesus diz: "Amigo, teus pecados estão perdoados... Eu te digo, levanta-te, pega teu leito e vai para tua casa" (Lc 5,20.24).

Conhecemos a história do filho pródigo: o amor do pai que perdoa e saúda com satisfação o regresso do filho caprichoso. O filho mais novo pega sua metade da propriedade, esbanja-a numa vida turbulenta e acaba trabalhando num chiqueiro para sobreviver. Então ele se arrepende e volta. O pai que o aguarda o abraça e o reabilita no seio da família, para grande desgosto do irmão mais velho (Lc 15,11-24). Deus nem mesmo espera que os pecadores voltem, mas vai procurá-los como o pastor que vai atrás da ovelha perdida, deixando as outras 99. Ou como a mulher procurando a moeda perdida com uma lâmpada e uma vassoura (Lc 15,3-10). Durante sua vida, Jesus agiu como amigo dos coletores de impostos e dos pecadores, ao contrário dos fariseus hipócritas (Lc 15,1-2).

Jesus também nos oferece seu próprio exemplo. Pendendo da cruz, reza por aqueles que o estão crucificando: "Pai, perdoai-os, pois eles não sabem o que fazem" (Lc 23,34).

A prática de perdão de Deus é um exemplo para perdoarmos os outros. Mas Jesus também associa nossa disposição de perdoar os outros à disposição de Deus para nos perdoar. Ele narra a parábola de um servo que tem as dívidas perdoadas por seu senhor, mas se recusa a perdoar seus próprios devedores; o senhor, então, o censura e pune. Jesus extrai a lição: "Eis como meu Pai celeste agirá convosco, se cada um de vós não perdoar, de coração, seu irmão ou irmã" (Mt 18,35). Ele integra isso na prece que ensina aos discípulos: "Perdoai as nossas dívidas assim como nós perdoamos aos nossos devedores" (Mt 6,12). Também não quer que sejam estabelecidos limites para esse perdão. Quando Pedro acha que perdoar sete vezes um irmão que o ofende é digno de louvor, Jesus responde: "Não te digo até sete, mas até setenta e sete vezes" (Mt 18,22).

Isso equivale a dizer "sempre". O perdão, portanto, é um modo como o amor pode encontrar expressão de uma maneira prática.

Saber Distinguir

Amor e perdão podem ser expressos em termos de uma comunidade de pessoas que querem viver juntas. Eles as impedem de caírem numa espiral de violência. Mas isso requer espírito altruísta. Que não é normal, nem fácil. Deus, então, entra no quadro como exemplo. Com a vinda de Deus, a vida humana adquire outra dimensão. Deus não é meramente nosso modelo e inspiração. Deus também nos dá energia. Ao mesmo tempo existem forças que nos puxam na direção oposta. O Novo Testamento as conhece como Satã e Mammon. Mammon é o poder do dinheiro. Jesus diz muito claramente: "Ninguém serve a dois senhores... Não se pode servir a Deus e à riqueza" (Mt 6,24). O homem jovem e rico que expressa um desejo de ser perfeito nos oferece um exemplo concreto. Jesus manda-o vender seus bens, depois voltar e segui-lo. Mas o rapaz rico vai embora se lamentando, "pois tinha muitos bens" (Mt 19,22). Isso leva Jesus a dizer: "É mais fácil um camelo passar pelo buraco de uma agulha que um rico entrar no reino de Deus" (Mt 19,24). O dinheiro não é desejado por si mesmo, mas pelos confortos e influência que pode comprar. O dinheiro é um meio de poder político e social. Ele alimenta o egoísmo da pessoa. Quem está atrás de dinheiro não hesita em explorar e oprimir o outro. Na época de Jesus, os pobres sofriam explorações de todo tipo, pagando os impostos aos romanos, e aos líderes judeus, e sendo espoliados pelos coletores de impostos que eram seus agentes. Jesus condena essa escravidão ao dinheiro: "Ai de vós que sois rico, pois já recebestes vossa consolação". Temos de optar entre Deus e o dinheiro.

Satã é o princípio pessoal do mal que faz a pessoa se colocar por sua própria conta contra Deus. Ele se expressa por meio do egoísmo e do orgulho. Impede-nos de fazer a vontade de Deus. O próprio Jesus foi tentado por Satã durante toda a sua vida (Lc 4,13). No início mesmo de sua vida pública, Jesus é tentado a usar em seu benefício os poderes que lhe foram dados por Deus. É tentado a alimentar sua fome transformando pedra em pão. Prometem-lhe que terá poder sobre o mundo inteiro, desde que se submeta a Satã, não a Deus. Finalmente, é convidado a tentar Deus se atirando do alto do Templo, pois seria de esperar que os anjos de Deus o aparassem (Lc 4,1-12). Durante sua vida pública, as pessoas lhe pedem sinais especiais (Mt 12,38). Quando Jesus prediz seu sofrimento vindouro, Pedro começa a protestar dizendo: "Isto jamais deve te acontecer" (Mt 16,22). Ele é repreendido por Jesus: "Arreda-te de mim, Satanás! Tu me serves de pedra de tropeço, porque não pensas nas coisas divinas, mas nas coisas humanas" (Mt 16,23). Mesmo quando está pendurado na cruz, ele é desafiado: "Se és o Filho de Deus, desce da cruz" (Mt 27,40).

Todo ser humano está sujeito às tentações de Satanás e Mammon. Jesus adverte os discípulos: "Vigiai e orai, para que não entreis em tentação; o espírito de fato está pronto, mas a carne é fraca" (Mt 26,41). Ele também os ensina a rezar para o Pai: "Não nos deixeis cair em tentação, mas livrai-nos do mal" (Mt 6,13).

Estar Pronto para Optar

Essa oposição entre Deus e Satã-Mammon chama a atenção para modos contrastantes de vida no mundo. As pessoas querem ser autossuficientes, autônomas. Querem acumular riqueza. Desejam ser reverenciadas. Gostam de dominar e explorar outras. Tendem a tratar as pessoas como objetos e a usá-las em benefício próprio. Jesus, contudo, diz que elas iam fracassar. E apresenta uma lista de pessoas realmente bem-sucedidas.

> Bem-aventurados os que têm o espírito do pobre,
>   porque deles é o reino dos céus.
> Bem-aventurados os que choram,
>   porque eles serão consolados.
> Bem-aventurados os mansos,
>   porque eles herdarão a terra.
> Bem-aventurados os que têm fome e sede de justiça,
>   porque eles serão saciados.
> Bem-aventurados os misericordiosos,
>   porque alcançarão misericórdia.
> Bem-aventurados os puros de coração,
>   porque eles verão a Deus.
> Bem-aventurados os que promovem a paz,
>   porque eles serão chamados filhos de Deus.
> Bem-aventurados os que sofrem perseguição por causa da justiça,
>   porque deles é o reino dos céus.

Vemos aqui um contraste entre as pessoas que são pobres, mansas, misericordiosas, que choram, que têm fome de justiça, são puras de coração, promovem a paz e são perseguidas, e outras que são ricas, orgulhosas, etc. As últimas são as que parecem ser bem-sucedidas no mundo. Elas medem o sucesso em termos de riqueza, poder, violência e dominação. Adoram manter os outros em sujeição. Mas os que confiam em Deus e vivem de acordo com os valores de Deus podem não prosperar no mundo nesses termos. Permanecerão pobres e sofrerão. A questão é saber quem é realmente feliz: o rico com sua ilimitada ambição, que nunca sabe dizer basta, ou o pobre que encontra verdadeiro amor e camaradagem mesmo em sua pobreza. Não devíamos cometer o erro de dizer que o pobre que sofre agora será recompensado numa vida futura. Sem negar essa felicidade futura, já nesta vida os pobres desfrutam entre eles de amor e de companheirismo. Há um profundo senso de satisfação subjacente mesmo na pobreza, que escapa ao rico. Acho que é isso que Jesus declara simbolicamente quando diz a Pedro: "Em verdade vos digo, não há quem tenha deixado casa, mulher, irmãos, pais ou filhos por causa do Reino de Deus que não vá receber muito mais no tempo de agora e, no tempo que virá, a vida eterna" (Lc 18,29-30). A distinção que Jesus faz entre o tempo de agora e o tempo que virá é digna de nota.

Jesus fala de dois mundos: não deste mundo e do outro, mas do mundo dos seres humanos e do mundo de Deus. O mundo de Deus se sobrepõe ao mundo dos seres humanos e o transcende. É mais real. O contraste é realmente entre apoiar-se em si mesmo e apoiar-se em Deus. Há pessoas cuja vida é orientada para as conquistas. Querem ser pessoas que venceram por seus próprios méritos. Correm atrás do sucesso. Há outras que fazem tudo que deviam fazer, mas ao mesmo tempo entregam tudo a Deus. Elas se apoiam em Deus. Jesus dá o exemplo das aves no céu e dos lírios no campo. Deus cuida de nós como cuida deles. E afinal, somos mais preciosos para Deus. Não precisamos nos preocupar com as coisas deste mundo. Deus providenciará se confiarmos nele. Só pedimos a Deus o que precisamos (Mt 7,7-11). Jesus conclui: "Buscai, em primeiro lugar, o Reino de Deus e sua justiça, e todas estas coisas vos serão acrescentadas" (Mt 6,33).

Jesus joga continuamente com esse contraste. Há o rico insensato que tem uma boa colheita, víveres nos celeiros e sonhos de uma vida feliz sem saber que vai morrer naquela noite (Lc 12,13-21). Ele se apoia em si mesmo e em suas realizações. Jesus também opõe acumular tesouros na terra com acumular tesouros no céu, acrescentando: "Onde está teu tesouro, aí estará também teu coração" (Mt 6,19-21). Não é de admirar que pessoas que representam certas tendências não sejam bem-sucedidas neste mundo. As pessoas que acreditam neste mundo e em si mesmas seriam as dominantes e não hesitariam em oprimir e explorar as outras. Assim, as últimas serão perseguidas. Mas os perseguidores podem matar o corpo, não a alma. Portanto, não precisamos ter medo deles. Estamos na realidade preocupados não com um mundo diferente, mas com uma dimensão diferente do mundo. O contraste é entre um mundo que está centrado no dinheiro e no poder e outro que está baseado no amor e no serviço. Os dois mundos podem coexistir no mesmo espaço geográfico e social. Mas não chegam realmente a competir um com o outro no mesmo nível.

Quando Jesus está parado diante de Pilatos, este lhe pergunta: "Você é o rei dos judeus?" Jesus o tranquiliza: "Meu reino não é deste mundo" (Jo 18,33.36). Com o termo "mundo", Jesus está se referindo ao tipo de situação em que Pilatos está atuando. Jesus não está competindo por espaço e poder nesse "mundo". Mas existe outro mundo de que Jesus fala. "Pilatos tornou a lhe perguntar: 'Então você é um rei?' Jesus respondeu: 'Tu o dizes: eu sou rei. Para isto nasci e para isto vim ao mundo: para dar testemunho da verdade. Quem é da verdade escuta minha voz.'" (Jo 18,37). Estes dois mundos — o mundo de Pilatos e o mundo de Jesus — não vêm um após o outro no tempo ou no espaço. Coexistem no mesmo mundo histórico-geográfico. Cabe a cada um de nós decidir em que mundo quer viver.

Contraste e Paradoxo

É no contexto desse contraste que temos de entender os ditos paradoxais de Jesus.

> Não pensem que vim trazer paz à terra; não vim trazer a paz, mas a espada. Pois vim colocar o homem contra seu pai, a filha contra sua mãe, a nora contra sua sogra; e os inimigos do homem serão os membros de sua própria família. Quem quer que ame pai ou mãe mais do que a mim não é digno de mim, e quem quer que ame filho ou filha mais do que a mim não é digno de mim, e quem quer que não tome a cruz e me siga não é digno de mim. Aqueles que acham sua vida vão perdê-la, mas aqueles que perdem sua vida por causa de mim vão achá-la (Mt 10,34-39).

No contexto da luta entre o ego e Deus, entre as relações e planos do ego e as relações e planos de Deus, valores como paz e vida adquirem um duplo sentido e abrangência. É nesse mesmo contexto que temos de compreender: "Os últimos serão os primeiros e os primeiros serão os últimos" (Mt 20,16). Os últimos num mundo serão os primeiros no outro. Não se trata de dois mundos em sucessão temporal. São dois modos de viver, duas comunidades com duas diferentes visões de mundo, atitudes e sistemas de valores.

Estar no Presente

A escolha entre vida e morte, entre Deus e Mammon-Satanás é uma constante. Jesus apresenta isso como resposta à chamada de Deus para o reino: "O tempo está cumprido e o reino de Deus está próximo; arrependei-vos e crede no evangelho" (Mc 1,15). Esse reino não deve ser compreendido como um *big-bang* no futuro próximo ou distante. Pelo contrário, é como uma semente que foi semeada e está permanentemente crescendo aqui e agora de modos desconhecidos (Mc 4,1-9.26-32). É como fermento que está trabalhando por dentro sem ser notado (Mt 13,33). Cada momento, portanto, é um tempo de decisão. Ser convertido ou voltar-se para Deus nessa situação é fazer como Deus faz: amar e servir o outro, entregando-se até a morte. Não consiste em observar elaboradas prescrições legais e rituais. Podemos pôr a coisa de uma maneira simples dizendo que somos chamados a ser autenticamente e sinceramente humanos e não "religiosos" num sentido institucional ou ritual. As exigências de Jesus são aplicáveis e podem ser acatadas por todas as pessoas de qualquer religião. Todos podem amar e perdoar. Cada um pode servir o outro que está em necessidade.

O Sábado ou o Ser Humano

Por seu próprio modo de viver Jesus se opõe aos fariseus que observam estritas prescrições legais de pureza e impureza, além de obrigações rituais, por exemplo o sábado, como meios de agradar a Deus. Eles seguem fielmente as várias abluções e lavagem de mãos antes das refeições. Não se sentariam à mesa com pessoas que considerassem ritualmente impuras, como os cobradores de impostos, as prostitutas e os pobres que não observam estritamente todas as prescrições legais como eles próprios fazem. Jesus os desafia curando pessoas no dia de sábado e declarando que o sábado é para as pessoas, não as pessoas para o sábado (Mt 12,1-14; Lc 13,10-17). Ele não guarda suas leis de pureza e profanação e come com os cobradores de impostos e pecadores marginalizados. Diz aos fariseus que protestam: "Ide e aprendei o que isto significa: 'Quero compaixão, não sacrifício'" (Mt 9,13). Choca seu anfitrião, que era um fariseu, deixando-se tocar por uma mulher pecadora (Lc 7,39). Quando os líderes — os escribas e os fariseus — querem apedrejar uma mulher surpreendida em adultério, ele arranca suas máscaras de virtude dizendo: "Quem dentre vós não tem pecado que atire a primeira pedra" (Jo 8,7), e todos eles se afastam sorrateiramente. Jesus desafia a discriminação social deles visitando abertamente a casa de Mateus (Mt 9,9-10) e a Zaqueu (Lc 19,1-10), que eram cobradores de impostos. Ele não apenas confraterniza com os não judeus, como o samaritano (Jo 4,1-42) e as mulheres cananeias (Mt 15,21-28), mas exalta abertamente a fé que eles demonstram. Justifica seu comportamento dizendo às multidões: "Não é o que entra pela boca que torna uma pessoa impura, mas o que sai da boca, isto sim, a torna impura" (Mt 15,11). Depois ele explica:

> Não entendeis que tudo que entra pela boca vai para o estômago e daí para a fossa? Mas o que sai da boca procede do coração e é isto que torna o homem impuro. Pois do coração vêm as más intenções, o homicídio, o adultério, a fornicação, o roubo, o falso testemunho, a difamação. São essas coisas que tornam a pessoa impura, mas comer sem lavar as mãos não a torna impura. (Mt 15,17-20)

Ele transgride assim cada tabu social e ritual/religioso estabelecido pelos fariseus e insiste na dignidade do ser humano.

O Mistério do Sofrimento Injusto

É a tensão entre as duas espécies de pessoas no contexto da providência última de Deus que explica o sofrimento injusto no mundo. Em nosso modo habitual de compreender o mundo, tendemos a acreditar simplistamente que as pessoas boas serão recompensadas e as más serão punidas. Mas em nossa experiência não é isso o que acontece. O bom e o justo é que parecem sofrer. A própria vida de Jesus, bem como seus sofrimentos, fornece uma solução para esse problema.

Há muitos tipos de sofrimento no mundo. Entre eles podemos deixar de considerar as catástrofes naturais como terremotos, inundações e ondas tsunâmi, que são inevitáveis num mundo vivo. Similarmente também podemos ver muitas enfermidades como parte do processo natural, mesmo que possamos ser atingidos por algumas delas por causa de nossos hábitos insalubres. Mas há sempre um resíduo de sofrimento imposto injustamente a nós pelos outros, especialmente quando estamos lutando pela justiça. A luta pode nos levar inclusive à morte. Temos de ser leais à causa da justiça até a morte. Não apenas esperamos, mas temos certeza de que Deus não nos abandonará. Quando estamos lutando pela justiça há uma paz e satisfação interiores que não negam, mas transcendem o sofrimento. É como uma mulher sofrendo as dores do nascimento do filho. A alegria da criação está escondida nelas. Um herói que sacrifica sua vida pelo país não provoca nossa compaixão, mas admiração. Ele próprio experimenta o sofrimento de modo diferente, como um desafio. Ele o acolhe com alegria. Prevê o triunfo a que vai levar.

Essa é a mensagem e o exemplo da própria luta, morte e ressurreição de Jesus. Jesus está bastante consciente do fato de que terá de sofrer. Prevê a dor, mas não recua diante dela. Ele diz:

> Bem-aventurados sois, quando vos injuriarem e vos perseguirem e, mentindo, disserem todo o mal contra vós por causa de mim. Alegrai-vos e regozijai-vos, porque é grande a vossa recompensa nos céus, pois foi assim que perseguiram os profetas que vieram antes de vós. (Mt 5,11-12)

Jesus estava consciente de que a morte era o destino de todos os profetas (Mt 23,34). Tinha o exemplo de João Batista, que perdera a cabeça porque condenara, falando diretamente a Herodes, a relação adúltera que este mantinha com a esposa do irmão (Mt 14,1-12). Ele adverte os discípulos a respeito da perseguição que estavam para enfrentar: "Eis que vos envio como ovelhas para o meio dos lobos... Eles vos entregarão aos sinédrios e vos flagelarão em suas sinagogas... Sereis odiados por todos por causa do meu nome" (Mt 10,16-17.22). Mas ele tinha certeza de que a vitória final seria de Deus (Mt 16,21;17,9). Os apóstolos aprenderam a lição. Quando foram açoitados pelos líderes judeus, "alegraram-se por terem sido considerados dignos de sofrer afrontas pelo Nome" (At 5,41).

Era esse o elemento mais profundo na sabedoria de Jesus. Dado o tipo de mundo em que estamos vivendo, o sofrimento do justo é inevitável. Mas sofrimento e morte não darão a última palavra. A vida vai continuar. Não é o tipo de vida que as pessoas normalmente têm no mundo. Ao mesmo tempo não é simplesmente uma vida após a morte, após a história. É um tipo diferente de vida em Deus e com ele, que pode ser vivida aqui e agora. A Bíblia frequentemente opõe a terra ao céu. Eles, porém, não devem ser vistos como dois tipos diferentes de mundos. Nossa cosmologia popular vê o céu como outro mundo vindo após a morte. Isso pode ser uma percepção errada. Quando Jesus diz aos judeus após a multiplicação dos pães: "Sou o pão vivo que desceu do céu. Quem comer deste pão viverá eternamente; e o pão que darei para a vida do mundo é a minha carne" (Jo 6,51), ele está falando de uma vida que podemos compartilhar com Deus aqui e agora, não apenas após a morte. Esta vida não vai morrer ou desaparecer. Esta vida é contemporânea da vida comum no mundo. A "água viva" que Jesus promete à mulher samaritana tem o mesmo significado (Jo 4,14). Similarmente Paulo afirma que no batismo morremos com Cristo e ressuscitamos com ele para a renovação da vida. Esta nova vida tem de ser vivida aqui e agora (Rm 6,1-14). Paulo assinalaria o contraste entre essas duas vidas — dois mundos — como vida conforme a carne e conforme o espírito (cf. Gl 5,16-26) ou vida velha e nova (cf. Ef 4,17;5,2; Cl 3). Ele relaciona o fruto do espírito: "Amor, alegria, paz, paciência, gentileza, generosidade, fidelidade, mansidão e autodomínio" (Gl 5,22-23).

O problema do sofrimento é o problema central na reflexão religiosa. A ideia de que o sofrimento é uma punição pelo pecado está bastante disseminada. Mesmo os discípulos, quando encontram um homem cego de nascença, perguntam a Jesus: "'Rabino, quem pecou, ele ou seus pais, para que nascesse cego?' Jesus respondeu: 'Nem ele nem os pais; nasceu cego para que nele se manifestem as obras de Deus'" (Jo 9,2-3). O hinduísmo tem a doutrina do *karma*, que diz que toda ação terá sua recompensa ou punição, nesta vida ou na próxima. Segundo o Bhagavad Gita, só podemos escapar desse ciclo com a graça de Deus se conseguirmos nos destacar inteiramente dos frutos da ação (*nishkama karma*). O budismo recomenda uma isenção resignada. Sofro, mas tento me manter mentalmente isolado, encarando a coisa como um fenômeno transitório, de modo que não me sinto pessoalmente afetado. Encaro isso como algo que já era de se esperar. No Antigo Testamento temos dois tipos de experiências. Jó sofre e protesta que não merece sofrer, porque tem sido um homem justo. Mas Deus não lhe dá qualquer justificativa. No fim Jó pode apenas curvar a cabeça ante o insondável mistério e liberdade de Deus (Jó 42,1-6). O livro da Sabedoria garante que as pessoas justas, embora sofram nas mãos dos perversos neste mundo, serão recompensadas por Deus (Sb 5).

Jesus se afasta dessa estrutura que liga pecado e sofrimento, punição e recompensa. Rejeita a ideia de que o sofrimento é uma punição pelo pecado, como vimos em sua resposta aos discípulos com relação ao cego de nascença. O sofrimento injusto pode ainda ser imposto ao bom pelo perverso. Mas o justo o aceita como expressão de sua luta contra a injustiça. Assim ele se torna um símbolo de seu amor e lealdade. Não fugimos do sofrimento, mas o aceitamos e lhe damos um novo sentido. Deus ressuscita Jesus, dando-lhe uma nova vida, de acordo com nossa percepção fenomênica. Não é uma recompensa por seus sofrimentos. É uma expressão, uma manifestação de uma vida com Deus que ele nunca chega realmente a perder. É precisamente devido a essa comunhão de vida com Deus que ele tem de sofrer nas mãos das pessoas que rejeitam Deus em benefício do próprio ego. Jesus diz: "Assim como o Pai, que vive, me enviou e eu vivo pelo Pai, também aquele que se alimenta de mim viverá por mim" (Jo 6,57). Jesus nunca perde esta vida. Esta vida transforma sua vida humana. Mas por meio da luta e do sofrimento, Jesus está aos poucos transformando este mundo, alterando as atitudes e seus relacionamentos. Desse modo Deus finalmente colocará toda a coisa em ordem, "para que se manifestem as obras de Deus" (Jo 9,3). O sofrimento se torna um símbolo — uma mediação. Não precisamos impor o sofrimento a nós mesmos, mas estamos prontos a enfrentá-lo, se ele nos for imposto no curso de nossa luta pela justiça. O sofrimento se torna uma expressão de amor — sua mais autêntica manifestação. Esse é o ponto mais alto da sabedoria de Jesus.

4
Jesus, o Caminho

Quando pensamos nos símbolos de Jesus, um símbolo comum que nos vem à mente é o do *caminho*. Naturalmente, o próprio Jesus o utiliza: "Eu sou o caminho, a verdade e a vida" (Jo 14,6). O cenário em que Jesus diz isso é significativo. Está falando com os discípulos após lavar seus pés e compartilhar uma refeição com eles, oferecendo seu próprio corpo e sangue, nos símbolos do pão e do vinho, como comida e bebida. Indica a eles que os estará deixando em breve. Fala da traição iminente de um de seus próprios discípulos e do sofrimento que se aproxima, embora não tivesse conhecimento de tudo com todos os detalhes. Os discípulos que o vinham seguindo fielmente há algum tempo ficam transtornados. Pedro lhe pergunta: "Senhor, para onde vais?" E declara: "Darei minha vida por ti". Ele sentia os possíveis perigos à frente. Jesus diz calmamente a Pedro que, daí a algumas horas, ele negará totalmente tê-lo conhecido. Jesus diz outra vez que está apenas indo na frente para preparar um lugar para eles e que voltará para levá-los. E acrescenta: "E vós conheceis o caminho que leva ao lugar para onde estou indo". Então Tomé interveio: "Senhor, não sabemos para onde vais. Como podemos conhecer o caminho?" (Jo 13,31-38; 14,1-5) Vale a pena citar na íntegra a resposta de Jesus.

"Eu sou o Caminho, a Verdade e a Vida. Ninguém chega ao pai, exceto através de mim. Se me conheceis, também conhecereis a meu pai. Desde agora o conheceis e o vistes." Filipe lhe diz: "Senhor, mostra-nos o Pai e ficaremos satisfeitos". Diz-lhe Jesus: "Há tanto tempo estou convosco e tu ainda não me conheces, Filipe? Quem me viu, viu o Pai. Como podes dizer: 'Mostra-nos o Pai'? Não crês que estou no Pai e o Pai está em mim? As palavras que vos digo, não as digo por mim mesmo, mas o Pai, que habita em mim, faz suas obras. Crede-me que estou no Pai e o Pai em mim; crede-o ao menos por causa destas obras. Em verdade, em verdade vos digo: quem crê em mim fará as obras que faço e fará até maiores que elas, porque estou indo para o Pai. E farei tudo que pedirdes em meu nome, para que o Pai possa ser glorificado no Filho. Se me pedirdes algo em meu nome, eu o farei". (Jo 14,6-14)

Jesus então continua prometendo o dom do espírito que tornará reais essas promessas. Uma simples leitura da passagem mostra como são complexas as imagens evocadas aqui. Jesus diz que está indo para o Pai. Ele é também o caminho para o Pai. Fala as palavras do Pai e faz suas obras. A união dos dois é tão íntima que ele fala de um habitar mútuo. Existe mesmo um tom de identidade quando ele diz que aqueles que o veem também veem o Pai. É ainda mais surpreendente que essa relação seja estendida aos discípulos, que farão as suas obras e, portanto, as obras de seu Pai. A relação, contudo, não exclui uma diferenciação, já que eles têm de pedir a Jesus e, em seu nome, ao Pai para levar a cabo o que fazem. Jesus também é submetido a essa diferenciação já que continua a dizer que recorrerá ao Pai, que dará a eles o espírito (cf. Jo 14,16).

Os teólogos podem quebrar a cabeça sobre a questão de saber se essa relação é operacional, funcional, de coabitação ou de identidade. Talvez não se tenha de optar. É uma relação ou união que pode se manifestar numa variedade de meios sob diferentes circunstâncias. Talvez não seja útil tentar aprisioná-la numa categoria. É uma relação dinâmica com vários aspectos. Temos de explorar sua riqueza sem procurar reduzi-la a um de seus aspectos para deixá-la adequada a nossas pressuposições metafísicas. Chamar Jesus de caminho evoca não apenas relacionamentos de múltiplos níveis e polaridades, mas também um processo dinâmico. Caminhar por esse caminho é ficar envolvido nesses relacionamentos.

O próprio cristianismo era conhecido como o "Caminho", segundo o Ato dos Apóstolos. Saulo, que mais tarde tornou-se Paulo, foi incumbido pelo sumo sacerdote de ir a Damasco e prender todos "que pertencessem ao Caminho" (At 9,2).

O Caminho na China

O símbolo do caminho evoca férteis ressonâncias na Ásia. Na tradição cultural-religiosa chinesa se pensaria imediatamente no *Tao* e na tradição religiosa indiana nos recordaríamos da *marga*. Buda também falava da *senda* de oito vias. Dar uma olhada nisso pode enriquecer nossa compreensão da riqueza do símbolo do caminho.

O termo *Tao* é usado tanto na tradição taoista quanto na tradição confuciana da China, mas de diferentes maneiras. Não vou entrar aqui nas controvérsias internas entre várias escolas, mas tentar chegar a um sentido geral, que nos será útil para entender Jesus como o caminho e sua especificidade. Para os taoistas, o *Tao* é natureza ou realidade viva, dinâmica e em movimento.

É constituído pela ação recíproca do princípio ativo *yang* e do princípio receptivo-generativo *yin*. Essa ação recíproca está manifestada nas diferentes forças da natureza: o Sol e a Lua, os ventos e os rios, os seres vivos e suas atividades. Ela conduz à harmonia. A ação recíproca pode, às vezes, lembrar uma confrontação: terremotos, dilúvios, grandes ondas (tsunâmis). Mas tudo é parte do fluxo da natureza ou harmonia. Isso é o *Tao*. Tudo na natureza, incluindo os seres humanos, está destinado a viver de acordo com o fluxo da natureza. Os seres humanos trazem dor e destruição para si mesmos e para a natureza ao se desviarem do *Tao*. O remédio é procurar viver de acordo com o fluxo da natureza, o *Tao*. Então eles encontrarão paz e harmonia em si mesmos, com os outros e com o universo. A fonte dos problemas do universo é a interferência agressiva dos seres humanos no fluxo da natureza. O ideal taoista é evitar esse tipo de ação agressiva. Por isso fala-se de não ação (*wu-wei*). O que não significa não fazer nada, mas se abster de ação que interfira com o fluxo ou movimento natural. O *Tao-Te Ching* descreve assim a não ação:

> Assim também o Sábio:
> permanece na ação sem agir (*wu-wei*),
> ensina sem nada dizer.
> A todos os seres que o procuram
> ele não se nega.
> Ele cria, e ainda assim nada tem.
> Age e não guarda coisa alguma.
> Realizada a obra,
> não se apega a ela.
> E, justamente por não se apegar,
> não é abandonado. (II)

O sábio não força nada. Ele sabe que a violência só provocará violência, dando início a uma espiral de violência. Isso não significa que ele não faz nada. A ação dele é serena e persistente. Ele sobrepuja o oponente usando a própria força deste, como fazem algumas artes marciais japonesas, como o judô. É como nadar a favor da corrente. O *Tao* pode ser comparado à água.

> No mundo inteiro
> não há nada mais fluido e suave do que a água.
> No entanto, para atacar o que é duro
> nada se iguala a ela.
> Nada pode mudar isso.

> A fraqueza vence a força,
> a suavidade vence a dureza:
> todos na terra o sabem... (*Tao-Te Ching*, LXXVIII)

O *Tao* é a força feminina que se curva para triunfar. Não é agressiva. Mas não é passiva. É receptiva e generativa. Por isso é que:

> O que é metade ficará inteiro.
> O que é curvo ficará reto.
> O que é vazio ficará cheio. (*Tao-Te Ching*, XXII)

Só o vazio pode ser cheio. O *Tao-Te Ching* ilustra muito bem isso.

> Trinta raios cercam o eixo:
>   a utilidade do carro consiste no seu nada.
> Escava-se a argila para modelar vasos:
>   a utilidade dos vasos está no seu nada.
> Abrem-se portas e janelas para que haja um quarto:
>   a utilidade do quarto está no seu nada. (XI)

A tradição confuciana concordaria basicamente com essa visão do taoismo como uma moldura. Mas é muito sensível ao fato de que, na realidade, os seres humanos são livres e não seguem o caminho da natureza. Seu comportamento egoísta perturba a ordem natural. A harmonia natural é quebrada. As pessoas podem inclusive interferir com processos naturais pelo uso da ciência e da tecnologia. Uma pessoa, no entanto, pode optar por se retirar deste mundo real e procurar viver em conformidade com a natureza. Ela pode alcançar harmonia pessoal e harmonia com a natureza num mundo ideal que ela criou. Mas a ação dela não restauraria a harmonia social e cósmica. Uma pessoa socialmente responsável, portanto, terá de trabalhar para restaurar a harmonia social e cósmica. Isso é feito mediante relacionamentos adequados e ritual apropriado. Confúcio fala com detalhes de cinco tipos de relacionamentos básicos: entre o rei e seus súditos, entre o velho e o novo, entre pais e filhos, entre marido e esposa e entre amigos. A ordem ritual especifica o modo como a pessoa se relaciona com as outras a partir de sua situação e posição na comunidade. Mas os rituais só compreendem o modo da natureza ou "Céu". O modo da Natureza não é mais natural, mas tem de ser reconstruído num mundo fragmentado pelo comportamento humano egoísta. No ritual social, o *Tao* adquire uma dimensão política. Embora os confucianos olhem para o taoista como um idealista passivo, o taoista olhará para o confuciano como um abelhudo agressivo procurando interferir no ritmo da natureza.

Numa perspectiva mais ampla, podemos dizer que o taoista e o confuciano representam os elementos *yin* e *yang* da comunidade. Enquanto o confuciano insiste que uma ação corretiva precisa ser tomada no mundo como ele é, muitos homens e mulheres concordariam com o taoista que a norma última de comportamento é o *Tao* da natureza ou céu. O *Tao*, no entanto, não é estático, mas está em movimento, é dinâmico, com a interação contínua entre o *yin* e o *yang*.

O caminho ou *Tao* na tradição chinesa representa, portanto, o modo como a realidade ou a natureza é. Os seres humanos nem sempre se amoldam a esse *caminho*. Sua liberdade e egoísmo os deixam extraviados. Precisam então voltar a ele e se amoldar. Essa volta não significa cair em passividade, não fazer nada, deixar a natureza seguir o seu curso como fazem as coisas materiais ou os animais, mas, como seres livres, se comportarem como as pessoas deviam se comportar, agindo criativamente, mas não agressivamente, mantendo-se continuamente em conexão com seu eu mais profundo.

O Caminho na Índia

A Índia é o berço de muitas religiões. Além do hinduísmo, deu origem ao jainismo, budismo e siquismo. Subjacente a tudo isso está uma tradição religiosa-cultural de exercícios ou *sadhana*. Embora alguns de seus elementos sejam também encontrados em outras religiões, ela é talvez exposta mais claramente no hinduísmo. Por isso vou me concentrar no hinduísmo. Ele fala de quatro caminhos ou *margas* para alcançar a libertação. São eles: *jnana* (percepção ou sabedoria), *bhakti* (amor ou devoção), *karma* (ritual ou ação moral) e *yoga* (disciplina psicofísica levando à concentração). *Jnana* se concentra em conhecer o verdadeiro ser da pessoa, que forma uma unidade com o absoluto. A pessoa se perde do seu verdadeiro ser devido à ignorância. O conhecimento que é procurado não é conhecimento intelectual, mas conhecimento experiencial. É atingido pelo estudo das escrituras, pela reflexão e concentração que levam à percepção experiencial. *Bhakti* sugere que a unidade com o absoluto é uma relação. O absoluto é personificado. A relação é de amor e entrega. A união é uma dádiva de Deus. O *karma* encara o universo como um todo ordenado. Nosso dever é desempenhar nosso papel nesse processo universal. Esse papel foi compreendido a princípio como ação ritual. Mais tarde foi visto como ação moral. Mediante a ação apropriada a pessoa se integra com o universo ou realidade. *Yoga* é uma disciplina psicofísica que não apenas integra o corpo e o espírito nos seres humanos, mas também os coloca em harmonia com o campo de energia que é supracorporal. Pode ser usada como uma preparação para os outros caminhos. Uma experiência de integração com a realidade por meio do corpo, da mente e da energia pode ser vista como um fim em si mesmo. Alguns diriam que não se trata de quatro diferentes caminhos, mas de quatro aspectos de um mesmo caminho. Numa tradição particular, um ou outro aspecto será dominante. Contudo, o objetivo para o qual todos esses caminhos procuram levar é a identidade *advaítica* (não dual) com a realidade ou ser. O *advaita* deve ser visto não como *um*, num sentido unitário, mas como "não dois" ou "um-em-dois" ou "um-em-muitos". É uma unidade na pluralidade. O egoísmo dos seres humanos, contudo, rompe a unidade e não apenas enfatiza a diversidade, mas leva à fragmentação. A libertação é vista, então, como o esforço dos seres humanos para se harmonizarem ou mesmo se fundirem com a realidade que é una. Algumas tradições hindus podem sugerir uma abordagem numa chave cósmica de retirada do mundo. Os *sannyasis* deixam a ordem social para perseguir suas metas de libertação (*moksha*). São simbolicamente cremados em sua iniciação. Vivem no mundo como se não estivessem nele. Perseguem a *moksha* como propósito único, tendo abandonado a busca de outros objetivos da vida no mundo, a saber, *dharma* (retidão), *artha* (riqueza) e *kama* (prazer). Outros, contudo, sugerem o caminho da *nishkama karma* ou ação sem desejo no mundo e na sociedade. O popular *Bhagavad Gita* lidera essa tradição. Fazemos o que temos de fazer em conformidade com a ordem natural do universo ou *dharma*. Mas não estamos pessoalmente ligados a essa ação ou suas consequências. Abrimos mão do egoísmo e do vínculo pessoal, mas não da ação. Rendemo-nos ao absoluto. Essa ação sem desejo parece próxima da não ação do taoismo. O *dharma*, como o caminho onde o mundo funciona, é muito similar ao *Tao*. Todo e cada ser humano no universo, homem ou mulher, tem seu *dharma*, que tem de seguir. Mas tem de fazê-lo livremente e sem vínculos.

A tradição hindu, porém, ao contrário da chinesa, coloca mais ênfase na realidade ou ser que no caminho. Embora fale de quatro caminhos ou *margas*, seu objetivo é alcançar a identidade ou união com o absoluto-Ser. O estado final não é o *Tao*, mas o ser. Isso leva a pessoa a ser fiel ao *dharma* ou modo de ser. É o que pretendem, por exemplo, os *jivanmuktas*, que alcançaram a unidade com o absoluto nesta vida, mas que continuam a viver espontaneamente conforme o *dharma*. O foco do *sadhana* ou esforço espiritual não está no caminho, mas na meta. Ao caminho em si não é dada qualquer importância. O movimento é visto como imperfeição. O ser está além da mobilidade e da imobilidade.

A Senda de Oito Vias de Buda

Buda sintetiza seu ensinamento em quatro verdades nobres. A vida é cheia do sofrimento causado pela impermanência de tudo. O sofrimento é provocado pelo desejo das coisas impermanentes do mundo ou pelo apego a elas. A libertação é livrar-se do desejo. Para nos livrarmos do desejo temos de seguir a senda das oito vias. Ela consiste de compreensão correta, pensamento correto, fala correta, ação correta, modo de vida correto, esforço correto, consciência correta e concentração correta. O caminho leva a pessoa à liberação ou *nirvana*, que significa o vazio — isto é, o vazio de qualquer coisa percebida como permanente à qual a pessoa possa ficar atada por meio de algum vínculo. Quando olhamos para a senda de oito vias podemos vê-la em três partes: *conhecimento* da realidade como impermanente, *vida* que está desvinculada da realidade sempre em mudança e *interiorização* dessa liberdade. A percepção da impermanência da realidade envolve desistir da centralidade do ego e seus vínculos. Aprende-se a aceitar os acontecimentos como eles vêm. A pessoa é movida à compaixão por aqueles que ainda não estão livres. Toda a vida se transforma no caminho para o *nirvana*.

O Caminho de Israel

Embora a história de Israel, como descrita na Bíblia, comece com a história da criação, a aliança com Noé e a jornada de Abraão para a Terra Prometida, ela parece ter um segundo início com a história da experiência no Egito. O povo de Israel está escravizado e oprimido. Deus chama Moisés e manda que ele os liberte (Êx 3). Sob sua liderança, fogem do Egito e se põem em marcha para a Terra Prometida. Caminham quarenta anos pelo deserto. Pode-se dizer que eles estão no caminho. Durante esse tempo, também aprendem o que significa ser o povo de Deus. Quando se estabelecem na Terra Prometida, Deus lhes proporciona uma visão da comunidade que Ele quer que sejam. É uma comunidade de iguais que vivem juntos como filhos de Deus. Politicamente, estão todos sujeitos a Deus, seu único senhor. Deus prognostica que eles, no correr da vida cotidiana, se desviarão desse ideal. Alguns ficarão ricos e outros se tornarão pobres. Podem inclusive ser escravizados quando não forem capazes de pagar suas dívidas. Por isso Deus sugere um ano de *jubileu*, quando a igualdade social é restabelecida e eles começam de novo (Lv 25,8-55; Dt 15,1-18). Durante esse ano todos os débitos são perdoados e toda propriedade é devolvida a seus donos originais. Todos os escravos são libertados. Isso pode ser visto como um símbolo de reconciliação universal — embora a lei se aplique apenas aos judeus, não a quem mais possa estar vivendo entre eles.

Mas o povo não está feliz com esse modo de vida. Quer ser como os outros povos ao seu redor. O confronto constante com as tribos vizinhas e, talvez, seus próprios esforços de expansão fazem-nos reforçar sua organização. Eles se organizam num reino com um rei humano. Constroem um templo para Deus e instituem rituais e festivais. Seu foco se desloca da vida comunitária para a política e a observância ritual. Facilmente desprezam a camaradagem e a justiça que deveriam caracterizar a comunidade.

Por intermédio dos profetas, Deus relembra a eles os princípios básicos e exigências da vida comunitária. Oseias dirige-se a Deus: "Pois tu queres misericórdia, não sacrifício; conhecimento de Deus antes que holocaustos" (Os 6,6). Referindo-se ao hábito do jejum como sinal de humilhação e penitência, o Senhor diz por intermédio de Isaías:

> Porventura não é este o jejum que escolhi?
>> Soltar os laços da injustiça,
>> desatar as correias do jugo,
>> deixar o oprimido livre
>>> e quebrar todo jugo?
>
> Não preferi que compartilhes o pão com o faminto
>> e leves o pobre sem morada para tua casa,
>> que o vistas quando o vires nu
>>> que não te escondas de quem é da tua própria carne? (Is 58,6-7)

Mas o povo na realidade não muda. Vai até mesmo atrás de falsos deuses. É forçado ao exílio e subjugado por governantes estrangeiros.

Na época de Jesus, o povo está sob o jugo estrangeiro do Império Romano. Seus próprios líderes continuam a explorá-los. Os sacerdotes e anciãos reunidos no sinédrio usam e promovem o Templo e os rituais como fonte de autoridade política sob os romanos. Fazem a coleta do imposto do Templo. Não hesitam em utilizar o Templo para ganho financeiro encorajando a atividade comercial dentro de seu recinto. Os fariseus se apresentam como modelos de lealdade a Deus. Mas estão concentrados na observância literal das leis de pureza e impureza e na observância do sábado, que proibia qualquer tipo de trabalho no dia de descanso. Não estão interessados em promover a solidariedade e a justiça social.

O Caminho de Jesus

É nesse contexto que devemos compreender o caminho proposto por Jesus. Ele não se entrega a especulações metafísicas. Não fala muito sobre a natureza como um elemento em seu caminho, embora se refira à natureza como um exemplo em muitas de suas parábolas. O cenário de Jesus é uma comunidade humana fragmentada pelo egoísmo e pelo orgulho que está personificada em estruturas de poder religioso, social e político. As pessoas são instadas a se afastarem dessa arrogância autocentrada. Isso é realizado por meio do amor desinteressado pelos outros, mostrado no serviço e na partilha humildes. A nova comunidade não é alguma coisa pronta, mas algo a ser criado. Deus, Jesus e o Espírito estão no coração dessa comunidade em construção. A comunidade está portanto em Deus, como divina. Em Deus nos reunimos com a totalidade do cosmos. O caminho de Jesus, por conseguinte, opera no nível dos relacionamentos humanos e sociais. É dinâmico e orientado para o futuro. É centrado na comunidade. Ressoa com o *nishkama karma* da tradição indiana e o *wu wei* da tradição chinesa. Mas está colocado na estrutura de uma comunidade cósmica-humana-divina em construção. Os discípulos, particularmente João e Paulo, identificarão e elaborarão mais tarde essa estrutura. Quero agora desenvolver e trabalhar melhor essa breve descrição do caminho de Jesus.

Jesus começa sua vida pública com a proclamação: "O reino de Deus está próximo; arrependei-vos e crede no evangelho" (Mc 1,15). George Soares-Prabhu chama a atenção para as características e o movimento dinâmico desse reino.

> Quando a revelação do amor de Deus (o Reino) encontra resposta apropriada na aceitação confiante desse amor pelo homem (arrependimento), começa aí um poderoso movimento de libertação pessoal e social que varre a história humana. O movimento traz liberdade, na medida em que libera cada indivíduo das impropriedades e obsessões que o agrilhoam. Cria solidariedade, porque permite que indivíduos livres exercitem o interesse que têm um pelo outro em genuína comunidade. E isso leva à justiça, porque impele cada verdadeira comu-

nidade a adotar as justas estruturas sociais capazes de tornar possível a liberdade e a solidariedade.¹

Soares-Prabhu insiste que Jesus não propõe uma estrutura ou um esquema prontos. Está oferecendo uma visão e um caminho.

> A visão de Jesus indica não o objetivo, mas o caminho. Não nos apresenta um modelo estático pré-fabricado a ser imitado, mas nos convida a uma contínua remodelagem de estruturas de sociabilidade numa tentativa de realizar, tão completamente quanto possível em nossa época, os valores do Reino... Estendida no horizonte da história humana e fazendo no entanto parte dela, oferecida a nós como dádiva, mas nos confrontando como desafio, a visão de Jesus de uma nova sociedade se coloca diante de nós como tarefa não acabada, convocando-nos a uma revolução permanente.²

O reino de Deus que Jesus anunciou e começou a estabelecer não era uma estrutura institucional, político-militar. É uma comunidade de pessoas que estão prontas para amar e perdoar, compartilhar e servir. Cada um de nós nasceu numa família. Crescemos e nos tornamos o que somos nos relacionando com um grupo de pessoas. Somos mutuamente dependentes. Estamos destinados a viver em conjunto e a encontrar felicidade em estarmos juntos. Obviamente, tal comunidade não pode ser estabelecida de uma vez por todas. Cada homem ou mulher que nasce no mundo tem de se tornar um membro dela por sua livre e espontânea vontade. O processo vai continuar enquanto a história continuar. Este reino não é do outro mundo. É um modo diferente de ser e de se relacionar com os outros neste mundo. Não estamos esperando que isso aconteça após a morte. É uma realidade agora. Não é meramente espiritual e transcendente. É humano e histórico, até mesmo terreno. É um processo contínuo, dinâmico. Não é meramente humano. Abarca o universo inteiro com o qual os seres humanos estão relacionados por meio do corpo.

O Caminho do Amor

O caminho de Jesus para construir essa comunidade é o amor. É uma força que nos leva para fora, para nos relacionarmos com o outro. É físico no nível

---

1. George Soares-Prabhu, "The Kingdom of God: Jesus' Vision of A New Society", in *Theology of Liberation: An Indian Biblical Perspective*, Puno, JDV, 2001, pp. 238-39.
2. G. Soares-Prabhu, *op. cit.*, p. 244.

dos elementos materiais e instintivo no nível dos animais. No nível dos seres humanos, dada sua consciência e liberdade, torna-se uma relação pessoal. É dádiva dada e recebida. É livre e pode ser espontâneo. É uma experiência humana, física, emocional e intelectual. Por meio do amor uma comunidade de seres humanos se transforma numa comunhão. Uma comunhão envolve partilha de tudo que a pessoa é e tudo que a pessoa tem. É uma comunhão de vida. Sendo humana, é livre. Não é natural ou automática. Tem de ser formada, construída.

A liberdade de amar e de construir a comunhão também implica a possibilidade de dizer não. As pessoas podem ser egoístas. Suas tentativas de possuir coisas podem privar outros do que eles precisam. Alguns podem ter a tendência de tratar os outros como objetos e usá-los para sua própria satisfação, sem respeitar sua individualidade e liberdade. Eles os escravizam e dominam. Egoísmo e dominação podem estar embutidos em estruturas sociais como escravidão, o sistema de castas ou o livre mercado de hoje. As mulheres em geral são socialmente oprimidas. A sociedade em que vivemos, portanto, não é a comunidade ideal que desejamos ter.

O que devemos fazer para nos distanciarmos de uma tal situação de desigualdade e injustiça? Temos de libertar as pessoas para que elas possam amar. Essa liberdade não é meramente a espontaneidade com que alguém age. Ela também envolve a libertação do egoísmo e do poder. A pessoa tem de se tornar generosa e humilde. Dada a situação de desigualdade e injustiça em que vivemos, as pessoas estão sujeitas a serem maltratadas pelas atitudes e ações dos que são egoístas e dominantes na sociedade. A construção comunitária numa situação desse tipo pressupõe uma capacidade de perdoar e de se reconciliar. A desigualdade e injustiça não são apenas individuais, mas também sociais e estruturais. Por isso os movimentos sociais e lutas pela libertação podem ser necessários para realizar uma transformação. Essas lutas terão de ser não violentas se nosso objetivo não é sucumbir a uma espiral de violência, mas tanto libertar o oprimido quanto chamar os opressores à conversão e à mudança para que, juntos, possamos construir uma nova comunidade de igualdade e justiça. Enquanto isso, alguns dos que lutam podem ter de sofrer pela causa nas mãos do grupo dominante.

Amando a Deus no Outro

Uma olhada na vida e nos ensinamentos de Jesus nos mostra que seu caminho de amor inclui todos esses elementos.³ Ela também os coloca num contexto transcendente (ou divino). Mateus narra a seguinte história:

> Um doutor da Lei fez-lhe uma pergunta para testá-lo. "Mestre, qual é o grande mandamento da Lei?" Ele respondeu: "'Amarás ao Senhor teu Deus com todo o coração, com toda a alma e com todo o entendimento'. Este é o grande e o primeiro mandamento. O segundo é parecido com ele: 'Amarás o teu próximo como a ti mesmo'". (Mt 22,36-39)

Na história como narrada por Lucas, o doutor da Lei continua a perguntar: "Quem é o meu próximo?" Jesus lhe responde com a parábola do Bom Samaritano (Lc 10,30-37). O próximo é alguém que está atento à necessidade do outro e parte para ajudá-lo, indiferente a qualquer consideração de status econômico, social ou ritual. Jesus, no entanto, parece fundir os dois mandamentos num só quando diz aos discípulos após a última ceia: "Este é o meu mandamento: amai-vos uns aos outros como eu vos amei" (Jo 15,12). Refere-se a ele como um "novo mandamento" (Jo 13,34). A novidade pode precisamente estar no fato de ele abandonar o primeiro mandamento sobre amar a Deus. A razão é que é no próximo que amamos Deus. Ele explica isso em sua história sobre o juízo final relatada por Mateus. No fim do mundo, quando todos estiverem reunidos diante dele, o Filho do Homem

> dirá aos que estiverem à sua direita: "Vinde, vós que sois abençoados por meu Pai, recebei por herança o Reino preparado para vós desde a fundação do mundo. Pois tive fome e me destes de comer. Tive sede e me destes de beber. Era forasteiro e me recolhestes. Estava nu e me vestistes, doente e me visitastes, preso e fostes me ver". Então os justos lhe perguntarão: "Senhor, quando foi que te vimos com fome e te alimentamos, com sede e te demos de beber? Quando foi que te vimos forasteiro e te recolhemos ou nu e te vestimos? Quando foi que te vimos doente ou preso e fomos te ver?" E o rei lhes responderá: "Em verdade vos digo: cada vez que o fizestes ao menor destes meus irmãos, a mim o fizestes" (Mt 25,34-40).

---

3. Nos parágrafos seguintes estou repetindo material que já expus no capítulo anterior, embora o esteja examinando de um ponto de vista diferente. Sendo esse um elemento central da vida e dos ensinamentos de Jesus, essa repetição não pode ser evitada, principalmente quando cada imagem se sustenta por si mesma.

Essa história deixa claro que, ao ajudar o pobre e o próximo necessitado, a pessoa ajuda e encontra o Senhor. Amar a Deus e amar os outros, portanto, não são duas atividades distintas. Amamos Deus nos outros. João compreendeu bem isso.

> Deus é amor e aqueles que permanecem no amor permanecem em Deus e Deus permanece neles... Aqueles que dizem: "Amo a Deus", mas odeiam seus irmãos ou irmãs, são mentirosos, pois quem não ama um irmão ou irmã, a quem vê, não pode amar a Deus, a quem não vê. (1Jo 4,16.20)

Amor no Serviço e Reconciliação

Em sua vida Jesus mostra o que o amor realmente significa. Seu novo mandamento está colocado entre dois acontecimentos significativos de sua vida. Antes do mandamento sobre o amor, dá um exemplo de serviço humilde lavando os pés dos discípulos e exortando os discípulos a também lavar os pés uns dos outros (Jo 13,1-15). Suas palavras: "Aprendei comigo, que sou manso e humilde de coração" (Mt 11,29) tornam-se então dignas de crédito. Após o mandamento, ele o comenta dizendo: "Ninguém tem maior amor do que aquele que dá a vida por seus amigos" (Jo 15,13). Depois dará um exemplo sacrificando a própria vida. Ele simboliza isso com a partilha da comida e da bebida na Última Ceia. A comida é um símbolo de vida. Compartilhar a comida é compartilhar a vida. Nos símbolos do pão e vinho, Jesus compartilha seu próprio corpo e sangue. Comer junto é também uma expressão de igualdade e vida comunitária, ainda mais fortalecida pelo gesto simbólico do lava-pés.

Num mundo humano onde há uma ação recíproca de liberdades limitadas, a ofensa mútua é inevitável. Amar numa situação dessas é estar pronto a perdoar. Jesus insiste na necessidade de perdoar. Dá testemunho do amor clemente de Deus por seus milagres de cura, quando cura o paralítico perdoando seus pecados (Mc 2,3-12). Ilustra isso com a parábola do "filho pródigo", que fala do pai misericordioso que acolhe com satisfação o filho esbanjador quando ele volta arrependido (Lc 15,11-32). Sugere que não há limites para esse perdão quando diz a Pedro que ele devia estar pronto para perdoar outro membro da igreja "setenta e sete vezes" (Mt 18,22). Exige a reconciliação antes que seja feita qualquer oferenda a Deus: "Se estiveres fazendo uma oferenda no altar e lembrares que teu irmão ou irmã tem alguma queixa contra ti, deixa a oferenda diante do altar e vai primeiro te reconciliar com teu irmão ou irmã; depois volta e oferece a tua dádiva" (Mt 5,23-24). Ele nos aconselha a amar inclusive os nossos inimigos e evoca Deus como exemplo, porque ele faz o sol se levantar e faz a chuva cair sobre o justo e também sobre o injusto (Mt 5,43-47). Dá um exemplo orando da cruz por seus algozes: "Pai, perdoai-os; eles não sabem o que fazem" (Lc 23,34). Ele encadeia o perdão humano e divino fazendo os discípulos orar: "Perdoai as nossas dívidas, assim como nós perdoamos aos nossos devedores" (Mt 6,12).

Uma Luta Não Violenta

Numa situação de opressão ritual e sociopolítica na Palestina de seu tempo, onde os pobres e os pecadores, as prostitutas e os publicanos são marginalizados, Jesus opta por ser cordial com eles (Mt 9,10-13), enquanto desafia e condena o rico (Lc 6,20-26). Critica os sacerdotes ambiciosos expulsando fregueses e vendedores do templo (Mc 11,15-18). Desafia os fariseus curando pessoas no sábado (Jo 5,2-18; Mt 12,1-14). Os líderes dos judeus decidem livrar-se dele precisamente porque ele está desafiando a autoridade opressiva que eles exercem (Jo 11,45-53).

Ao lutar contra as opressivas estruturas sociais e religiosas de seu tempo, o caminho de Jesus é o da não violência.[4] Ao protestar contra a opressão, ele está pronto a sofrer em nome da liberdade e da justiça. Opõe-se a pôr em prática qualquer violência, "pois todos que pegam a espada morrerão pela espada" (Mt 26,52). A não violência respeita a humanidade e a liberdade dos opressores e procura mudá-los em vez de tratá-los como objetos a serem violentamente destruídos. O objetivo não é a vitória do oprimido contra o opressor, mas a restauração da justiça, da igualdade e da solidariedade para todos, que estarão então vivendo e trabalhando juntos, como uma comunidade. A reação não violenta à opressão impele os opressores a repensar sua posição e os instiga a sentarem-se à mesa de negociação para discutir as reformas e a reconstrução. Jesus, contudo, parece ter consciência de que essa transformação nem sempre é imediatamente possível na história.

Um Caminho Transcendente

O caminho de Jesus não é uma coisa apartada do caminho dos seres humanos e do caminho do mundo. Não é algo separado ou diferente. Mas Jesus dá a ele um novo sentido ou significação. Um exemplo pode deixar isso claro. Compartilhar comida e bebida é um símbolo comum a muitas culturas. Indica

---

4. Voltarei a este tema mais detidamente em outro capítulo.

camaradagem e igualdade. Mas quando uma comunidade cristã compartilha comida e bebida em memória de Jesus e de seu mistério pascal de morte e ressurreição, Jesus se torna presente na comida e bebida, adicionando profundidade à camaradagem. É uma celebração simbólica. Mas não é uma coisa nova. Sempre que as pessoas amam umas às outras, Deus está lá, sustentando e aprofundando o relacionamento que há entre elas. O divino não é o humano. O divino também não é algo acrescentado ao humano. É um aprofundamento ou divinização do humano. Está sempre lá. Num sacramento como a eucaristia é simbolicamente realizado e celebrado. O caminho do humano é o caminho do divino. Amarmos a Deus no outro significa também amarmos o outro em Deus. Deus aqui não é uma adição. Podemos ignorar Deus. Podemos não ter consciência de Deus. Mas Deus está sempre lá, mesmo quando não é reconhecido. Portanto, o caminho de Jesus é ao mesmo tempo humano e divino. Não aliena o humano para torná-lo divino.

Uma vez que o caminho é reconhecido como divino, o que desaparece na morte são apenas os condicionamentos históricos sob os quais o caminho veio surgindo até aqui. Ele está agora se manifestando de uma maneira nova. Desde que estejamos seguindo o caminho não temos de nos preocupar com essa dimensão adicional. Ela cuidará de si mesma.[5]

O fato de Jesus se erguer novamente dos mortos acrescenta uma dimensão especial ao caminho de Jesus. Pensamos na ressurreição como vindo após a morte. Mas o que Jesus parece sugerir em alguns de seus discursos é que existem dimensões na vida que não estão sujeitas à morte. Isso significa que, por um lado, a vida ressuscitada começa agora. Por outro lado, a comunhão de amor pode não ser alcançada nesta vida histórica. Ela começa aqui e agora. Mas por meio de um processo de sofrimento e mesmo morte seu cumprimento pode estar no futuro que transcende a história.

O próprio Jesus explica isso em termos *advaíticos*. Ele diz: "Eu e o Pai somos um" (Jo 10,30). De novo: "Quem me viu, viu o Pai... Crede-me que estou no Pai e o Pai em mim... Quem crê em mim fará as obras que faço" (Jo 14,9.11-12). Jesus ora ao Pai: "Que todos sejam um. Como tu, Pai, estás em mim e eu em ti, possam eles também estar em nós" (Jo 17,21).

Um Caminho Inclusivo

Os discípulos João e Paulo chamam a atenção para outras dimensões desse caminho de comunhão. Paulo o vê como inclusivo de duas maneiras. Em sua

---

5. Também no capítulo anterior enfatizei este ponto.

carta aos romanos, ele sugere que todo o cosmos é envolvido e transformado no processo de construção comunitária.

> A criação espera com ávida expectativa a revelação dos filhos de Deus; pois a criação foi submetida à vaidade, não por sua própria vontade, mas pela vontade daquele que a submeteu, na esperança de que a própria criação seja liberta de sua servidão à corrupção para entrar na liberdade da glória dos filhos de Deus. Pois sabemos que a criação inteira geme e sofre as dores de parto até o presente. E não somente a criação, mas nós mesmos, que temos as primícias do Espírito, gememos interiormente enquanto esperamos a adoção filial, isto é, a redenção de nossos corpos. (Rm 8,19-23)

A comunidade de Jesus não é apenas humana e divina, mas cósmica. Em segundo lugar, em sua carta aos efésios, ele vê o processo da história como o plano de Deus "para reunir todas as coisas nele (Cristo), as que estão nos céus e as que estão na terra" (Ef 1,10; ver também 1Cor 15,28). Na carta aos colossenses, chama isso de plenitude. "Pois nele (Cristo) aprouve a Deus fazer habitar toda a plenitude e reconciliar por ele e para ele todas as coisas, quer na terra, quer no céu" (Col 1,19-20). O caminho de Jesus, então, é um processo cósmico, em que não apenas os seres humanos, mas todo o universo é apanhado. É transistórico, abrangendo e transcendendo o conjunto da história. É o movimento dinâmico da história.

A imagem de Paulo para essa unidade cósmica é o corpo — o corpo de Cristo (1Cor 12,12-31). A força que unifica o corpo é o amor. Paulo é sensível ao próprio caráter prático desse amor.

> A caridade é paciente, a caridade é prestativa, a caridade não é invejosa, não se ostenta, não é arrogante nem rude. Não procura o interesse próprio, não se irrita, não guarda rancor, não se alegra com a injustiça, mas se alegra com a verdade. Tudo desculpa, tudo crê, tudo espera, tudo suporta. A caridade jamais passará. (1Cor 13,4-8)

João procura lançar a base que sustenta essa comunhão cósmica que nos leva de volta à criação.

No princípio era o Verbo, e o Verbo estava com Deus, e o Verbo era Deus. Ele estava no princípio com Deus. Todas as coisas foram feitas por ele, e sem ele nada do que foi feito se fez. Nele estava a vida e a vida era a luz dos homens... A luz verdadeira, que ilumina todo homem, estava vindo ao mundo... E o verbo se fez carne e habitou entre nós, e vimos a sua glória como a glória do unigênito do Pai, cheio de graça e verdade... E todos nós recebemos também da sua plenitude, e graça por graça. (Jo 1,1-4.9.14)

Observemos, de passagem, que João liga aqui Jesus aos atributos "verdade" e "vida", além da "luz" que Jesus também atribui a si mesmo em conjunção com o caminho. Jesus diz aos discípulos: "Eu sou o caminho, a verdade e a vida" (Jo 14,6). Ele tinha sustentado antes ser a luz do mundo, ligando-a também ao caminho. "Sou a luz do mundo; quem me segue não andará nas trevas, mas terá a luz da vida" (Jo 8,12). Não precisamos entrar na metafísica de tudo isso, exceto para mostrar como se assemelha à afirmação chinesa de que o caminho dos seres humanos é o caminho da natureza e o caminho dos céus. O caminho de Jesus é o caminho da criação. É o caminho do que é, do que acontece na realidade. Por isso é a verdade: o que é. É o caminho que os seres humanos e o mundo vivem. É a vida. É dádiva de Deus para a criação e para a humanidade. Podemos entender por que alguns teólogos chineses referem-se a Jesus como o *Tao*. Mas o *tao* de Jesus tem uma ressonância confuciana, já que se ocupa da construção comunitária.

O caminho de Jesus é o caminho do cosmos que começa com a criação. É o caminho do amor. A vida, a morte e a ressurreição de Jesus deixam mais claro e reforçam esse caminho. Ele inclui luta e sofrimento, que levam à reconciliação. A vida é a realidade duradoura. Corresponde à realidade ou verdade do cosmos. Por isso quando Jesus diz que é o caminho, a verdade e a vida, não se trata de três coisas diferentes. São três aspectos ou três modos de olhar para a mesma coisa. O caminho aponta para a dimensão dinâmica da verdade, que é um processo (o que *é*). A vida não é senão cumprir a caminhada. Como é alheia ao ego, é livre de desejo e ação agressiva. É animada pelo espírito de Deus (Rm 8,14-17).

O Caminho e os Caminhos

Neste mundo as pessoas procuram *moksha*, libertação e realização. Elas têm concebido muitos caminhos para alcançar essa meta. No contexto de Jesus, eu gostaria de refletir sobre dois deles. O caminho ascético e o caminho místico.

As pessoas estão conscientes de sua tendência para o pecado (egoísmo e orgulho) e de seus atos pecaminosos. Podem ter uma consciência de culpa. Encontram na penitência um meio de se livrarem desse sentimento de culpa. A penitência ou sofrimento autoimposto, como o jejum, pode ajudar a pessoa a controlar o egoísmo e o desejo, seguindo o princípio do *agere contra* ou agir contra. A penitência também pode ser vista como meio de reparar os pecados. A penitência pode ter um papel a desempenhar como um elemento no processo de a pessoa se esvaziar. O próprio Jesus jejuou durante quarenta dias antes de dar início a seu ministério público. Mas depois, ao que parece, não se refere a isso como parte de seu caminho. João Batista tinha a reputação de defender um estilo ascético de vida. Mas Jesus não segue o caminho de João. Na realidade, os discípulos de João perguntam a Jesus por que seus discípulos não jejuam como eles e os fariseus (Mt 9,14-17). Embora louvando João, Jesus também estabelece um contraste com ele. "Pois veio João, que não come nem bebe, e dizem: 'Um demônio está nele'. Veio o Filho do Homem, que come e bebe, e dizem: 'Eis aí um glutão e beberrão, amigo de publicanos e de pecadores.'" (Mt 11,19) Jesus não pede aos discípulos para jejuarem, mas para se amarem e servirem uns aos outros.

Diz-se frequentemente que o caminho de Jesus é o caminho da cruz. Jesus de fato sofreu. Mas o sofrimento lhe foi imposto. Jesus não correu atrás dele. Estava pronto a sofrer pela causa do amor e da justiça — em defesa de seus princípios. Mas não acho que visse o sofrimento autoimposto como um caminho especial para o objetivo da vida, como ele o havia desenhado, isto é, o reino de Deus como uma comunidade de liberdade, solidariedade e justiça. A penitência pode ter um papel preparatório. Mas ele não deve ser exagerado.

Ao contrário, há muito interesse em métodos de meditação. As pessoas vão falar de um caminho místico em oposição ao ascético. Métodos hindus como o yoga e métodos budistas como o zen são muito procurados. Na realidade, a maioria das técnicas está baseada no yoga. Há vários níveis. Respiração lenta e regular, assim como exercícios de concentração mental que esvaziam a mente dos pensamentos emaranhados e das fantasias podem trazer uma sensação de relaxamento e paz mental e emocional. Isso atrai muita gente num mundo onde as pessoas estão sofrendo vários tipos de tensões na família, no mercado e no local de trabalho. Às vezes, as pessoas tentam ir além e entrar em contato com o campo energético que anima e cerca nosso corpo, ligando-os também a outras fontes de energia. Enquanto uma falta de equilíbrio nesse campo energético leva a inúmeras enfermidades psicossomáticas, um equilíbrio do campo de energia pode levar à cura. Num nível mais elevado, as pessoas podem ter uma experiência de ultrapassar a consciência normal quando seu centro de percepção se desloca do corpo-mente para o campo de energia. As pessoas podem inclusive ter experiências fora do corpo. Por fim, as pessoas podem sentir que, transcendendo o corpo e o campo de energia, entraram em contato com o espírito Absoluto ou ser. Alguns peritos considerariam que o yoga é uma experiência natural-humana. Outros acham que é um passo para a experiência do Absoluto. Embora alguns possam acreditar que essa experiência do Absoluto seja natural e automática, outros, que acreditam num Absoluto pessoal, acham que, embora possamos nos preparar por meio da concentração, o Absoluto só pode ser experimentado por aqueles para quem o Absoluto decide se manifestar.

Os vários níveis de experiências de meditação que relacionei acima provavelmente parecem muito complicados, mas as pessoas podem se voltar para qualquer um dos níveis que indiquei. Uma base teológica e espiritual, além de motivação e esforço, podem fazer as pessoas interpretarem suas experiências de várias maneiras. Enquanto um budista experimenta o vazio, um hindu experimenta a não dualidade e um cristão experimenta a plenitude de Deus. Não estou dizendo que a mesma experiência é interpretada diferentemente. Podem ser experiências diversas, dependendo da atitude, da motivação e do contexto de fé da pessoa. Não é meu propósito aqui me estender sobre essas condições.

Se acreditamos que Deus está em nós e nós estamos em Deus, é natural que alguns queiram experimentar isso de uma maneira humana. Como a relação é real, acho que uma experiência disso é possível. Mas como a relação é o encontro de duas liberdades, a de Deus e a do ser humano, acho que a experiência não pode ser automática. Podemos ter de prepará-la cuidadosamente, esperando em Deus, por assim dizer. Mas Deus também pode preferir concedê-la de repente, sem qualquer preparação, engolfando a pessoa no processo. A experiência é possível e é legítimo aspirar por ela. Temos os escritos dos místicos dando testemunho desse tipo de experiências.

O que eu gostaria de sugerir aqui é que esses caminhos místicos, que vão além das técnicas de relaxamento, são para uns poucos que se sentiram chamados a eles e que dispõem do tempo e energia para empreender o esforço. Mas para as pessoas em geral, incluindo os místicos, o caminho real para a autorrealização é o caminho de Jesus, do amor desinteressado e do serviço. É o caminho acessível a todos no mundo real que existe aqui e agora. É o caminho natural da vida em comunidade, que se expande para incluir o cosmos. Inácio de Loyola tem uma frase que sempre achei atraente: encontrar Deus em todas as coisas e todas as coisas em Deus. Experimentamos Deus no mundo e no outro. Amando Deus no outro amamos o outro em Deus. Isso envolve percepção mística e contemplação. Não precisamos de rituais religiosos elaborados ou de técnicas de yoga. O que precisamos é aprender a arte de viver neste mundo. Esse é o caminho de Jesus. Jesus mostra o caminho. Deparamos com Jesus no outro e em Jesus encontramos Deus. Jesus é de fato o caminho.

5
Jesus, o Guru

O termo "guru" é comum nas línguas indianas. Hoje se tornou comum até mesmo em outras línguas. É usado popularmente para se referir a um mestre. Acho que seria mais apropriado referir-se a um guia. Usado num contexto espiritual, diz respeito a uma pessoa que seguiu o caminho e que experimentou, ou pelo menos teve um vislumbre, da meta que está procurando. Ela, portanto, é capaz de guiar os discípulos em sua própria busca. Ela pode iniciá-los e conduzi-los pelo caminho que ela própria trilhou. Ela pode instruí-los, resolver suas dúvidas e dificuldades. Ela pode legitimar suas experiências. É tradicional na Índia que um guru não saia à procura de discípulos. Pelo contrário, são os discípulos que saem à procura de um guru, que é visto como competente para guiá-los pelo caminho espiritual devido à sua experiência anterior de ter seguido com êxito essa trilha.

Normalmente, um guru instrui e exercita um discípulo e, quando ele está pronto, o inicia. Depois que é formalmente iniciado, o discípulo segue sua própria trilha e pode, por sua vez, tornar-se um guru. É como se constrói uma tradição. Não que cada discípulo se torne um guru. A pessoa tem de se qualificar para isso pela experiência pessoal e pelo reconhecimento dos outros. Quando os discípulos não se ocupam em tempo integral de sua busca, mas apenas procuram o guru para um conselho ocasional, a relação guru-sishya (discípulo) vai se reproduzindo. Em alguns *ashrams* modernos, calcados em monastérios europeus, a relação guru-sishya está ficando institucionalizada e se tornando permanente.

Na tradição advaítica (não dual), em que a verdadeira experiência espiritual consiste em realizar a unidade da pessoa com o Brahman ou o Absoluto, o guru é visto como divino, porque ele experimentou sua unidade advaítica com o divino. É chamado de Bhagavan ou Deus, como Bhagavan Ramakrishna ou Bhagavan Ramana Maharishi. Nas tradições Bhakti, como a Saiva Siddhanta, em que a experiência suprema é o encontro com Shiva, o absoluto, por meio do amor, o próprio Shiva é visto se aproximando do devoto ou discípulo como um guru ou por meio de um guru humano. Não está claro se o guru em tal encontro é uma manifestação especial de Shiva ou se é Shiva agindo por meio de um mediador humano. Num caso ou no outro, o guru pode ser uma pessoa divina-humana.

Meu propósito aqui, no entanto, não é explorar as várias nuances de significado do termo "guru" na tradição indiana, mas ver se, tomado em sentido geral, ele pode nos ajudar a compreender diferentes aspectos de Jesus. Muitos discípulos indianos de Jesus, sejam hindus ou cristãos, o têm considerado como seu guru. Os cristãos darão ênfase ao caráter único de Jesus, chamando-o de *sadguru* ou verdadeiro guru. Trata-se de um termo comparativo. Mas não estou adotando uma abordagem comparativa neste livro; exploro apenas as várias imagens que podem nos levar a uma compreensão mais profunda de Jesus com relação a nós. Acho que guru é esse tipo de imagem. Desse ponto de vista, um guru é um guia que pode iniciar e conduzir os discípulos à realização, porque ele próprio/ela própria a alcançou e experimentou.

Quando olhamos para Jesus como guru, uma abordagem fácil poderia ser vê-lo como divino e citar uma passagem como: "Aquele que vem do céu está acima de todos. Ele dá testemunho do que viu e ouviu" (Jo 3,31-32). Como pessoa divina, Jesus sabe do que está falando. Portanto é um verdadeiro guru. Mas não é desse modo que os discípulos e outros realmente o experimentam. Eles o experimentam como primariamente humano. Como ser humano, ele "crescia em sabedoria e em anos, diante de Deus e diante dos homens" (Lc 2,52). Ele não nasceu guru. Tornou-se um e agiu como um. Mas não foi universalmente aceito. Quando Jesus falou de seu próprio corpo como o pão vivo do céu, "muitos discípulos voltaram atrás e não andaram mais com ele" (Jo 6,66). Outros o acusaram de ser um agente do príncipe dos demônios (Mc 3,22). Outros ainda se recusaram a aceitar sua autoridade, porque ele veio da Galileia e não observava estritamente prescrições rituais como a observância do sábado (Jo 9,16.29). Podemos ver seu desenvolvimento como guru nos Evangelhos.

A Formação de um Guru

Jesus deve ter sido criado em Nazaré frequentando a sinagoga nos dias de sábado, como qualquer bom menino judeu. Quando jovem adulto, ouve falar de João Batista e vai ao encontro dele no deserto. Não acredito que ele só tenha entrado na água, numa bela manhã, para ser batizado por João. Tem de ter ouvido seus ensinamentos. Durante esse encontro, sua personalidade deve ter de alguma maneira impressionado João, já que ele hesita em batizá-lo (Mt 3,14). Mas para João a coisa não ficou de todo clara, porque mais tarde ele precisou mandar seus discípulos perguntarem a Jesus: "És tu aquele que há de vir?" (Lc 7,19). Jesus, no entanto, deve ter tido um senso de vocação especial no momento de seu batismo por João, porquanto "ouviu uma voz" que dizia: "Tu és meu filho bem-amado; em ti me comprazo" (Lc 3,22). Tanto esse senso especial de vocação quanto o exemplo de João Batista impeliram-no para o deserto, no que seria um período de penitência e provação. Ele jejuou, orou e foi tentado. Os Evangelhos nos falam de três tipos de tentações. Antes de mais nada, como ele está faminto, pedem-lhe que mande uma pedra se transformar em pão. Ele é tentado a usar os poderes que lhe tivessem sido dados com vistas à sua missão para satisfazer suas próprias necessidades e desejos. Jesus responde: "Nem só de pão vive o homem, mas de toda palavra que sai da boca de Deus" (Mt 4,4). Então lhe pedem para atirar-se do alto do templo, confiando que Deus vai salvá-lo por meio dos anjos. É uma tentação a agir de maneira egoísta, projetando sua própria presunção e forçando Deus a reconhecê-la. Ela também revela um sentimento de insegurança. Jesus responde: "Não tentarás ao Senhor teu Deus" (Mt 4,7). Finalmente lhe prometem o mundo inteiro se ele adorar Satanás. Tentam seduzi-lo com uma promessa de poder sobre todas as coisas. Ele reage com seu agudo: "Vai-te, Satanás!" (Mt 4,10) Essas tentações provavelmente não são três acontecimentos particulares, mas três tipos de testes. Lucas, por exemplo, acrescenta: "Depois que terminava um teste, o diabo se afastava dele até uma nova oportunidade" (Lc 4,13). Os testes, então, devem ter continuado.

Mateus relata uma dessas provas. Jesus pergunta aos discípulos o que as pessoas pensam dele. Os discípulos dizem que ele costuma ser encarado como um profeta na linha de Elias, Jeremias e João Batista. Então Jesus pergunta: "Mas quem vós dizeis que eu sou?" Pedro responde por todos: "Tu és o Messias, o Filho de Deus vivo" (Mt 16,13-16). Após essa confissão, Jesus lhes fala dos sofrimentos que terá de enfrentar em Jerusalém. Pedro toma a liberdade de repreendê-lo: "Deus não o permita, Senhor! Isto jamais deve acontecer contigo". A reação violenta de Jesus é semelhante àquela no deserto: "Arreda-te de mim, Satanás!" (Mt 16,21-23). Temos outras histórias parecidas. Jesus visita sua cidade natal, Nazaré. Vai até a sinagoga e lê a famosa passagem de Isaías: "O espírito do Senhor está sobre mim, porque ele me ungiu para evangelizar os pobres" e declara: "Hoje se cumpriu a escritura que acabastes de ouvir". As pessoas esperam que ele faça alguns milagres por lá, como fez em Cafarnaum. Jesus se recusa a atendê-las e elas tentam, sem êxito, jogá-lo do cume do monte

(Lc 4,16-30). Em outra oportunidade, os fariseus lhe pedem um sinal dos céus. Ele diz: "A esta geração nenhum sinal será dado" (Mc 8,12). Quando Jesus está pendurado na cruz, todos ao seu redor o tentam. Os líderes judeus escarnecem: "Salvou outros; que se salve a si mesmo se é o messias de Deus!" (Lc 23,35) Os soldados zombam: "Se és o rei dos judeus, salva-te a ti mesmo!" (Lc 23,37) Um dos criminosos crucificados com ele o instiga: "Não és o Messias? Salva-te a ti mesmo e a nós!" (Lc 23,39).

Um Novo Modelo

As pessoas de sua época têm uma visão ideal de como deveria ser um guru judeu. Os rabinos, que comentam as escrituras e a lei, e os fariseus, que alegam observar fielmente todas as prescrições da lei, são os seus modelos. Jesus se recusa a se ajustar a esses modelos. Propõe uma nova visão da lei, que insiste na interioridade e autenticidade. Ele insiste na pureza de intenção e atitude antes que na mera conformidade externa. Sugere que as pessoas orem e jejuem em segredo, em vez de fazê-lo com grande alarde para serem elogiadas pelos outros (Mt 6,5-6). Ele rompe seus tabus de culto, como a observância literal do sábado, e mostra que as necessidades das pessoas têm prioridade (Mt 12,1-14). Ele transgride as restrições sociais e rituais deles, bem como tabus de pureza-impureza, quando come e bebe com os pecadores e os publicanos (Mt 9,10-13). Sugere fidelidade antes ao espírito que à letra da lei. Embora visite o templo regularmente, como fazem todos os judeus, e inclusive pague as taxas do templo (Mt 17,24-27), protesta vigorosamente contra sua utilização abusiva para fins comerciais ao expulsar vendedores e fregueses (Mc 11,15-19). Sua vida e ensinamentos não passam sem contestação. Os fariseus sugerem que expulsa demônios com a ajuda do príncipe dos demônios, Beelzebu (Mt 12,24). Os líderes questionam sua autoridade para ensinar e curar (Mt 21,23). Por um lado esses choques esclarecem a Jesus, e a quem estiver disposto a lhe dar atenção, que o caminho para Deus não passa pela observância fiel do ritual e da lei, mas pela fidelidade às exigências fundamentais de amor, que chegam preferencialmente ao pobre e oprimido. A luta o fortalece. Por outro lado, eles o colocam numa rota de colisão com as autoridades judaicas, que veem isto como um desafio. As multidões que seguem Jesus fazem os líderes judeus suspeitarem que a autoridade que eles mantêm sobre o povo pode estar escapulindo (Jo 11,47-53). E assim ficam muito propensos a tomar providências contra ele. Jesus também está consciente da confrontação que se avizinha. Sabe qual foi o destino dos profetas. Assistiu ao fim violento de João Batista. E, no entanto, quando os fatos se aproximam, ele sente medo. Ora: "Abba, Pai, para ti nada é impossível; afasta de mim este cálice; não seja feito, porém, o que eu quero, mas o que tu queres" (Mc 14,36). A aceitação e o amor vencem o medo e ele se entrega. Mas está muitíssimo consciente de que "o espírito está de fato disposto, mas a carne é fraca" (Mc 14,38). Clama quando está pendurado na cruz: "Meu Deus, meu Deus, por que me abandonaste?" (Mc 15,34). Contudo, perdoa seus executores rezando: "Pai, perdoai-os, pois eles não sabem o que fazem" (Lc 23,34). Também tranquiliza o "bom" ladrão: "Hoje estarás comigo no Paraíso" (Lc 23,43). Finalmente, a rendição é total e incondicional: "Pai, em tuas mãos entrego o meu espírito" (Lc 23,46).

Muitos asiáticos (indianos) que encaram Jesus como um guru se concentram em seus ensinamentos morais, como aqueles compilados por Mateus no Sermão da Montanha (Mt 5). Só Mahatma Gandhi toma seriamente sua paixão e morte na cruz como um exemplo de luta não violenta.

Um Guru Peregrino

Disse acima que a imagem de um guru indica alguém que teve a experiência do Absoluto e, portanto, pode iniciar e guiar outros em seus caminhos. O quadro que temos de Jesus é ligeiramente diferente. Ele por certo experimenta o chamado de Deus e o poder de Deus consigo em vista da sua missão. Deve ter sentido vigorosamente a comunhão com o Pai nos momentos de prece. Lemos no Evangelho de Marcos: "De manhã, quando ainda estava muito escuro, ele se levantou e foi para um lugar deserto. Ali rezou" (Mc 1,35). Lucas nos diz: "Num daqueles dias, ele foi à montanha para orar e passou a noite inteira em oração a Deus. Depois que amanheceu, chamou os discípulos e dentre eles escolheu doze, aos quais deu o nome de apóstolos" (Lc 6,12-13). A oração, portanto, precede decisões importantes. A transfiguração de Jesus, durante a qual seus discípulos prediletos, Pedro, Tiago e João, viram-no em companhia de Elias e Moisés, e ouviram a voz, "Este é meu Filho amado; ouçam o que ele diz", deve ter sido uma experiência muito forte, fortalecendo-o para os sofrimentos à frente. Tal experiência de comunhão com o Pai, no entanto, não é uma experiência de plenitude alcançada de uma vez por todas. Coexiste com uma luta contínua, que é particularmente aguda durante a paixão e a morte na cruz.

Sua experiência, assim como a competência para guiar outros se desenvolvem e são aperfeiçoadas no decorrer de sua vida por meio de vários encontros. Tais encontros acontecem não apenas com seus inimigos, que continuam a desafiá-lo, mas também com pessoas que o surpreendem pela fé que possuem e que estimulam suas energias. Na festa de casamento em Caná, Maria simplesmente o informa: "Eles não têm vinho", dizendo depois aos criados: "Façam o que ele mandar", apesar do aparente protesto de Jesus (Jo 2,3-5). Um centurião o surpreende por sua fé, sugerindo que ele pode curar seu criado por uma simples palavra de comando (Mt 8,5-13). Uma mulher com um fluxo de sangue parece conseguir um milagre tocando seu manto sem o conhecimento dele (Lk 8,43-48). A mulher cananeia contesta seus argumentos afirmando que mesmo os cachorros comem as migalhas que caem da mesa do dono (Mc 7,24-30). A curiosidade de Zaqueu para vê-lo é um sinal de sua disponibilidade para a conversão (Lc 19,1-10).

Esse processo, contudo, não o impede de escolher e formar seus discípulos. Mas os ensinamentos que tem para eles só ficarão completos quando os discípulos encontrarem o Jesus ressuscitado. Só com a ressurreição Jesus se torna o guru completo. Os discípulos também adquirem uma compreensão mais perfeita dos ensinamentos de Jesus quando podem recordá-los à luz da ressurreição.

Guru e Discípulos

Na tradição indiana, um guru que anda de um lado para o outro procurando discípulos é visto com suspeita. São os discípulos que procuram um guru, atraídos pelo exemplo e modo de vida dele. No caso de Jesus, vemos uma variedade de modos pelos quais os discípulos chegam ao guru. O Evangelho de João nos fala de dois discípulos de João Batista que ouvem um testemunho deste e seguem Jesus. Jesus diz a eles: "Vinde ver". Eles vão, veem e ficam com Jesus. Um dos dois, André, vai buscar seu irmão, Simão, que Jesus chama de Pedro, "a rocha" (Jo 1,35-42). No dia seguinte, Jesus chama Filipe, que por sua vez traz Natanael. Natanael, a princípio cético, se impressiona com Jesus e fica com ele (Jo 1,43-51). Mateus fala de Jesus chamando André, Pedro, Tiago e João, quando eles estão pescando (Mt 4,18-22). Lucas torna o incidente mais dramático. Os quatro tinham pescado uma noite inteira sem êxito. Então Jesus lhes indica um lugar e eles puxam uma rede cheia de peixes. Pedro tem experiência suficiente de pesca para perceber o que havia de incomum no palpite de Jesus e exclama: "Afasta-te de mim, Senhor, pois sou um pecador". Jesus então assegura a ele e aos outros que os transformará em pescadores de homens (Lc 5,8-10). Jesus chama Mateus, que está sentado em sua tenda de coletor de impostos (Mt 9,9), e confirma seu desejo de estender a mão a pecadores e publicanos participando no jantar em casa dele. Da parte de Jesus há um chamado. Da parte dos discípulos, há uma possibilidade de experiência antes de uma decisão final de juntar-se a ele.

Jesus tem também algumas mulheres como seguidoras. Lucas nos dá a lista: "Maria, chamada Madalena, da qual haviam saído sete demônios; Joana, esposa de Cuza, o procurador de Herodes; Suzana e várias outras, que os serviam com seus bens" (Lc 8,2-3). Obviamente elas tinham uma situação financeira bem melhor que os pobres pescadores. Muitos querem seguir Jesus, mas são impedidos por certas preocupações urgentes. Um não gosta da vida errante de Jesus. Outro tem de primeiro enterrar o pai morto. Outro quer dar adeus à família (Mt 8,18-22). Jesus insiste numa orientação definida. "Quem põe a mão no arado e olha para trás não é feito para o Reino de Deus" (Lc 9,62). Outro ainda tem muitos bens de que não quer abrir mão (Mt 19,16-22). Marcos chega a dizer: "Fitando-o, Jesus o amou" (Mc 10,21). Esse amor obviamente não viola a liberdade da pessoa, obrigando-a a seguir Jesus.

Entre seus muitos discípulos, Jesus escolhe especialmente doze. Marcos diz: "Indicou doze, que também chamou de apóstolos, para que ficassem com ele e para enviá-los a proclamar a mensagem, tendo autoridade para expulsar os demônios" (Mc 3,14-15). Mateus acrescenta: "e para curar toda a sorte de males e enfermidades" (Mt 10,1). Isso corresponde ao que o próprio Jesus estava fazendo. Qual é a importância desse grupo?

Guru de um Movimento Social Apostólico

Jesus experimenta a oposição dos líderes judeus. Sente que ela está ganhando força e que talvez ele não fique vivo por muito tempo. Mas quer que seu trabalho de proclamar a chegada do reino de Deus e de chamar as pessoas à conversão continue. O número doze se refere provavelmente às doze tribos de Israel, tornando-os assim um grupo representativo e um novo povo de Deus, escolhido para dar novo impulso à antiga missão de Deus, missão voltada para compartilhar a vida de Deus com as pessoas e integrá-las numa comunidade. Jesus instrui esses doze de um modo especial. Quando Judas abandona o grupo, tornando-se o traidor de Jesus, o grupo o substitui por Matias, enfatizando assim a natureza simbólica do número doze. A condição que estabelecem é interessante. Ele deveria ser "um dos homens que nos acompanharam durante todo o tempo em que o Senhor Jesus viveu no meio de nós, começando pelo batismo de João até o dia em que ele nos foi arrebatado" (At 1,21-22). Isso significa que havia muitos outros, além dos apóstolos, que eram discípulos fiéis de Jesus. Na realidade, Jesus envia setenta outros "a cada cidade e lugar onde ele próprio pretendesse ir" (Lc 10,1-20). Os doze, contudo, parecem ter um papel especial entre os discípulos.

A realização suprema ou gratificação final para a qual Jesus estava se movendo não é meramente pessoal, mas pode ser repetida com outras pessoas guiadas por ele. Jesus parece ter em mente um projeto social — uma nova comunidade, um novo povo de Deus. Parece estar consciente de que esse projeto social continuará após sua morte e ressurreição. Prevê, portanto, uma gratificação a vir no futuro próximo ou distante. Paulo e João verão essa gratificação final como uma reconciliação ou comunhão universais (cf. Ef 1,3-10; 1Cor 15,28; Jo 17). A meta prevista é dupla. Cada pessoa alcança sua realização. Mas isso é parte da realização de todos. Podemos recordar aqui o ideal bodhisattva budista em que o bodhisattva — uma pessoa que atingiu a libertação ou autorrealização – adia seu desfrute para poder ajudar outros a atingirem também a libertação suprema para que, no final, todos se realizem em conjunto. Como guru, Jesus não está meramente guiando as pessoas para sua realização pessoal. Está lançando e animando um projeto global que trabalha pela realização de todos os seres humanos e do universo inteiro. O projeto de Jesus é, portanto, tanto pessoal quanto social/cósmico. Abrange toda a história até que Deus seja tudo em todos (cf. 1Cor 15,28). Jesus, assim, é o guru de um movimento cósmico que ele inicia e perpetua escolhendo discípulos e enviando-os para continuar sua missão. Sua instrução dos discípulos, portanto, não visa apenas à busca da realização pessoal, mas ao trabalho pela realização de todos. Esse é seu ideal do reino de Deus.

A Visão do Reino

Jesus explica sua visão do reino particularmente nas parábolas. Frequentemente começa as parábolas com a frase: "O reino dos céus é como..." As parábolas não nos oferecem um ensino sistemático sobre o reino. Apresentam diferentes pinceladas, realçando diferentes aspectos. Tentemos, porém, reuni-los. A melhor imagem do reino nos Evangelhos é a do banquete de núpcias (cf. Mt 22,1-14). Ele se concentra numa família e num amplo círculo de amigos. É uma celebração comunitária personificada numa refeição festiva comum, expressando alegria e camaradagem. O rei é o anfitrião e convida todos a participar do banquete. Começando com as pessoas mais importantes, o convite acaba chegando a todos. O que domina a imagem do banquete é a comunidade.

Reunir uma comunidade desse tipo não é um projeto político. Não é realizado por um exército. Vai equipando as pessoas com a liberdade de se unirem e de se relacionarem umas com as outras, a despeito dos muitos fatores econômicos, sociais, políticos e culturais que as dividem. Jesus vê que esse trabalho de conversão e reorientação que leva ao relacionamento terá de ser feito com serenidade a partir de dentro. É por isso que compara o emergir do reino ao crescimento de uma semente (Mt 13,1-9.31-32) A imagem da semente tem a vantagem de chamar a atenção para a interação entre a semente e o solo onde ela cresce. Abordaremos esse ponto mais adiante. Uma semente tem a possibilidade de crescimento. Um pequeno grão de mostarda pode se transformar numa grande árvore (Mt 13,31-32). Jesus também compara o reino com o fermento. "O Reino dos Céus é semelhante ao fermento que uma mulher pegou e misturou com três medidas de farinha, até que tudo ficasse fermentado" (Mt 13,33). O poder dinâmico do reino age no sentido de uma transformação a partir de dentro, quase invisível.

Uma semente, como eu disse, não pode crescer sem o solo. Deus criou os humanos como seres livres. Deus não pode impor a comunidade a nós. Temos de construir livremente a comunidade. Deus planta a semente, mas ela cresce em nós que somos o solo. Nossas respostas podem variar de nada a cem por cento. A base dessa resposta é a desistência de nosso egoísmo e orgulho e a possibilidade de nos voltarmos para os outros na comunidade. Se realmente compreendemos e apreciamos a visão de comunidade que Deus está nos propondo, então estaremos prontos para abandonar tudo, de modo a seguir ativamente a visão. Jesus sublinha a necessidade dessa disponibilidade para desistir de tudo evocando duas imagens:

> O Reino dos Céus é semelhante a um tesouro escondido num campo. Alguém o acha e torna a esconder. Na sua alegria, vai vender tudo que tem para comprar aquele campo. O Reino dos Céus também é semelhante a um negociante que andava atrás de pérolas finas. Quando achou uma pérola de grande valor, foi vender tudo que tinha para comprá-la. (Mt 13,44-46)

Na história sobre a pobre viúva que atira duas moedas de cobre no tesouro do templo, Jesus destaca que "o que a pessoa tem" não precisa ser muito em termos mundanos (Mc 12,41-44). O que importa é a intenção de dar tudo que se tem. Em outra parábola, Jesus fala sobre o rei que dá respectivamente cinco, dois e um talentos a três de seus criados de acordo com a capacidade de cada um. O que o rei espera é que usem o(s) talento(s) produtivamente, não a quantidade do produto (Mt 25,14-30).

Embora Deus espere que façamos o que podemos fazer, o dom de Deus só é condicionado pela própria generosidade de Deus. Temos a parábola do pai de família que manda os criados para a vinha em todas as horas do dia, até a última hora, e paga cada um igualmente no final do dia. Sua recompensa não é medida pelo trabalho feito, mas pela sua própria generosidade e, talvez, também pela necessidade do trabalhador e seus dependentes, seja qual for a soma de trabalho que ele seja capaz de fazer (Mt 20,1-16). O que pode bloquear o amor e a generosidade cheios de perdão de Deus é nossa própria autossuficiência. Pessoas que se julgam materialmente ou religiosamente ricas — os fariseus, em sua própria avaliação — não precisam de Deus. O homem rico não reparou no pobre Lázaro até encontrá-lo no seio de Abraão (Lc 16,19-31). Na parábola do fariseu e do coletor de impostos que vai até o templo para orar, vemos o contraste. O fariseu se limita a louvar a si próprio por sua boa conduta, enquanto o coletor de impostos confessa seu pecado. É o coletor de impostos que vai para casa absolvido (Lc 18,9-14). Há outras pessoas autossuficientes nas parábolas, como o homem rico que teve uma boa colheita e está na expectativa de desfrutá-la sem desconfiar que vai morrer naquela mesma noite (Lc 12,16-21). Jesus opta pelos pecadores e os coletores de impostos, não porque eles sejam bons, mas porque estão conscientes de serem pecadores e estão abertos à conversão. A mulher pecadora que lava os pés de Jesus com suas lágrimas e os enxuga com os cabelos na casa do fariseu, assim como Zaqueu, que divide seus bens, são exemplos disso (Lc 7,36-50; 19,1-10).

Jesus deixa claro que a comunidade que imagina entre os seres humanos e com Deus está enraizada no amor. Na parábola do bom samaritano (Lc 10,25-37), ele sublinha que o amor é mostrado na partilha e no servir aos outros, especialmente os que estão necessitados. Dada a situação de egoísmo e fragmentação no mundo, Jesus mostra que o primeiro passo no processo de amar é o perdão. Jesus apresenta Deus como um pai que perdoa. As parábolas do filho pródigo, do pastor que vai atrás da única ovelha desgarrada entre uma centena de outras e da mulher que procura a moeda perdida (Lc 15) mostram que Deus está pronto a nos perdoar e a nos reintegrar na comunidade. O Deus que perdoa nos encoraja também a nos perdoarmos uns aos outros, amando inclusive os nossos inimigos (Mt 5,38-48). O elo entre as duas coisas é expresso na oração que Jesus ensina aos discípulos: "E perdoai as nossas dívidas, assim como nós perdoamos aos nossos devedores" (Mt 6,12). Jesus elabora esse ponto na parábola do servo que não perdoa. Um amo perdoa um servo que não consegue pagar seu débito. Mas o servo se recusa a perdoar outro servo que lhe deve dinheiro. O amo fica furioso e castiga o primeiro servo (Mt 19,23-35).

A construção comunitária não será um projeto fácil porque enfrentará a resistência de pessoas que são egoístas e orgulhosas. A história, então, será um processo de tensão contínua. A parábola do joio e do trigo chama a atenção para isso. Mas a história será também um processo de desafio constante. Oportunidades para construir uma comunidade se apresentarão a qualquer momento e teremos sempre de estar prontos. As parábolas apresentam isso numa linguagem escatológica: o rei que volta para exigir a prestação de contas. O rei chegará inesperadamente. Por isso temos sempre de estar prontos. A parábola das dez virgens e dos escravos fiéis e infiéis ilustra isso (Mt 24,36;25,1-13). Essa escatologia não deve ser compreendida como algo no futuro distante. A linguagem do futuro é símbolo de um presente dinâmico que se prolonga. Assim temos de estar sempre de sobreaviso. Deus se dispõe a perdoar os que se arrependem. Mas ele não é irresponsável. Vai nos chamar à ordem. As parábolas da figueira estéril (Lc 13,6-9) e dos arrendatários perversos mostram isso (Mt 21,33-46). A vinha é de Deus. Somos mandados para lá como mordomos. Somos responsáveis pelo que fazemos com ela. Não temos que reclamar sua propriedade. É interessante que essa ideia da mordomia seja hoje levantada no contexto ecológico. O Senhor confiou a terra à humanidade. Está destinada a todos, não a ser injustamente explorada por uns poucos. Tal ideia de responsabilidade nos leva de volta à parábola do banquete com a qual começamos este comentário sobre as parábolas.

O rei convida as pessoas ricas para um banquete. Mas elas estão presas a seus interesses egoístas: terra, animais, casamento. O rei, então, escancara os portões para todos. O que não significa que as pessoas devam ir ao banquete sem a roupa adequada (Mt 22,11-12). Isso, porém, não dá motivo para não participarmos do banquete, mas sim para procurarmos o traje adequado e estarmos prontos, pois o chamado pode vir a qualquer momento.

Todos nós somos convidados a construir o reino juntamente com Deus e com os outros. Não podemos realmente deixar de optar por isso. É o que dá significado à nossa vida. Mas não devemos ter sonhos grandiosos. A clareza sobre nossa capacidade e nossas possibilidades é também necessária. Prudência e discernimento são, portanto, indicados (Lc 14,28-32). Ao mesmo tempo, a construção comunitária num mundo que é injusto nos levará ao conflito e ao sofrimento. É nesse contexto que temos de compreender a advertência de Jesus:

> Não penseis que vim trazer paz à terra. Não vim trazer a paz, mas a espada... Aquele que ama pai ou mãe mais do que a mim não é digno de mim. Aquele que ama filho ou filha mais do que a mim não é digno de mim. E aquele que não pega sua cruz e me segue não é digno de mim. Os que só querem salvar sua vida, vão perdê-la, mas os que perdem a vida por minha causa, vão salvá-la. (Mt 10,34.37-39)

As Exigências da Condição de Discípulo

Para ser discípulo de Jesus há sem dúvida algumas exigências básicas. A pessoa tem de estar com ele, viver com ele, aprender com seus ensinamentos e ações e, inclusive, ser orientada por ele de uma maneira especial. A pessoa deixa tudo para seguir Jesus. O próprio Jesus diz ao homem rico que pede o seu conselho: "Vai, vende os teus bens e dá o dinheiro aos pobres... Depois vem e segue-me" (Mt 19,21). Os discípulos tinham feito isso. Pedro diz: "Eis que nós deixamos tudo e te seguimos" (Mt 19,27). Jesus o confirma quando diz: "Todo aquele que tenha deixado casas ou irmãos ou irmãs ou pai ou mãe ou filhos ou terras por causa do meu nome receberá cem vezes mais" (Mt 19,29). A condição de discípulo também exige compromisso pessoal. Após um longo discurso sobre comer sua carne e beber seu sangue para compartilhar de sua vida divina, Jesus vê muitos discípulos o deixarem, dizendo: "Este ensinamento é difícil" (Jo 6,60). Então Jesus se volta para os Doze e pergunta: "Quereis também ir embora?" Pedro, como de hábito, responde por todos: "Senhor, a quem iremos? Tens palavras de vida eterna. Passamos a crer e sabemos que és o Santo de Deus" (Jo 6,67-69). Tomé dá expressão dramática a esse compromisso. A proposta de Jesus de voltar à Judeia após a morte de seu amigo Lázaro encontra a princípio resistência, porque os judeus da Judeia tinham tentado apedrejar Jesus. Mas quando Jesus insiste, Tomé diz bravamente a seus colegas discípulos: "Vamos também nós para morrermos com ele!" (Jo 11,16) Na realidade, quando os fatos realmente ocorrem, todos eles vão fugir; Pedro negará três vezes que o conheceu e João o seguirá de uma distância segura. Mas que tenham voltado a se reunir no cenáculo, esperando que alguma coisa acontecesse, mostra que tinham uma certa lealdade básica ao grupo e ao projeto para o qual Jesus os havia instruído.

Falando dos discípulos de Jesus não deveríamos superestimar os Doze, seja qual for seu papel simbólico e institucional na comunidade. Ele jamais é exclusivo. A conversa de Pedro com o grupo após a ascensão, sobre a escolha de um substituto para Judas, mostra que outros discípulos além dos Doze haviam de fato seguido Jesus durante seu período de vida.

Os outros discípulos incluíam mulheres, algumas com boa situação econômica e social. Talvez tenham estado na última ceia. Foram as primeiras a ir à tumba no terceiro dia após a morte de Jesus e encontrá-lo. Maria Madalena se destaca entre elas. Havia discípulos secretos, como Nicodemos e José de Arimateia. Havia chefes de família como Marta, Maria e Lázaro. Havia forasteiros simpatizantes, como o centurião, a mulher cananeia e a mulher samaritana. Quando pensamos na última ceia e nos aparecimentos de Jesus após a ressurreição, tendemos a nos concentrar somente nos Doze. Talvez estejamos guiados por preocupações institucionais e/ou quadros da última ceia, como os de Leonardo da Vinci. Os Atos dos Apóstolos nos dizem que os apóstolos "estavam continuamente devotados à prece, juntamente com certas mulheres, incluindo Maria, mãe de Jesus, assim como seus irmãos" (At 1,14). Tenho certeza que, ao se manifestar no dia de Pentecostes, o Espírito Santo desceu sobre todos que estavam reunidos. Provavelmente Jesus encontrou o mesmo grupo no cenáculo após a ressurreição, quando soprou o espírito neles e mandou-os numa missão de reconciliação. Provavelmente as mulheres estavam financiando toda a operação, como tinham feito durante o período de vida de Jesus. Fazendo uma reconstituição a partir desse fato, podemos imaginar que todos os discípulos, homens e mulheres, também estiveram presentes na última ceia. Devem ter chegado a Jerusalém acompanhando Jesus. A refeição da Páscoa foi uma refeição em família, à qual foram todos convidados. As mulheres teriam cuidado das provisões e dos preparativos — e do serviço, exceto quanto à lavagem dos pés feita por Jesus. Por outro lado, mesmo pensando apenas nos Doze, ele parece ter dado papéis especiais a Pedro, Tiago e João. Pedro era o porta-voz. Os três são escolhidos para testemunhar a transfiguração (Mc 9,2-8) e a agonia no jardim (Mc 13,32-42). Eles devem ter sido sensíveis a esse privilégio. Pedro se aventura a protestar quando Jesus fala de sua iminente paixão (Mt 16,22) e quando está lavando seus pés (Jo 13,6). Quando Jesus fala que será renegado por eles, Pedro é o mais enfático em negar: "Ainda que todos te reneguem, eu não farei isso... Mesmo que tenha de morrer contigo, não te negarei" (Mc 14,29.31). Tiago e João, por outro lado, pedem lugares especiais ao lado de Jesus no reino vindouro (Mc 10,37). Jesus vai ensinar a eles, tanto pela palavra quanto pelo exemplo, que papéis especiais não significam honra especial, mas responsabilidade especial e sofrimento especial.

Instruindo na Missão

Mesmo durante seu tempo de vida, Jesus enviou os discípulos em missão para anunciar a vinda do reino de Deus. Enviou não apenas os Doze (Mt 10,5), mas também, mais tarde, outros setenta (Lc 10,1). Autorizou-os não apenas a proclamar a boa-nova da chegada do reino, mas também a fazer as obras simbólicas de cura e exorcismo que ele realizava. Jesus dá ênfase à simplicidade de seus ministros. Devem hospedar-se com as pessoas onde e sempre que forem bem-vindos, desfrutando de sua hospitalidade, embora jamais forçando alguém a recebê-los. Têm de pregar na pobreza. "Não leveis ouro, nem prata, nem cobre nos vossos cintos, nem alforje para o caminho, nem duas túnicas, nem sandálias ou cajado" (Mt 10,9-10). Também não devem impor a boa-nova aos que os escutam de má vontade. Têm de estar prontos para enfrentar oposição e perseguição, contando com o Espírito de Deus para inspirá-los sobre como se comportarem e sobre o que dizer nos momentos certos, porque estão fazendo a obra de Deus. Os discípulos cumprem uma missão muito bem-sucedida (Lc 9,8; 10,17). Chegam a ficar espantados com o sucesso que tiveram. Jesus os adverte para não ficarem orgulhosos do êxito, pois estavam fazendo a obra de Deus. Ele aproveita a ocasião para dar-lhes uma lição de humildade orando ao Pai: "Eu te louvo, ó Pai, Senhor do céu e da terra, porque ocultaste estas coisas aos sábios e doutores e as revelaste aos pequeninos; sim, ó Pai, porque assim foi do teu agrado" (Lc 10,21).

Jesus também os instrui pelo exemplo. A maior lição, naturalmente, é sua paixão e morte. Ele não recua ante os sofrimentos que lhe são impostos pelos líderes dos judeus e, por orientação deles, pelos romanos. Dá testemunho de sua missão e de suas convicções até a morte. Sem dúvida, no início, exibe seu medo e vulnerabilidade. Mas assim que o processo começa, enfrenta sem se perturbar traições e falsos testemunhos e se recusa a transigir. Foi também um exemplo de total abandono nas mãos de Deus, confiando que Deus o justificaria. Embora fugissem enquanto ele está enfrentando seu julgamento, os discípulos aprendem a lição com bastante rapidez. Os Atos nos dizem que "se alegraram por terem sido considerados dignos de sofrer afrontas pelo Nome" (At 5,41).

Houve muitos outros exemplos de menor importância durante a vida pública de Jesus. Seus milagres de cura e exorcismo teriam sido, em geral, uma lição de sensibilidade aos sofrimentos dos outros. Quando uma grande multidão vai até Jesus no deserto e os discípulos sugerem que ele os mande procurar comida, Jesus, com a colaboração deles, as alimenta miraculosamente. Na presença deles, desafia os escribas e fariseus com relação à interpretação estreita, literal e superficial da lei. Quando os discípulos discutiam entre si sobre qual deles era o mais importante, Jesus "consciente de seus pensamentos mais íntimos, pegou uma criancinha, colocou-a do seu lado e disse: 'Aquele que receber uma criança como esta em meu nome recebe a mim e aquele que me receber recebe aquele que me enviou; pois o menor entre vocês, este é o mais importante'" (Lc 9,47-48). Em outra ocasião, quando os discípulos procuram "protegê-lo" do "incômodo" das crianças pequenas, ele diz: "Deixai vir a mim as criancinhas, não as impeçais, pois é a gente como elas que o reino de Deus pertence" (Lc 18,14). Ele também adverte severamente quem é capaz de maltratar as criancinhas. Sugere que deveriam ser atirados no mar com uma pedra de moinho em volta do pescoço (Lc 17,2). Repreende Tiago e João, segundo os quais eles deviam ordenar a descida de um fogo do céu para consumir uma aldeia samaritana que lhes recusa hospitalidade. Esse livre misturar-se com samaritanos, publicanos e outros considerados pecadores pelos judeus era tanto um exemplo de como toda pessoa deveria ser considerada filha de Deus quanto um exemplo de amor preferencial pelos pobres, oprimidos e marginalizados. O fato de Jesus sentar-se à mesa com tais pessoas pode ter sido uma das fontes de inspiração para a eucaristia que surgiu mais tarde.

Jesus ensina a importância da fé e da oração quando cura um menino possuído por um espírito, que os discípulos não tinham conseguido curar (Mc 9,14-29). Parece testar e construir a fé dos discípulos quando acalma a tempestade (Mt 8,23-27) ou caminha sobre as águas, convidando também Pedro a fazer o mesmo (Mt 14,22-33). Sua oração frequente à noite ou de manhã cedo deve ter sido um exemplo para os discípulos, embora na única vez em que convidou três deles — Pedro, Tiago e João — a acompanhá-lo numa prece no jardim, porque precisava de um apoio especial, os três tenham adormecido (Mc 14,32-42). Eles, contudo, realmente lhe pedem que os ensine a rezar e Jesus ensina o "pai-nosso" (Lc 11,1-4). Constituído de louvor e súplica, tornou-se uma prece modelo. Que também pode ser vista como uma súmula da missão a que Jesus os está enviando. O nome de Deus será sagrado e a vontade de Deus será feita assim na terra como no céu, quando o reino que Jesus e os apóstolos proclamam se tornar realidade. O reino é a própria missão de Deus e a própria obra de Deus. Deus é complacente a ponto de procurar nossa colaboração como seres humanos livres. Mas em última instância é a graça de Deus que vai permitir que o reino seja alcançado. O reino é a comunidade humana que

Deus está construindo nesta terra. Deus fornece o sustento terreno necessário à comunidade. Deus promove reconciliação universal estabelecendo para nós um modelo de perdão. Num conflito contínuo entre as forças do bem e do mal, ele nos habilita a resistir ao mal. Essas súplicas também nos lembram que é tudo ação de Deus, embora mesmo Deus não possa realizá-la sem a nossa colaboração. A chave para essa compreensão é que o perdão de Deus se torna real quando nos perdoamos uns aos outros. Assim como amamos Deus nos outros, quando nos reconciliamos com os outros ficamos reconciliados com Deus. Ao perdoar os outros somos também perdoados. Nossa intervenção é respeitada, embora Deus seja o agente último. A prece que Jesus ensina aos discípulos se torna uma visão resumida do reino cósmico.

Um Mestre Cuidadoso

Jesus não é um mestre esotérico. Não tem um tipo de ensinamento para a multidão e uma instrução mais secreta para os discípulos. Mateus deixa isso claro: "Quando Jesus viu as multidões, subiu ao monte. Depois que ele se sentou, os discípulos se aproximaram. Então ele começou a falar e os ensinava" (Mt 5,1-2). Está ensinando tanto os discípulos quanto o povo. Mas essa abertura não exclui a possibilidade de que os discípulos, comprometidos como estão com ele, andando todo o tempo com ele e ouvindo seus vários discursos, compreendam melhor do que os outros o que ele está ensinando. A maioria das pessoas vai até ele devido aos milagres de cura. Elas têm sua própria visão e prioridades. Os milhares que foram alimentados no deserto procuram fazê-lo rei. Quando Jesus tenta explicar, num nível mais alto, o significado de compartilhar a comida como um compartilhar da vida, muitos o abandonam (Jo, 6). Outros ouvintes seus são pessoas que não simpatizam com Jesus, como os fariseus e os líderes do povo, que sentem sua própria visão e dominação social ameaçadas. Têm os olhos fechados, os ouvidos moucos e o coração insensível. Veem, mas não percebem; ouvem, mas não compreendem; sentem-se desafiados, mas não mudam (Mt 13,10-17).

Às vezes Jesus ensina por parábolas. Já as vimos antes. Mas ele não ensina só em parábolas. Os ensinamentos reunidos, por exemplo, por Mateus são bastante claros e decididos. Ao ensinar com parábolas, Jesus provavelmente usa uma estratégia. Quer que os ouvintes façam um pequeno esforço para interpretar as histórias. Seus discípulos pedem uma explicação, mas outros não. Assim ele explica as parábolas aos discípulos. Não que os fariseus não saibam como interpretar as histórias. Passavam a maior parte do tempo tentando interpretar a lei à sua maneira. O problema era a perspectiva. Jesus adverte os discípulos para que tenham o cuidado de não adotar essa perspectiva. Ele a compara ao fermento. Que pode ser bom, é claro (Mt 13,33). Mas que também pode ser mau (Mc 8,14-21).

É um triste fato que pareça estar se desenvolvendo, em tempos recentes, no Oriente e no mundo em geral, um culto ao guru. Em vez de ser um guia, o guru parece se transformar na meta. Ele é divinizado e é exigida dos discípulos obediência absoluta às suas diretivas. Os discípulos permanecem como discípulos perpétuos. Mesmo depois da morte do guru, seu *samadhi* ou tumba transforma-se num objeto de culto e o agora invisível guru torna-se o centro do grupo. Intérpretes autorizados podem introduzir um elemento de hierarquia no grupo. Essa nunca foi a tradição da Índia/Ásia. Mesmo no Saiva Siddhanta, em que o próprio Shiva era percebido como vindo na forma de um guru, a manifestação histórica jamais será absolutizada e divinizada. Isso parece ter acontecido a certos gurus indianos em tempos recentes. É lamentável que tentações similares pareçam estar afetando também alguns ashrams cristãos. Naturalmente, não é uma tendência nova. Na tradição cristã, a tendência tem sido divinizar a instituição, cuja aura passa para seus novos líderes.

Um Estudo de Caso

Na história do encontro de Jesus com a mulher samaritana, temos um exemplo de como um guru deveria tratar um discípulo, respeitando sua liberdade e orientando-o nas escolhas básicas a fazer na vida (Jo 4,1-42). O método usado é o do diálogo. O pedido de água feito por Jesus serve como ponto de apoio para sua conversa com a mulher samaritana. Esse pedido simples levanta a questão da generalizada discriminação sociorreligiosa que faz com que os samaritanos sejam tratados como intocáveis religiosos e, portanto, sociais. A água, então, é usada como símbolo para evocar o tema da vida. A mulher samaritana está interessada. Mas o recebimento da água da vida pressupõe certas condições ou disposições por parte dela. Então ela é gentilmente levada a encarar sua situação existencial, especialmente com referência ao amor e às relações pessoais. Ela aceita corajosamente a problemática situação de ter tido cinco maridos e estar vivendo com um sexto homem. Mas levanta uma questão mais fundamental de discriminação religiosa baseada em diferentes mediações e tradições de culto. Jesus relativiza as mediações e afirma a possibilidade de cultuar Deus em qualquer parte em espírito e verdade.

> Mas vem a hora — e é agora — em que os verdadeiros adoradores adorarão o Pai em espírito e verdade; pois tais são os adoradores que o Pai procura. Deus é espírito e aqueles que o adoram devem adorá-lo em espírito e verdade. (Jo 4,23-24)

Nada impede agora a mulher samaritana de fazer sua rendição ao Messias que está se manifestando, levando ao mesmo tempo a um culto a Deus em espírito e verdade. A mulher samaritana, por sua vez, torna-se uma "guru", levando os aldeões a encontrar Jesus como o Messias. Mas assim que o encontro acontece, a mediação da mulher samaritana não é mais relevante. Nessa história, Jesus nos dá um exemplo de como um guru deveria operar. Ele próprio é visto como um profeta que leva ao culto a Deus em espírito e verdade.

Um Guru Especial

Na Índia, quando falamos de um guru, temos muitas imagens. Uma delas é o *sannyasi*. Um *sannyasi* é alguém que renunciou ao mundo e saiu da ordem social para perseguir de maneira exclusiva o objetivo final da vida humana, a saber, a *moksha* ou libertação. Ele não tem morada permanente. É um nômade. Quando ele tem algum sucesso em atingir sua meta, os discípulos irão procurá-lo. Ele vai instruí-los, iniciá-los e colocá-los no encalço de suas próprias trilhas individuais. Na época moderna, um guru é frequentemente associado a um *ashram*. O guru tem uma comunidade de discípulos. O guru é o centro da comunidade. Os discípulos continuam sendo discípulos permanentes. Hoje a comunidade de discípulos pode se estender pelo globo afora e o guru pode se tornar um *globe-trotter*. Cada guru ensina um modo particular de alcançar a realização na vida — uma *sadhana*. Isso pode inclusive ser rigidamente imposto aos discípulos.

Jesus combina essas duas imagens, mas evita suas armadilhas. Ele é um *sannyasi* — alguém que renuncia ao mundo e é um nômade. É também um guru com uma comunidade de discípulos. Mas não tem *ashram*. Vivia nas ruas, nas praias, nas montanhas e nos desertos. Pregava pela palavra, pelo exemplo e pela ação. A essas duas imagens, no entanto, Jesus acrescenta uma terceira. Ele também lança um movimento social pela transformação pessoal e social. Seu objetivo não é apenas libertar as pessoas e transformá-las em seres humanos integrados, mas também construir a comunidade. A plena integração pessoal é encontrada precisamente em relação com o universo, com os seres humanos e com Deus. Jesus reúne um grupo de discípulos, homens e mulheres, para continuar sua obra e levar o movimento aos confins da terra. Seu movimento não afasta as pessoas do mundo; está centrado na vida e na comunidade. Mas ele insistia num certo isolamento, de modo que a pessoa estivesse no mundo, mas não fosse "do mundo", amando sem vínculo e agindo sem desejo.

Olhando para a história cristã, Francisco de Assis, Inácio de Loyola, João Bosco, Teresa de Ávila, Mãe Teresa e um grande número de outros seriam gurus desse tipo. Na Ásia, Confúcio e Buda seriam os modelos. Um modelo mais recente seria Mahatma Gandhi. O próprio Gandhi consideraria Jesus como seu guru. Gandhi vivia como alguém que renunciou ao mundo, tinha um ashram para instruir seu grupo de discípulos e lançou um movimento nacional de libertação pessoal, social e política. A grandeza do guru Jesus é que ele seja capaz de inspirar outros gurus.

6
Jesus, o Satyagrahi

Satyagraha é um termo cunhado por Mahatma Gandhi. *Satya* significa verdade. A raiz da palavra *satya* é *sat*, que significa "ser". *Satya*, portanto, é o que é. *Satya* como verdade acrescenta uma conotação moral ao ser. "O que é" é "o que devia ser". Gandhi disse que a verdade é Deus. Deus é "Ele que é". Considerar Deus como verdade tem uma vantagem. A verdade é um ideal que pode ser seguido. As pessoas esperam que sejamos corretos, que falemos a verdade, que ajamos de modo verdadeiro. Mesmo que seja difícil, temos de tentar. *Graha* significa grudado. *Satyagraha*, portanto, significa "grudado à verdade". "Grudar" expressa uma ação mais forte, mais vigorosa que "seguir". Pressupõe compromisso e determinação. Pode exigir coragem e persistência. Um *satyagrahi* é alguém que faz *satyagraha*, que adere à verdade, isto é, a Deus.

Gandhi viu sua própria vida como uma busca da verdade. Sabia que a verdade é absoluta. Não possuímos a verdade. Somos antes possuídos por ela. Assim, ele via a si próprio aproximando-se da verdade por estágios. A verdade também não é uma coisa autoevidente. O egoísmo e o desejo das pessoas espalharam a falsidade sobre a terra. A verdade, portanto, tem de ser descoberta na vida e no mundo. Tem de ser separada e identificada em cada momento. Suas manifestações concretas só podem ser parciais, limitadas por circunstâncias históricas e pela inadequação dos seres humanos. Alcançar a verdade por meio de suas manifestações parciais na vida e na história é um processo. É também um projeto. Foi por isso que Gandhi chamou sua autobiografia de *Minhas Experiências com a Verdade* — experimentos que só terminam com sua morte.

Eu disse que a verdade não é meramente "o que é", mas "o que devia ser". Gandhi acreditava que uma comunidade livre, igualitária e justa de seres humanos é "o que devia ser". *Satyagraha*, portanto, é possível e necessário não só num nível pessoal, mas também no nível social. Gandhi, como um *satyagrahi*, procurou alcançar a verdade e a justiça, não apenas em sua vida pessoal, mas também na sociedade. Na Índia de seu tempo, isso significava não apenas libertar a Índia do jugo colonial britânico, mas também se preocupar com os pobres e promover a justiça econômica, libertando os dalits ou "intocáveis", promovendo a igualdade e a justiça social, pregando o amor e evitando qualquer tipo de violência, encorajando a solidariedade e a harmonia inter-religiosas. Gandhi também sustentava firmemente que os fins não justificam os meios. Não podemos alcançar a verdade pelo uso de meios incorretos. Portanto, a liberdade e a justiça na sociedade só podem ser promovidas por meio da honestidade e da justiça na vida pessoal e nos meios que a pessoa adotou. Não podemos promover a paz pela violência.

Meu objetivo aqui não é explicar a ideologia espiritual e política de Gandhi e seu movimento sociopolítico. É antes compreender os significados que a imagem do *satyagrahi* normalmente evoca hoje na mente indiana. É verdade que essa imagem está ligada à vida e à obra de Gandhi. Ele também havia cunhado a palavra. Mas hoje é uma imagem mais amplamente compreendida. Tornou-se um nome comum, que pode ser aplicado a qualquer pessoa que esteja buscando a verdade. Um *satyagrahi* é alguém que está comprometido com a liberdade, a verdade, a justiça e que se envolve com a ação sociopolítica não violenta para alcançar esses valores, tanto na vida pessoal quanto na vida social. Quando olhamos para Jesus e procuramos imagens para compreender e dar expressão a seu significado, *satyagrahi* parece uma delas. Meu objetivo aqui não é comparar Jesus e Gandhi. É antes examinar como Jesus lutou pela liberdade, pela verdade e pela justiça em sua própria vida. Na vida pessoal ele foi continuamente tentado a colocar seu próprio eu à frente da verdade ou de Deus (Lc 4,1-13). Na vida pública, teve de lutar contra os líderes sociopolíticos e espirituais do povo judeu, isto é, os sacerdotes, os saduceus e os fariseus. Gandhi pode ter cunhado o termo *satyagrahi* no século XX de nossa era. Mas não descobriu o ideal. O ideal foi vivido por Jesus quase dois mil anos antes. Gandhi seria o primeiro a reconhecer isso. Ele se considerava um discípulo de Jesus e um seguidor fiel de seus ensinamentos no Sermão da Montanha, embora também os tenha redescoberto no Bhagavad Gita, como interpretado por ele.

A escolha da imagem *satyagrahi* aponta para a ideia de que Jesus, embora fosse um revolucionário, era um revolucionário não violento. Imagens como "libertador" ou "revolucionário" foram usadas para compreender Jesus. A teologia latino-americana da libertação chama Jesus de libertador. Usando recursos da análise marxista da sociedade, seu foco, pelo menos no início, era econômico e político. A espiritualidade foi acrescentada mais tarde. Houve também esforços em anos recentes para incluir a análise da cultura. Na Associação Ecumênica de Teólogos do Terceiro Mundo, a cultura entra no quadro com os africanos e as religiões com os asiáticos. Nosso foco na libertação é integral, não meramente econômico e político, mas também social e cultural, religioso e pessoal. A imagem do "libertador" chama a atenção para o mal e a injustiça dos quais o povo pobre e oprimido tem de ser libertado. Embora o reino de Deus seja proposto como ideal a seguir, a violência revolucionária é tolerada ou mesmo encorajada como resposta à violência estrutural dos opressores. O fim é usado para justificar os meios. Procura-se fazer do próprio Jesus um revolucionário político. A imagem do *satyagrahi* é usada para pôr em destaque uma maneira diferente de olhar para Jesus como revolucionário.

Um Profeta

Jesus estava na tradição dos profetas. Os judeus de seu tempo olhavam para João Batista como um profeta. João veio pregar arrependimento. Falava sem rodeios: "Raça de víboras! Quem vos mandou fugir da ira que está para vir? Produzi fruto que prove a vossa conversão e não penseis que basta dizer: 'Temos por pai a Abraão', pois eu vos digo que mesmo destas pedras Deus pode suscitar filhos a Abraão" (Mt 3,7-9). Muita gente afluía para ele querendo ouvir sua mensagem e buscava o batismo de arrependimento em suas mãos. O próprio Jesus foi se fazer batizar por João. João, porém, apresentou-se como o anunciado antecessor de outro que estava por vir: "Eu vos batizo com água para a conversão, mas aquele que vem depois de mim é mais poderoso que eu... Ele vos batizará com o Espírito Santo e com fogo" (Mt 3,11). João Batista parece ter tido ideia de que Jesus era essa pessoa. Quando Jesus se aproxima para o batismo, ele diz: "Eu é que preciso ser batizado por ti e tu vens a mim?" (Mt 3,14). Segundo João (o apóstolo), João Batista testemunha: "Vi o espírito descer do céu como uma pomba e permanecer sobre ele. Eu não o conhecia, mas aquele que me enviou para batizar com água disse-me: 'Aquele sobre quem vires o Espírito descer e permanecer é o que batiza com o Espírito Santo'" (Jo 1,32-33).

A mensagem de Jesus dava continuidade à tradição profética. Era também uma chamada à conversão. Como Marcos nos relata em termos breves: "Depois que João foi preso, veio Jesus para a Galileia proclamando o evangelho de Deus: 'O tempo está cumprido e o reino de Deus está próximo. Convertei-vos e crede no evangelho'" (Mc 1,14-15). O povo o reconhece como um profeta.

Quando Jesus pergunta aos discípulos o que o povo pensa a seu respeito, eles respondem: "Uns falam que és João Batista, outros Elias, outros ainda

Jeremias ou um dos profetas" (Mt 16,14). Dizia-se que mesmo Herodes estava em dúvida (Lc 9,7-9).

Jesus, contudo, era um tipo especial de profeta. Vemos dois tipos de profetas no Antigo Testamento da Bíblia. Os profetas mais antigos (anteriores ao exílio) chamam o povo à conversão, mas o ponto de referência era que fossem libertados do Egito e a aliança do povo com Deus como povo de Deus. Oseias é representativo desse grupo, que inclui também Joel e Amós.

> Quando Israel era criança, eu a amei, e do Egito chamei meu filho. Quanto mais os chamava, mais se afastavam de mim; continuavam fazendo sacrifícios aos baalins e oferecendo incenso aos ídolos...
> Devem retornar à terra do Egito... pois se recusaram a retornar a mim... A espada assola suas cidades e consome os oráculos de seus sacerdotes, devorando-os por causa de seus conselhos...
> Como posso te deixar, Efraim? Como posso te entregar, Israel?... Meu coração se aperta dentro de mim; a compaixão se anima, fervorosa. Não porei em prática minha cólera febril; não tornarei a destruir Efraim; pois sou Deus e não mortal, o Santo no meio de vós, e não me deixarei levar pela ira. (Os 11,1-9)

Deus está decepcionado com a infidelidade de Israel e, no entanto, está pronto para perdoar. Mas Israel persiste em sua idolatria e termina no exílio. Ouvimos sua ânsia pela proteção de Deus e apelo pelo perdão nos Salmos.

> Junto aos rios da Babilônia — lá nos sentamos e choramos ao nos lembrar de Sião. (Sl 137)
> Como o cervo berra pelas correntes das águas, assim clama a minha alma por ti, ó Deus. (Sl 42)
> Tem misericórdia de mim, ó Deus, conforme a firmeza do teu amor. (Sl 51)

Os profetas posteriores (pós-exílicos) condenam a deslealdade contínua do povo. Talvez alguns tenham estado no exílio com o povo. Não olham muito para trás, para a libertação do Egito. Aguardam ansiosamente a vinda de um novo reino de Deus. Explicam de várias maneiras essa novidade. Isaías promete:

> Estabelecerei a Paz como teu inspetor e a Justiça como teu capataz. Não se saberá mais de violência em tua terra, de devastação ou destruição dentro de tuas fronteiras; hás de chamar teus muros de Salvação e teus portões de Louvor. Não será mais o sol tua luz de dia, nem o brilho da lua dar-te-á luz durante a noite; o Senhor será tua luz perpétua e teu Deus será tua glória. (Is 60,17-19)

> O espírito do Senhor Deus está sobre mim, porque o Senhor me ungiu; mandou-me levar boas-novas ao oprimido, acolher os de coração arrependido, proclamar liberdade aos cativos e abertura dos portões aos prisioneiros. (Is 61,1)
> Pois estou prestes a criar novos céus e uma nova terra; as coisas passadas não nos ocorrerão mais e delas não haverá lembrança... O lobo e o cordeiro pastarão juntos, o leão comerá da palha como o boi. (Is 65,17-25)

Jeremias promete uma nova aliança: "Porei minha lei em suas cabeças e a escreverei em seus corações; serei o seu Deus e eles serão o meu povo" (Jr 31,33). Ezequiel evoca um vale de ossos secos que ganham vida pelo espírito do Senhor e passa a prometer: "Porei em vós meu espírito e vivereis, e vos colocarei na vossa terra" (Ez 37,14).

Jesus, como João Batista, entra nessa tradição. Mas ao contrário de João Batista, não está falando de um futuro reino a vir. Ele diz: "O tempo está cumprido e o reino de Deus está próximo" (Mc 1,15). O anúncio é mais dramático em Lucas. Jesus vai a Nazaré, onde foi criado. Vai até a sinagoga e lê de Isaías: "O espírito do Senhor está sobre mim, porque ele me ungiu para evangelizar os pobres. Enviou-me para proclamar o livramento aos cativos e aos cegos a recuperação da vista, para restituir a liberdade aos oprimidos, para proclamar um ano de graça do Senhor". E continua a dizer: "Hoje realizou-se esta escritura que acabastes de ouvir" (Lc 4,16-21).

Um Profeta Diferente

No curso de sua vida, Jesus de fato mostra que o reino de Deus está próximo. Os cegos veem, os coxos andam, os famintos são alimentados. Ao mesmo tempo que proclama a bem-aventurança do pobre, ele condena o rico.

> Erguendo então os olhos para os seus discípulos, dizia: "Bem-aventurados vós, os pobres, porque vosso é o Reino de Deus. Bem-aventurados vós, que agora tendes fome, porque sereis saciados. Bem-aventurados vós, que agora chorais, porque haveis de rir. Bem-aventurados sereis quando os homens vos odiarem, quando vos rejeitarem, insultarem e proscreverem vosso nome como infame por causa do Filho do Homem. Alegrai-vos nesse dia e exultai, porque no céu será grande a vossa recompensa; pois do mesmo modo seus pais tratavam os profetas. Mas, ai de vós, ricos, porque já tendes a vossa consolação! Ai de vós, que agora estais saciados, porque tereis fome! Ai de vós, que agora rides, porque conhecereis o luto e as lágrimas! (Lc 6,20-25; ver também Mt 5,3-12 e 23,13-36)

Ele faz a opção pelos pobres e pelos oprimidos, condenando seus opressores, isto é, os fariseus e os líderes do povo (Mc 2,15-17). Transgride suas leis alimentares e as que dizem respeito a pureza e impureza (Mt 15,10-20). Desafia seus regulamentos estritos relativos à observância do sábado e cura pessoas no sábado (Mt 12,9-13). Defende o direito de seus discípulos comerem as espigas do campo no sábado (Mt 12,1-8). Expulsa os vendedores dos pátios do Templo (Mt 21,12-13).

Jesus também é diferente dos profetas em outro sentido. Os profetas normalmente falavam em nome de Deus. Suas mensagens geralmente começavam com: "Assim diz Jeová". Mas Jesus ensina em seu próprio nome. "Ouvistes que foi dito aos antigos... Eu, porém, vos digo..." (Mt 5,21-22) Ele ensina com autoridade. Não se opõe ao ensino tradicional, mas o aprofunda e interioriza. Vai além do comportamento e examina a intenção e motivação.

Na Bíblia, não somos informados de que algum dos profetas tivesse uma comunidade de discípulos que continuariam sua missão. Mas Jesus tem um grande grupo de discípulos, tanto homens quanto mulheres. Algumas das mulheres parecem ter sido socialmente proeminentes, como a esposa do procurador de Herodes (Lc 8,3). Ele os organiza de alguma forma. Escolhe doze e os manda em missão para proclamar o reino (Lc 9,1-6). Em outra ocasião, manda setenta em missão (Lc 10,1-12). Os líderes judeus devem ter visto isso como uma campanha ou movimento. A coisa era religiosa, mas com semitons políticos. Religião e política não eram distinguidas com clareza na tradição judaica. Eles não eram um bando armado de revolucionários. Mas eram gente pobre, incluindo pescadores e um ex-coletor de impostos, proclamando bênçãos para os pobres e infortúnios para os ricos e poderosos.

Além dos muitos milagres de cura e perdão feitos por Jesus, a devolução à vida, em três ocasiões, de pessoas mortas — a filha de Jairo (Lc 8,40-56), o filho da viúva em Naim (Lc 7,11-17) e Lázaro, seu amigo (Jo 11,1-44) – e o fato de ter acalmado a tempestade no mar (Mc 4,35-41; 6,47-52) simbolizam a paz e a vida que o reino traz. Também indicam o poder de Jesus sobre a natureza.

Seu convite para o reino e sua chamada à conversão não são levados em conta. Mesmo os habitantes de sua própria aldeia o rejeitam (Mt 13,54-58). Alguns pedem um sinal (Mt 16,1). Não estão satisfeitos com seus milagres de cura. Provavelmente esperam alguma manifestação cósmica com trovões e relâmpagos, como acontecia quando Israel estava no deserto (Êx 19,16-20). Os líderes questionam sua autoridade, que não emana de suas estruturas institucionais. Mas referindo-se a João Batista, ele indica que sua autoridade é profética, vinda de Deus, não institucional (Mt 21,23-27). Testam-no com perguntas como a referente ao pagamento de impostos ao imperador. Ele pede para lhe mostrarem uma moeda, que tem a imagem do imperador, e declara friamente: "Dai a César o que é de César" (Mc 12,13-17). Também previu que seria tratado como outros profetas — isto é, repudiado e morto (cf. Mt 23,29-36; 16,21-23). Na realidade, ele também adverte os discípulos a respeito das perseguições que se aproximam: "Ficai de sobreaviso. Entregar-vos-ão aos sinédrios e sereis açoitados nas sinagogas, e vos conduzirão perante governadores e reis por minha causa, para dardes testemunho" (Mc 13,9).

Os líderes do povo ficam perturbados e tramam contra ele. João nos relata:

> Então, os sumos sacerdotes e os fariseus convocaram uma reunião do Conselho e disseram: "Que vamos fazer? Este homem está cumprindo muitos sinais. Se deixarmos que continue assim, todos crerão nele e os romanos virão, destruindo nosso lugar sagrado e nossa nação". Um deles, porém, Caifás, que era sumo sacerdote naquele ano, disse-lhes: "Nada estais entendendo! Não compreendeis que é melhor que um só homem morra pelo povo do que ver a nação inteira destruída?" (Jo 11,47-50)

Não é raro os líderes pensarem que seus interesses são os interesses do povo. Não é raro uma pessoa ser sacrificada pelo suposto "bem" de todos. Também é claro que isso é uma decisão política.

Depois que a decisão é tomada em suas linhas básicas, as estratégias são planejadas. Procuram Judas para ajudá-los a prender Jesus sem que haja uma multidão de gente ao seu redor. Não encontram testemunhas dignas de crédito. Por isso o confrontam com uma pergunta direta: "És tu o Messias?" Quando ele responde afirmativamente, em vez de discutir a coisa, acusam-no de blasfêmia. Essa acusação também os ajuda a planejar uma estratégia para envolver os romanos, agora acusando Jesus de ter pretensões a ser o rei dos judeus. Jesus também não procura evitar a confrontação com as autoridades. É verdade que não é tipo de messias que estavam esperando. Mas eles não têm tempo de conversar sobre isso. Jesus assumiu o papel de profeta e está pronto para enfrentar as consequências. Não que se sinta feliz por sofrer. Teria se sentido melhor se o cálice (ou sofrimento) fosse afastado dele. Mas confia em Deus e mantém-se firme, pronto para enfrentar o sofrimento.

O Fim do Conflito

A sequência de acontecimentos se desenrola conforme os líderes judeus haviam planejado. Por um momento, Pilatos parece hesitar. Mas a sabedoria política, prática, supera qualquer preocupação com a "verdade". A verdade torna-se a vítima no processo. À luz de nossa escolha do *satyagrahi* como uma imagem de Jesus, é interessante dar uma olhada na conversa entre Pilatos e Jesus, com sua referência à verdade.

> Entrou Pilatos novamente no pretório, chamou Jesus e lhe disse: "És o rei dos judeus?" Jesus lhe respondeu: "Falas assim por ti mesmo ou outros te disseram isto de mim?" Respondeu Pilatos: "Sou, por acaso, judeu? Tua própria nação e os sumos sacerdotes entregaram-te a mim. Que fizeste?" Jesus respondeu: "Meu reino não é deste mundo. Se meu reino fosse deste mundo, meus súditos teriam combatido para eu não ser entregue aos judeus. Mas meu reino não é daqui". Pilatos lhe disse: "Então, tu és rei?" Respondeu Jesus: "Tu o dizes: eu sou rei. Para isto nasci e para isto vim ao mundo: para dar testemunho da verdade. Quem é da verdade, escuta a minha voz". Disse-lhe Pilatos: "Que é a verdade?" (Jo 18,33-38)

Pilatos não espera uma resposta. Não tem paciência para ouvir a verdade. Não está muito disposto a correr atrás dela. Mas é suficientemente perspicaz para perceber que a acusação contra Jesus é falsa, seja qual for o significado de ele ser rei em outro reino. "Pilatos foi de novo ao encontro dos judeus e lhes disse: 'Nenhuma culpa encontro nele'" (Jo 18,38).

Depois Jesus torna-se alvo de zombaria, é açoitado e crucificado. O motivo da crucificação é exibido na cruz: "Jesus de Nazaré, Rei dos Judeus" e os esforços dos líderes judeus para emendar isso, dizendo: "Ele é que sustentava ser o rei dos judeus", não exercem qualquer influência sobre Pilatos. Jesus permanece fiel à sua índole quando ora: "Pai, perdoai-os, pois eles não sabem o que fazem" (Lc 23,34). Eles não estavam minimamente interessados em buscar a verdade. Estavam ocupados com seu jogo de poder.

A história tem um final feliz do ponto de vista de Jesus, quando ele ressuscita, aparece a vários discípulos, mulheres e homens, e os envia em missão para proclamar e edificar o reino de Deus (Mc 16,9-20). E no entanto, a história não acaba, mas continua. A história da vida de Jesus sobre a terra pode ter acabado. Mas a história do reino de Deus continua. Agora, porém, os agentes ou suportes dessa história são os pobres e oprimidos que Jesus equipou com seus sofrimentos, morte e ressurreição. Assim a história continua como uma permanente — contínua — revolução. A busca pela verdade continua. A canção cantada por Maria numa ocasião diferente pode agora ser cantada por todos.

> Sua misericórdia perdura, de geração em geração,
> para aqueles que o temem.
> Agiu com a força de seu braço;
>   dispersou os homens de coração orgulhoso.
> Derrubou os poderosos de seus tronos
>   e exaltou os humildes;
> Encheu o faminto de coisas boas
>   e despachou o rico de mãos vazias. (Lc 1,50-53)

Um Conflito Não Violento

Movimentos por uma revolução violenta não eram desconhecidos na época de Jesus. Havia os zelotes. O que distinguia Jesus dos zelotes eram duas coisas. O esforço zelote se concentrava em libertar a Palestina do colonialismo dos romanos. Eles queriam uma Palestina livre. Jesus, ao contrário, não parece se concentrar muito na presença romana na Palestina. Encara isso simplesmente como um fato. Quando os fariseus tentam lhe armar uma cilada perguntando: "É lícito pagar imposto a César?", Jesus pede para ver a moeda que é de uso corrente. Mostram-lhe uma moeda romana. Ele então responde: "Dai a César o que é de César e a Deus o que é de Deus" (Mt 22,15-21). Jesus mostra, de modo não muito sutil, que ao usar as moedas romanas estão reconhecendo sua sujeição ao imperador romano.

O foco de Jesus está muito mais na comunidade judaica e nas opressões internas que os pobres sofrem nas mãos da elite política (o alto clero e os líderes) e religiosa (os fariseus). Eles agem como intermediários na opressão romana. Jesus está preocupado com a injustiça sofrida pelo povo no dia a dia. Incomoda-se com as divisões e os ódios que atormentam as pessoas. Está interessado em construir uma comunidade humana básica de liberdade, solidariedade e justiça, que possa existir a despeito da ordem política prevalecente. Por isso fala de justiça, perdão e amor nas relações humanas. Não está advogando qualquer ordem política particular. Uma comunidade humana de amor e partilha pode ser vivida dentro de qualquer sistema político. Estar à espera de um sistema político ideal não pode ser desculpa para não vivenciar a comunidade. Talvez uma comunidade nasça precisamente em oposição a um sistema político injusto, lutando por liberdade e igualdade. Não que qualquer sistema político seja aceitável por Jesus. Mas um sistema político injusto não precisa ser um álibi para uma recusa em viver a comunidade. Todos os sistemas políticos têm seus inconvenientes. Qualquer sistema político pode ser manipulado por gente com dinheiro e poder — como dão testemunho as "democracias" contemporâneas.

A segunda diferença entre ele e os zelotes são os meios usados para promover a revolução. Jesus está firmemente comprometido com os meios do amor e da não violência. Quer uma transformação socioestrutural. Mas deseja realizá-la por meio da transformação pessoal de atitudes e relacionamentos. Ele sabe que mesmo uma revolução não violenta não pode evitar alguma violência dos opressores. Mas se recusa a infligi-la a alguém, embora esteja pronto a suportá-la na defesa e na busca dos valores que sustenta.

A não violência, para ele, é tanto um meio quanto uma estratégia. Acredita que o fim não justifica os meios. Os fins e os meios têm de ser homogêneos. Não podemos promover o amor por meio do ódio, nem a paz pela violência. Só o amor pode provocar amor no outro. Violência provocada pela violência só pode levar a uma espiral de violência, não à paz. Mas a violência, suportada paciente e afetuosamente em nome de uma causa, pode ser criativa. Leva outros a pensar e, finalmente, a mudar. Assim a violência suportada se transforma numa estratégia não violenta.

As pessoas que são favoráveis à revolução violenta frequentemente nos apresentam o exemplo de tiranos que são furiosamente violentos. Mencionam pessoas como Hitler ou Stalin. Tais tiranos podem não se sentir interpelados pelos sofrimentos dos que estão perseguindo. Estão concentrados apenas em suas metas e consideram as pessoas descartáveis. Mas até eles podem se sentir desafiados se outros, gente com uma consciência, espectadores ou pessoas que eles alegam estar protegendo — por exemplo, não judeus na Alemanha sob Hitler ou "bons" comunistas na União Soviética sob Stalin — protestam e estão prontos a aceitar o sofrimento em solidariedade com as vítimas. Nenhum ditador governa sozinho. Tem muitos seguidores de ocasião, que se beneficiam à sua própria maneira da situação. São os colaboradores. Depois existe a "maioria silenciosa". Além de não quererem dizer não ao mal, também não querem ver nem ouvir qualquer mal. São no mínimo egoístas e pouco se importam com os outros. Na pior das hipóteses, estão com medo por causa de si mesmos, de suas famílias, de suas propriedades e conveniências. É o silêncio de tais não vítimas que deixam as vítimas indefesas diante dos tiranos.

O Sentido do Sofrimento

É quase dado como certo em muitas culturas e religiões que o sofrimento é uma punição pelo mal. A teoria do *karma* nas tradições religiosas da Ásia pressupõe isso. A maioria dos sistemas penais aceita o princípio. Ele era comum no Antigo Testamento. Vemos no livro de Jó: todos, incluindo Jó, encaram como coisa óbvia que o sofrimento é uma punição pelo pecado. Só Deus se recusa a aceitar esse princípio. Como já tínhamos visto antes, os apóstolos levantam esse princípio para tentar compreender a cegueira do homem nascido sem visão e perguntam a Jesus a que se devia aquilo: aos pecados dele ou dos pais. Jesus recusa a ideia e sugere que a cegueira será uma ocasião para revelar a glória de Deus (Jo 9,2-3). Quando são confrontados com os sofrimentos e a morte de Jesus na cruz, os discípulos procuram uma explicação. Querem afirmar o valor salvífico do sofrimento de Jesus. O paradigma que vem à mente deles é o ritual do bode expiatório. Os pecados das pessoas são colocados em sua testa e o bode é conduzido para o deserto. Eles têm também o exemplo dos sacrifícios de reparação (Lv 16). Os judeus veem seus sofrimentos como punição pelos pecados. O medo da ira de Deus e a expiação dos pecados e da culpa com o sacrifício de um animal é prática comum nas religiões cósmicas. Assim, eles encontram o sentido do sofrimento de Jesus dentro desse paradigma. Naturalmente Jesus não tem pecado. Portanto, ele está sofrendo pelos pecados da humanidade.

Jesus, como vimos, recusava esse paradigma. Jesus tem um paradigma de amor e autodoação. A pessoa mostra amor por essa doação. Aceitar a morte por outro pode ser um símbolo de total doação. Soldados dão a vida para salvar outras pessoas e para defender a honra de seu país. Um pai ou mãe pode dar a vida para salvar um filho ou uma filha. A disposição para dar a vida pelo outro mostra a profundidade do amor e compromisso da pessoa. Como disse Jesus: "Ninguém tem maior amor do que aquele que dá a vida por seus amigos" (Jo 15,13). O amor foi o paradigma central da vida e do ensino de Jesus. É nesse contexto que temos de interpretar a dádiva de sua vida representada pelo seu sofrimento e morte.

Deus, o Pai de Jesus, não é um Deus vingativo que exige expiação pelos pecados. Jesus apresentava Deus como pai amoroso e cheio de perdão. Os sofrimentos impostos a Jesus não vêm de Deus, mas dos líderes judeus que procuram defender seus próprios interesses se livrando de Jesus. Jesus não quer sofrer. Jesus é contra a violência feita às vítimas. Ele não a justifica nem a considera digna de louvor. Está protestando contra a violência, quer física, mental ou espiritual, feita aos pobres, aos oprimidos e aos marginalizados de seu tempo. Mas se sua oposição a tal violência traz violência e sofrimentos para si mesmo, ele está pronto a suportá-los como um sinal preciso de protesto. A disponibilidade para morrer mostra a profundidade de seu amor e compromisso com Deus e com o povo.

A doação que ele faz de si adquire valor especial quando Deus responde a esse amor com a dádiva de uma nova vida, ressuscitando-o dos mortos, compartilhando com ele sua própria vida divina. É essa resposta de Deus que torna sua morte significativa para a salvação. A resposta de Deus salva. Assim como a cruz da autoentrega de Jesus instiga cada um de nós (pecadores egoístas, cada qual a seu modo) à conversão e à generosidade, sua ressurreição é uma promessa de nova vida para todos. Esse é um processo contínuo, de modo que a cruz e a ressurreição se tornam um paradigma na história e na vida das pessoas.

Numa luta não violenta, o sofrimento aceito por amor ao opressor tem também um valor estratégico. A esperança do sofredor é que os opressores, por mais insensíveis que sejam, possam ser desafiados, na medida em que são seres humanos, a repensar suas atitudes e pressuposições, sendo levados assim a mudar.

Do Conflito à Negociação

Concretamente isso poderia levar à negociação e à discussão. É o que vemos acontecer logo após a morte de Jesus. O livro de Atos nos contam a história. O assassinato de Jesus pelos líderes judeus não põe um ponto final no movimento que ele lançou. Na realidade o movimento adquire um novo vigor. A nova comunidade se sente energizada por sua experiência do Jesus ressuscitado. Embora os discípulos tivessem fugido quando Jesus foi preso, estão agora prontos para qualquer sofrimento. Continuam, então, sem medo o trabalho de Jesus. São levados perante o conselho judaico, onde apresentam sua defesa. O conselho os deixa ir com uma advertência (At 4). Os apóstolos não param seu trabalho. São apanhados de novo. Os líderes judeus querem matá-los (At 5,33). Mas um deles, Gamaliel, intervém e aconselha prudência. Diz a eles: "Ficai longe destes homens e deixai-os em paz; pois se este plano ou este intento for de origem humana, ele fracassará, mas se vier de Deus, não conseguireis derrotá-los — não vos exponhais ao risco de combater contra Deus" (At 5,38-39). Ele é ouvido e os apóstolos são libertados, ainda que só depois de uma sessão de chicotadas e uma advertência. Nessa fase, os romanos não entram absolutamente no quadro. Toda a coisa parece menos política. Mas os romanos vão intervir no caso de Paulo, quando este apelar a eles. Até lá a comunidade ganhará força e os judeus já estarão travando uma batalha perdida (At 21,27-36).

Onde estava Gamaliel quando Jesus foi condenado? E quanto a Nicodemos e José de Arimateia, onde estavam eles? Talvez tenham se manifestado na assembleia dos líderes judaicos, mas tenham sido postos de lado sem que ninguém lhes desse atenção! Talvez tenha sido uma reunião apressada ou manipulada e eles não estivessem presentes ou não tivessem sido convidados!

Amor, Perdão e Não Violência

Gandhi dizia com frequência que a não violência, olhada positivamente, é amor. Os ensinamentos e ações de Jesus ilustram isso. Jesus tornara o "amai-vos uns aos outros" seu novo mandamento. Apresentava-o como síntese e essência de todos os mandamentos. Tinha mostrado que o verdadeiro amor se expressa no serviço humilde (lavagem dos pés dos discípulos) e no compartilhar de comida e vida (na última ceia). Ele também dissera: "Ninguém tem maior amor do que aquele que dá a vida por seus amigos" (Jo 15,13). Mas os ensinamentos de Jesus foram ainda mais longe. Em seu Sermão da Montanha ele disse:

> Ouvistes que foi dito: "Olho por olho e dente por dente". Eu, porém, vos digo: não resistais ao que é mau; se alguém te fere na face direita, oferece-lhe também a esquerda... Amai os vossos inimigos e orai pelos que vos perseguem; deste modo vos tornareis filhos do vosso Pai que está nos céus, porque ele faz nascer o sol igualmente sobre maus e bons e faz cair a chuva sobre justos e injustos... Portanto, deveis ser perfeitos como vosso Pai celeste é perfeito. (Mt 5,38-39.44-45.48)

O que o Sermão da Montanha não destacava é que amar o inimigo não é meramente uma atitude de perfeição, mas também uma força de transformação, tanto para a própria pessoa quanto para o inimigo. É mais habitual a pessoa odiar o inimigo. Ao amar o inimigo a pessoa se coloca acima do princípio da vingança e torna-se como o Pai nos céus. Também o inimigo, ao se ver diante de uma reação inesperada, é desafiado a repensar suas atitudes e investidas. Ele pode se desfazer de seu preconceito e ignorância a respeito do outro. Isso lança a base para um novo relacionamento.

Amar é também perdoar. Em seus milagres de cura Jesus manifesta o perdão do Pai. Diz ao paralítico: "Confia, meu filho; teus pecados estão perdoados... Levanta-te, pega tua padiola e vai para casa" (Mt 9,2-6). Os judeus se concentram na autoridade que Jesus reclama para perdoar pecados, já que só Deus pode perdoar pecados. No processo, eles não veem o elo entre doença e pecado. A doença é frequentemente a manifestação das tensões geradas pelo ódio e o egoísmo. O perdão elimina a causa da doença e cura. Desse modo o perdão provoca uma transformação pessoal.

Jesus coloca a prática do perdão no centro da vida dos discípulos. Ele os ensina a orar: "Perdoai as nossas dívidas, assim como nós perdoamos aos nossos devedores" (Mt 6,12). É o equivalente do "Amai-vos uns aos outros como eu vos amei" (Jo 15,12). O perdão, como o amor, é ilimitado (Mt 18, 21-22). Depois há o próprio exemplo de Jesus na cruz: "Pai, perdoai-os, pois eles não sabem o que fazem" (Lc 23,34). O perdão suprime a dor e o ressentimento da pessoa. Também liberta os outros de seus sentimentos de culpa. Dessa maneira promove a reconciliação e a paz, transformando ambos os lados e criando um novo relacionamento no processo. O caminho da não violência é um caminho de amor e perdão.

A não violência, portanto, é um estilo de vida. Não é meramente uma estratégia eficiente nos conflitos sociopolíticos. É um modo de nos relacionarmos com os outros nas famílias, na comunidade, entre amigos e colegas de trabalho. Onde quer que as pessoas se relacionem ou interajam umas com as outras, o caminho da não violência não é apenas relevante, mas necessário para promover a paz e a harmonia.

A Cruz como Signo de Vitória

A cruz de Jesus adquire um significado especial quando ele é visto como um *satyagrahi*. Diz-se com frequência que a cruz é um escândalo para os gregos. Os asiáticos não aceitam uma pessoa divina sofrendo. Isso é bastante compreensível se o sofrimento é visto de modo negativo, como punição pelo pecado. As pessoas normalmente querem evitar tal sofrimento. Não é algo de que alguém deva se orgulhar. É merecido. Mas se o sofrimento é um signo de doação de si, então é algo para se ter orgulho. Nesse caso não há razão para que uma pessoa divina não devesse sofrer.

O sofrimento e a morte são impostos a Jesus pelos líderes judaicos. Mais que punição são vistos como medida preventiva capaz de salvar a eles e ao povo das represálias do poder romano. Acham que é melhor que um homem sofra para que muitos sejam poupados. Pelo menos é assim que justificam a imposição de sofrimento a Jesus. Que não está sofrendo em nome deles. Está sofrendo para que eles possam ser salvos. Mas por seu lado, Jesus aceita o sofrimento como consequência de seu desafio profético aos líderes dos judeus. O sofrimento acrescenta peso à sua profecia. É uma manifestação de seu compromisso com a verdade e a justiça. Ele está pronto a sofrer e morrer por seus princípios. O sofrimento, portanto, adiciona força a seus desafios. Para ele não é um sinal de fraqueza ou rendição. É sinal de coragem e força. Uma pessoa que sofre e morre por uma causa não deveria atrair nossa piedade ou comiseração. Ela deveria provocar nossa admiração. O sofrimento se torna uma força transformadora. Transforma a pessoa que sofre. Ela não é uma vítima, mas um mártir. O sofrimento não é mais sem sentido. Faz de fato uma declaração realmente pública e desafiadora. Representa a maior força que a pessoa que sofre pode conceder. Ela se torna o símbolo vivo e morto da causa pela qual está sofrendo. É o ponto alto da luta. Ela é heroína. Os outros não só a admiram, mas estão prontos a segui-la pelo caminho da luta e do sofrimento. Sendo a suprema manifestação de amor e compromisso, pode provocar uma reação também daqueles que estão impondo o sofrimento. Assim se torna transformador também dos outros. Se compreendemos o sofrimento dessa maneira não precisamos ter receio de apresentar Jesus como uma figura sofredora. Será uma oportunidade para falar dos sentidos positivos que pode ter o sofrimento. É também um modo diferente de olhar para Deus.

Num momento de raiva ou mais frequentemente de medo, as pessoas impõem sofrimento às outras. Mas a admissão voluntária de sofrimento pelo inocente provoca reflexão e leva a uma mudança de atitudes. Obriga a um reexame da situação. Quebra a espiral de violência. Aqui de novo o sofrimento de uma pessoa poupa muitas outras. Esse sofrimento adquire um significado adicional no contínuo processo da história. É um estágio na luta que continua. Pode parecer um revés. Mas precisamente porque provoca reflexão, rompe um ciclo e as consequências e transformações são vistas em outro nível. A luta pode continuar. Mas a situação não é mais de opressão unilateral. O poder do opressor é agora desafiado de uma maneira incomum. Uma mudança completa pode não ser alcançada de imediato. Mas o processo de mudança começou.

Ao impingir sofrimento a outra, a pessoa que impõe o sofrimento está ameaçando a outra como objeto. Mas a pessoa que aceita o sofrimento sem resistir a ele por meio de uma contraviolência não está agindo assim passivamente, mas sob protesto, reagindo como uma pessoa humana livre. Ela se recusa a tornar-se um objeto. Ela afirma sua subjetividade. O relacionamento e a situação estão agora alterados. Um novo processo de troca interpessoal começou. Ele torna possível uma nova esperança. Sofrendo em solidariedade com os pobres e os oprimidos, o "herói" os habilita a tornarem seus próprios sofrimentos transformadores. Eles se tornam sujeitos, agentes de seu destino.

É assim que um *satyagraha* está levando à transformação pessoal e social. A transformação envolve um processo e uma história. Supõe um diálogo aberto ou oculto — na medida em que uma reflexão transformadora pode ser vista como uma resposta de diálogo a um desafio.

No caso de Jesus, podemos ser tentados a ver sua ressurreição como a resposta de Deus e recompensa pelo seu sofrimento. No nível pessoal, é antes uma aprovação e confirmação por Deus do que uma recompensa. No nível social, a experiência do Jesus ressuscitado fortalece os discípulos e os leva a um compromisso renovado com o projeto da luta. O *satyagraha* continua. A ressurreição, contudo, não é uma solução no nível histórico, em que a luta e a transformação que ela provoca continua. A ressurreição continua sendo um horizonte de esperança escatológica que capacita os discípulos a continuar a luta. Mas não tem impacto imediato ou direto na transformação da pessoa que impingira o sofrimento. É uma realidade e uma experiência de outro nível. Ela não é um "prêmio no céu" que torna o sofrimento presente razoável. Não é uma solução milagrosa para o problema atual. É antes um símbolo da nova vida possível aqui e agora, neste mundo, mediante a transformação pessoal e social.

Sofrimento e Kenosis*

Uma aceitação calma do sofrimento imposto pode também ser um sinal de desprendimento. A causa de conflito no mundo é o egoísmo, como egocentrismo e como orgulho, que leva a pessoa a dominar e explorar as outras. Embora ninguém deva correr atrás do sofrimento, uma aceitação calma do sofrimento que é imposto injustamente pode ser uma manifestação de autodoação. Quando a pessoa sofre a morte, a autodoação é total. Paulo vê a aceitação por Jesus da morte na cruz como uma manifestação de humildade e obediência, um total esvaziamento de si.

> Não façais nada por ambição egoísta ou presunção, mas considerai os outros, com humildade, como superiores a vós. Que cada um não olhe só por seus interesses, mas também pelos interesses dos outros. Tende a mesma disposição de espírito

---

* Doutrina do "esvaziamento de Cristo" (esvaziamento do logos divino) em teologia. Jesus teria deixado de lado seus atributos divinos, sem perder a natureza divina. (N. do T.)

que tinha Jesus Cristo. Embora fosse de condição divina, ele não considerou a igualdade com Deus como algo a ser explorado, mas esvaziou-se, tomando a condição de servo, nascendo com a aparência humana. E sendo encontrado na forma humana, ele se humilhou, tornando-se obediente até a morte — mesmo a morte numa cruz. (Fl 2,3-8)

Esse vazio será preenchido por Deus (Fl 2,9-11). Mas nesse meio-tempo, a pessoa e a comunidade são transformadas. Paulo está na realidade pedindo aos filipenses: "Ficai de acordo numa só alma, no mesmo amor, no mesmo pensamento" (Fl 2,2). Uma comunidade de paz e amor é o objetivo.

Não Violência e Diálogo

O modo não violento preferido de lidar com o outro é o diálogo. A conversa com o outro procura provocar, desafiar, persuadir, converter. Respeita a humanidade e a liberdade do outro. Não impõe escolhas pelo fato de estarmos convencidos de sua justiça. Durante sua vida Jesus dialoga com diferentes tipos de pessoas. Há pessoas como Nicodemos, que chegam como curiosas interessadas e ficam sendo admiradoras secretas e seguidoras a distância (Jo 3,1-21). Ele explica sua missão aos discípulos de João (Mt 11,2-6). Há outros como Natanael (Jo 1,45-51), a mulher samaritana (Jo 4,1-42) e a mulher cananeia (Mc 7,24-30) que ele converte e transforma em seus discípulos. Há gente como o fariseu que o convida para uma refeição, a quem ele explica pacientemente a situação. Uma mulher pecadora vem lavar seus pés com suas lágrimas, enxugando-as com os cabelos. Ele estabelece um contraste entre a saudação que recebe do fariseu e da mulher pecadora, e mostra o laço entre amor e perdão (Lc 7,36-50). Do mesmo modo, explica seu comportamento aos que protestam pelo fato de comer com publicanos e pecadores (Mt 9,10-13, cf. também Mt 15,1-9). Finalmente existem aqueles que ele desafia e condena, como os fariseus que protestam por ele curar nos dias de sábado (Mt 12,1-14).

O diálogo continua após a ressurreição. Seu diálogo com Maria Madalena a tranquiliza sobre a nova vida dele e a transforma na primeira apóstola da ressurreição. Ele dialoga com os dois discípulos a caminho de Emaús e explica o elo entre seu sofrimento e seu papel como messias. Dialoga com os apóstolos, particularmente Tomé com suas dúvidas, para convencê-los de que está vivo e para renovar o compromisso deles como testemunhas de sua vida, morte e ressurreição. Vai até Pedro e João, em particular nas margens do lago, para confirmar a confiança na liderança deles.

Satyagraha e Libertação

Com referência aos pobres e oprimidos, Jesus é visto com frequência como o Libertador. Usei a imagem do *satyagrahi*. Imagens diferentes têm diferentes focos e não é útil compará-las. Na tradição indiana, a meta última da vida é a *moksha* ou libertação. Jesus, então, como libertador, está nos levando à *moksha*. Portanto é uma bela imagem. Contudo, algumas ideias que são às vezes ligadas à imagem não ajudam. Já fiz considerações sobre isso mais atrás. Mas pode ser útil chamar de novo a atenção para o ponto.

Algumas pessoas que veem Jesus como Libertador consideram-no um revolucionário. Podem inclusive usar uma passagem como: "Não penseis que vim trazer paz à terra. Não vim trazer a paz, mas a espada" (Mt 10,34) para justificar sua posição. Jesus está falando sobre dar preferência a Deus e ao reino sobre qualquer outra coisa – pai e mãe, parentes e a própria vida: "Aqueles que perdem sua vida por causa de mim vão salvá-la" (Mt 10,39). Durante sua prisão, quando um dos discípulos puxa a espada e investe contra o escravo do sumo sacerdote, cortando-lhe a orelha, Jesus lhe diz: "Torna a guardar tua espada, pois todos que pegam a espada morrerão pela espada" (Mt 26,52). Poderia ser alegado que as opressivas estruturas políticas e socioeconômicas recorrem a uma violência oculta e que, portanto, a violência revolucionária contra elas é justificada. Evidentemente é discutível se a violência revolucionária conseguiu realmente trazer, para algum lugar, uma verdadeira libertação e paz. O poder só parece mudar de mãos.

Cristãos que falam sobre libertação se reportam frequentemente à experiência do êxodo, quando Jeová liberta Israel da escravidão no Egito e conduz o povo à Terra Prometida. Esquecem-se da experiência do exílio, quando a libertação permanece uma promessa escatológica. Ignoram a experiência de Jesus, cuja opção pelos pobres e oprimidos, e cuja luta ao lado deles pela libertação, termina em sua morte. Jesus, é claro, ressurge de novo e nós também compartilharemos de sua ressurreição. Mas isso é um acontecimento transistórico. Embora Jesus se identifique com os pobres, não promove uma libertação política ou socioeconômica. Não tem projeto para uma sociedade ideal. Está concentrado em atitudes e relações básicas, como as de amor e perdão. Está atacando a indiferença, o egoísmo e o orgulho que estão na raiz de toda opressão. Ele certamente quer uma nova comunidade de liberdade, solidariedade e justiça. Mas quer que as pessoas sejam convertidas e depois construam essa nova sociedade.

Similarmente, as pessoas que sofrem procuram se identificar com o Jesus que sofre. Os *minjung* — as massas oprimidas — da Coreia encaram Jesus como um *minjung*. Os *dalits* — os párias oprimidos — na Índia veem Jesus como um *dalit*. A ideia de que Deus em Jesus sofre com eles pode ser uma fonte de consolo e força. Mas o sofrimento e a morte de Jesus levam à ressurreição. Não têm sentido sem ela. A identificação com o sofrimento de Jesus só faz sentido num quadro de transformação desse tipo. Sofrer por sofrer não é um ideal cristão. O sofrimento tem sentido como um elemento de protesto ou uma manifestação de entrega. Sem esse sentido, sofrer não é uma virtude. Não tem valor transformador. Temos de lutar contra esse sofrimento sem sentido. A cruz só tem valor libertador como elemento de um movimento social. Como tal é respaldada pela promessa da ressurreição feita por Deus. A ressurreição como transformação não é também puramente uma realidade do outro mundo. Pode começar agora, embora sua realização completa possa estar no futuro. Sem a ressurreição, a cruz se torna alienante e humilhante. A cruz está frequentemente isolada tanto da vida que levou a ela quanto do movimento social que se seguiu, para não falar da ressurreição. Por um lado, insistimos um tanto excessivamente nos sofrimentos de Jesus, vistos como punição pelos pecados dos outros. Os próprios sofrimentos parecem ser glorificados, sem levarmos em conta a pessoa que sofre e as razões pelas quais ela está sofrendo. Por outro lado, as pessoas que não gostam de ver Jesus na cruz podem também não gostar de vê-lo como líder e animador de um movimento social. Gostariam antes de vê-lo como um brando guru.

A imagem de Jesus como *satyagrahi* coloca a ideia de salvação num nível pessoal, humano-divino. Não é uma coisa automática efetuada pela cruz e o sacrifício de Jesus. É uma interação divina-humana, marcada pela liberdade em ambos os lados. É também um movimento social promovendo ao mesmo tempo uma transformação pessoal e social. A tensão escatológica que o caracteriza não o torna menos histórico, embora a própria história seja colocada no contexto do mistério de Deus que transcende a história. Jesus nos chama para sermos *satyagrahis* quando chegar a nossa vez. Ele nos diz: "Se permaneceis na minha palavra, sois verdadeiramente meus discípulos; conhecereis a verdade e a verdade vos libertará" (Jo 8,31-32). Ele também nos promete a dádiva do Espírito que nos guiará para a verdade plena (Jo 16,13).

7
Jesus, o Avatar

O *avatar* é uma imagem comum na tradição religiosa indiana. É o termo que as línguas indianas usam para se referirem à encarnação da Palavra em Jesus. Roberto de Nobili usou-o no início do século XVII. Significa aparecimento ou manifestação. Acredita-se que Deus se manifeste a Si próprio sob alguma forma terrestre para encontrar o(s) devoto(s) e conceder-lhe(s) a libertação. Essa libertação não pode ser apenas pessoal (*moksha*); tem de ser também sociopolítica, que é libertar as pessoas de opressores injustos. Krishna, um *avatar* de Vishnu, adorado como Deus supremo por uma parcela de hindus, diz a seu devoto Arjuna: "Para a proteção do bem e a destruição do mal, com o objetivo de estabelecer o dharma, nasço através das idades" (*Bhagavad Gita* 4,8). Comentando esse texto, Ramanuja diz que um *avatar* é valioso mesmo se apenas torna Deus presente para nossos sentidos, a fim de que possamos encontrá-Lo numa forma humana.

Na tradição religiosa indiana, essas manifestações do divino na história podem ser muitas — isto é, podem acontecer sempre que há necessidade. Elas podem tomar várias formas, adequadas à situação. Nem todos os avatares são da mesma importância. Os devotos de Vishnu, por exemplo, falam de dez avatares. O décimo (último?) ainda está por vir. Dos outros nove, dois são considerados importantes e são populares: *Rama* e *Krishna*. Rama era um rei guerreiro que derrotou Ravana, apresentado como um governante injusto. Krishna guiou os bons reis Pandava em sua batalha contra os maus Kauravas. Não precisamos entrar aqui nessas histórias. Rama é usado hoje pelo *Hindutva* (Identidade Hindu), um movimento fundamentalista da Índia, como símbolo de um libertador político, enquanto Krishna é o popular *avatar* amado e cultuado. O que estou querendo destacar é que *avatar* não é uma categoria ou conceito unívoco. Pode ser compreendido diversamente em diferentes lugares e diferentes épocas.

Enquanto os devotos de Vishnu o cultuam em diversos avatares, os devotos de Shiva acham que Deus não pode se tornar humano. Mas não deixam de acreditar que Shiva pode se manifestar de diversas maneiras na vida de seus devotos. Shiva também pode ter um corpo, embora não um corpo humano. Ele encontra os devotos que estão "maduros" para a libertação como seu guru. Tal guru é uma figura salvadora para o devoto. Não está muito claro se ele assume uma forma humana temporária ou se está simplesmente agindo por meio de um guru humano vivo, fazendo dele uma mediação especial. Seja como for, os devotos de Shiva não acreditam em avatares como os devotos de Vishnu.

Meu objetivo aqui não é entrar nessa discussão e tentar encontrar um significado preciso para o termo *avatar* na tradição (indiana) hindu. Ao olharem para Jesus, os indianos espontaneamente o considerarão um *avatar*. É um ponto indiano de partida, religioso-cultural, para explorar nossa experiência de Jesus como uma pessoa humana-divina. Ao considerar Jesus um *avatar*, meu objetivo não é compará-lo com avatares hindus. Estou adotando *avatar* como uma imagem que tem um sentido geral de "manifestação divina". Isso implica mais numa descida que numa ascensão. Não é simplesmente a divinização do humano. Ao se olhar para Jesus como *avatar*, o próprio termo *avatar* estará assumindo uma nova conotação no contexto cristão. Podem ser muitas as manifestações divinas. E no entanto cada manifestação é específica de uma determinada situação. É também única devido às suas características particulares. Só pode ser determinada *a posteriori*. Jesus foi percebido pelos discípulos e outros tanto como humano quanto como divino. Viram-no como um *avatar* especial: como Deus encarnado. Mas isso não exclui outras manifestações divinas em outras formas.

A carta aos hebreus diz: "Muito tempo atrás Deus falou a nossos ancestrais de muitos e variados modos através dos profetas, mas nestes tempos recentes falou conosco através de um Filho, que designou herdeiro de todas as coisas e por meio de quem também criou os mundos" (Hb 1,1-2). Deus fala de muitas e variadas maneiras. Embora esteja falando de um modo especial por meio do Filho, também tem falado por meio de outros profetas. Falar, é claro, é apenas um tipo de manifestação concentrada na palavra. O Espírito de Deus pode estar presente e se manifestar por meio da personalidade, da vida e das ações de pessoas proféticas. A vida de Moisés ou a de João Batista teriam tido um significado muito maior que suas palavras. Não ouvimos Maria falar durante e após a vida pública de Jesus. E, no entanto, Deus era uma presença nela, que animava e guiava outras pessoas. O divino é encontrado da mesma maneira em pessoas santas. Nesse sentido, as manifestações divinas são muitas. Nem sempre são verbais. Não são todas do mesmo tipo e importância. Acreditamos que Deus não só falou por intermédio do Filho, mas está presente e ativo de um modo especial nele e por meio dele. Mas isso não excluiu outras manifestações divinas na história.

Em seu Evangelho, falando da Palavra como luz, João diz: "A luz verdadeira, que ilumina todo homem, estava vindo ao mundo" (Jo 1,9). Uma outra interpretação dessa mesma passagem diz: "Ele era a verdadeira luz que ilumina todo homem que vem a este mundo". Depois João continua dizendo: "E o Verbo se fez carne e habitou entre nós". Isso significa que não apenas Deus, mas a Palavra de Deus também se manifesta de diferentes maneiras.

O documento do Concílio Vaticano II sobre a liturgia diz:

> Para cumprir tão grande obra, Cristo está sempre presente na igreja, especialmente em suas celebrações litúrgicas. Está presente no sacrifício da Missa, não apenas na pessoa de seu celebrante, "o mesmo que agora oferece, por meio da intervenção sacerdotal, quem outrora se ofereceu na cruz", mas especialmente sob a forma eucarística. Por seu poder, ele está presente nos sacramentos, de modo que quando alguém batiza é realmente o próprio Cristo que batiza. Está presente em sua palavra, já que é ele próprio quem fala quando as escrituras sagradas são lidas na igreja. Finalmente ele está presente quando a igreja reza e canta, pois prometeu: "Onde dois ou três estiverem reunidos em meu nome, eu estou no meio deles". (Mt 18,20) (Nº 7)

Esse documento parte do pressuposto da manifestação encarnada de Deus em Jesus Cristo e fala das outras manifestações de Cristo dentro da tradição cristã de culto e oração. Tal diversidade de presenças e manifestações sugere que devíamos estar prontos para encontrar Jesus de várias maneiras. Acho que o termo *avatar*, significando manifestação, nos ajuda a olhar para a pluralidade de manifestações da Palavra, do Espírito e de Deus positiva e abertamente, tirando proveito de todas elas. Se olharmos apenas para a encarnação da Palavra em Jesus, talvez não fique fácil pensar nos outros modos em que a Palavra também pode ser encontrada. Santo Tomás de Aquino, sem dúvida, diz que muitas encarnações são possíveis. Sua premissa é que a Palavra é infinita. Qualquer natureza humana em que ela surge encarnada, no entanto, só pode ser finita e limitada. Assim são possíveis várias encarnações finitas da Palavra infinita (cf. *Suma Teológica*, 3.3.7). Mas embora do ponto de vista da revelação muitas encarnações sejam possíveis, do ponto de vista da salvação acreditamos que Jesus salvou cada ser humano, de modo que não é necessária qualquer outra encarnação. Nesse sentido, existe apenas uma encarnação. Não precisamos entrar em questões hipotéticas, como saber se existem ou não outros universos além do nosso, se existem outras raças de seres inteligentes em outros planetas de nosso universo ou em outros possíveis universos e se esses seres inteligentes precisam de um salvador encarnado. Limitando-nos ao nosso próprio planeta, não sabemos como a salvação de Jesus alcança cada ser humano, mesmo aqueles que não o conhecem e creem nele.

Por meio da Palavra e do Espírito, e sob muitos modos diferentes, Deus se manifesta a Si próprio para os seres humanos no decorrer da história. Reconhecer essa pluralidade de manifestações não significa que afirmamos *a priori* que todas as manifestações são a mesma ou que todas as manifestações são de igual valor ou importância. Cremos num Deus. Se Deus se manifesta a Si mesmo de diferentes modos em diferentes tempos e diferentes lugares, essas manifestações não podem ser caóticas, mas interconectadas de algum modo, destinadas a se moverem para uma convergência. Isso pode ter de ser discernido *a posteriori*, dada a liberdade de Deus que Se manifesta e a liberdade dos seres humanos que respondem. Uma dessas manifestações é encarnada e tem de ser especial. Em que consiste essa especialidade, tanto em si mesma quanto com relação a seu papel na história, tem também de ser discernido. Embora todas as manifestações sejam chamadas a interagir, elas não precisam ser comparadas e contrastadas de um modo antagônico. Deveriam antes dialogar umas com as outras.

Meu objetivo ao falar de Jesus como *avatar* não é evocar todas estas diferentes manifestações e ver sua convergência. Isso pode ser feito com relação às manifestações de Deus na Bíblia. Mas com relação à história, o processo continua aberto e a convergência está se processando. Meu objetivo aqui é antes entender como os discípulos veem Jesus como uma manifestação do divino no humano, suficientemente densa para ser considerada encarnada. Mas temos de fazê-lo de um modo a não fechar a porta a outras manifestações que possam ser menos densas.

Jesus é Humano

Os discípulos de Jesus encaravam-no antes de mais nada como um ser humano igual a eles. Parecem ter grande zelo em deixar isso claro. Procuram especificar seu contexto histórico. Mateus e Lucas fornecem-lhe uma genealogia que o associa não apenas a seus ancestrais judeus, mas ao primeiro ser humano

(Mt 1,1-17; Lc 3,23-38). Lucas fornece ainda um contexto histórico, referindo-se às figuras políticas da época: Herodes, rei da Judeia, o imperador Augusto e Quirino, governador da Síria (Lc 1,5;2,1-2). Ainda que seu nascimento seja acompanhado de circunstâncias miraculosas (Mt 1,18;2,12; Lc 2,8-20), não há dúvida de que se tratava de uma criança humana como qualquer outra. José teve de levá-lo para o Egito a fim de salvá-lo de Herodes (Mt 2,13-15). Lucas nos diz claramente: "E crescia Jesus em idade e sabedoria, assim como na graça de Deus e dos homens" (Lc 2,52).

Quando João Batista está pregando e chamando as pessoas à conversão para preparar a vinda do messias, Jesus também se apresenta para ser batizado por João (Mt 3,1-15). Jesus parece ter experimentado uma chamada especial (Mt 3,16-17) e vai se preparar no deserto para sua missão com jejum e oração. É tentado a usurpar poder para si mesmo, a usar em benefício pessoal e glorificação o poder que lhe foi dado para cumprir sua missão. Vimos estas tentações num capítulo anterior.[1] Ele resiste às tentações (Lc 4,4-12). Lucas acrescenta: "Depois que terminava um teste, o diabo se afastava dele até uma nova oportunidade" (Lc 4,13). As tentações, portanto, não ocorrem numa única ocasião. Quando as pessoas lhe pedem um sinal (Mt 16,1), inclusive quando ele está pendurado na cruz (Mt 27,42), quando procuram fazê-lo rei depois de ele ter alimentado cinco mil homens, além de mulheres e crianças (Jo 6,15), e quando a multidão o rodeia e canta "Hosana!" na entrada em Jerusalém (Mc 11,1-10), Jesus teria sido tentado de novo. Quando Pedro procura dissuadi-lo do sofrimento que ele prevê para si próprio, Jesus responde bruscamente: "Arreda-te de mim, Satanás!" (Mt 16,23). O retraimento de Jesus ante o sofrimento que se aproxima, orando para, se possível, dele escapar (Mc 14,32-42) e o brado na cruz: "Meu Deus, meu Deus, por que me abandonaste?" (Mc 15,34) foram os momentos finais de seu contínuo processo de tentações. São também momentos para a total submissão à vontade de Deus, seu Pai. Podemos, portanto, compreender quando a carta aos hebreus diz: "Não temos um sumo sacerdote incapaz de ser solidário com nossas fraquezas, mas um que foi provado em tudo como nós, com exceção do pecado" (Hb 4,15).

Com relação aos outros, Jesus mostra reações humanas normais. Adora ter crianças pequenas à sua volta. Deve ter brincado com elas. Fica indignado quando os discípulos querem contê-las. Aponta-as como modelos de pessoas que recebem o reino de Deus. "E ele as abraçava e abençoava, impondo-lhes as

---

1. Cf. pp. 86-89.

mãos" (Mc 10,13-16). Ele cede diante da persistência e da resposta pronta da mulher cananeia. Ela está lhe pedindo para curar a filha. Quando Jesus diz que sua missão está restrita aos judeus e que portanto: "Não fica bem tirar o pão dos filhos para atirá-lo aos cachorros", ela replica: "É verdade, Senhor, mas os cachorros comem as migalhas que caem da mesa dos seus donos". Então Jesus responde: "Mulher, grande é a tua fé! Que seja feito conforme a tua vontade" (Mt 15,21-28). Quando um rapaz rico vem lhe perguntar: "Bom Mestre, o que devo fazer para herdar a vida eterna?", Marcos nos conta que Jesus, "olhando para ele, amou-o e disse: 'Vai, vende os teus bens e dá o dinheiro aos pobres... Depois vem e segue-me'". O rapaz não segue Jesus porque tinha muitos bens (Mc 10,17-22). Da mesma maneira, Jesus gosta muito de Lázaro de Betânia (Jo 11,3) e chora ao parar diante de sua tumba (Jo 11,35), embora depois disso vá trazê-lo de novo à vida. Jesus lamenta sobre Jerusalém e sua destruição, prevista por ele porque os judeus não se converteriam (Mt 23,37-39; Lc 19,41-44).

Jesus fica decepcionado ao ver que seus discípulos "prediletos" não são capazes de ficar de guarda e orar com ele, mesmo num momento de grande perigo. Pergunta: "Não conseguistes passar nem uma hora de vigília comigo?" (Mt 26,40; Lc 22,44). Furioso, expulsa compradores e vendilhões que tinham transformado o templo de uma casa de oração num covil de ladrões (Mt 21,12-13). Denuncia, em termos nada dúbios, os fariseus e escribas por enganar e explorar o povo. Acusa-os de hipocrisia, casuísmo, gosto pelas honrarias e falta de visão (Mt 23,1-36). Jesus, é claro, se mostra mais humano e vulnerável quando é traído, quando sofre e morre na cruz, abandonado por todos (Mt 26,47-56).

Jesus é também muito humano em seu modo de lidar com o povo. Aproxima-se dos pobres e das pessoas que sofrem. Quando uma grande multidão o segue para o deserto, somos informados que "Jesus teve compaixão deles, porque eram como ovelhas sem um pastor; e começou a ensinar-lhes muitas coisas" (Mc 6,34). Mateus acrescenta: "Ele curou seus doentes" (Mt 14,14). Jesus não aceita as sugestões dos discípulos de despedi-los para que possam encontrar comida nas aldeias dos arredores e opta por alimentá-los (Mc 6,35-44). A imagem das pessoas se amontoando em volta dele é frequentemente evocada nos Evangelhos (Mt 4,23-25; 8,18). Ele é particularmente sensível aos pobres, aos oprimidos e marginalizados – os coletores de impostos e pecadores (Mt 9,10-13). Jesus estende a mão para a mulher samaritana, duplamente oprimida como mulher e como samaritana, e a transforma, e por meio dela transforma toda a aldeia em seus discípulos (Jo 4,1-42). Visita a casa de Zaqueu, o coletor de impostos, cujo desejo de ver Jesus o faz subir numa árvore (Lc 19,1-10). Louva a viúva que põe duas pequenas moedas de cobre no tesouro do templo (Lc 20,2). Protege a mulher pecadora que lava seus pés com suas lágrimas e os enxuga com os cabelos (Lc 7,36-50) e a mulher surpreendida em adultério que os judeus queriam apedrejar até a morte (Jo 8,1-11). Aponta o bom samaritano como modelo de amor fraterno (Lc 10,25-37) e o humilde coletor de impostos como um exemplo de quem reza com sinceridade (Lc 18,9-14).

Jesus tinha amigos como Marta, Maria e Lázaro, de cuja companhia gostava (Lc 10,38-42, Jo 11,1-44). Não discriminava as mulheres. Tinha mulheres discípulas, que não apenas o seguiam mas também proviam às suas necessidades (Lc 8,1-3). Algumas mulheres discípulas o seguem no caminho para a cruz e para a tumba. São as primeiras a procurá-lo e a encontrá-lo no terceiro dia, quando ele ressuscita (Lc 23,27-31; Mt 27,55-56.61; 28,1-10; Jo 20,11-18). Jesus também não se esquivava a convites dos fariseus, porque isso lhe dava oportunidade de dialogar com eles e interpelá-los. É na casa de um fariseu que explica o elo entre amor e perdão, quando a mulher pecadora lava seus pés com lágrimas (Lc 7,36-50). Compara o amor dela com a "frieza" com que o fariseu o havia recebido. Devolve à vida a filha de Jairo, um líder da sinagoga. As pessoas cuja fé ele abertamente elogia são principalmente os gentios ou não judeus: o centurião cujo servo ele cura (Lc 7,1-10), a mulher cananeia (Mc 7,24-30) e a mulher samaritana (Jo 4,1-42).

Jesus é Divino

Os discípulos de Jesus e algumas outras pessoas certamente viam Jesus como rabino ou mestre e como profeta, que proclamava o reino de Deus e chamava o povo à conversão. Contudo, uma olhada mais detida em seus feitos e palavras parece apontar para uma dimensão mais profunda de sua personalidade. Antes de mais nada, ele fala com uma autoridade especial. Ao contrário dos outros profetas que falavam em nome de Deus, Jesus fala em seu próprio nome. "Ouvistes que foi dito... Mas *eu* vos digo... (Mt 5,21). Com essa autoridade, Jesus faz algumas propostas radicais, ao contrário dos rabinos, que apenas interpretam a lei. Ele não apenas insiste em intenções e atitudes corretas em vez de uma conformidade meramente externa e comportamental à lei, mas reclama amor pelos inimigos e sugere que a pessoa vire a outra face ao ser golpeada (Mt 5,38-48). Não encoraja práticas como o divórcio fácil. Sugere que marido e esposa, feitos à imagem de Deus, "não são mais duas, mas uma só carne. Não separe, pois, o homem, o que Deus uniu... Se alguém repudia sua mulher, exceto por falta de castidade, e se casa com outra comete adultério". Quando os discípulos dizem que então é melhor não casar, ele propõe o ideal do celibato "por causa do reino" (Mt 19,1-12). Exige compromisso radical que pode ir contra laços de família, sugerindo que aquele que ama pai ou mãe, filho ou filha "mais do que eu não é digno de mim" (Mt 10,34-39). Exige uma reversão radical: "Aqueles que querem salvar sua vida vão perdê-la, mas aqueles que perdem sua vida por causa de mim vão salvá-la" (Mt 16,25). Louva a pobreza e a humildade (Mt 5,3-12; 11,25-30). Desafia suas leis de pureza e impureza (Mt 15,10-20). Come com coletores de impostos e pecadores ritualmente impuros (Mt 9,10-13). Desafia a interpretação do sábado e afirma ter autoridade para reinterpretá-lo, enunciando o princípio básico de que o sábado existe para os seres humanos e não os seres humanos para o sábado (Mt 12,1-14; Jo 5,1-18).

Coloca sua obra num contexto escatológico. Na sinagoga, em Nazaré, ele cita Isaías:

> O espírito do Senhor está sobre mim, porque ele me ungiu para evangelizar os pobres. Enviou-me para proclamar o livramento aos cativos e aos cegos a recuperação da vista, para restituir a liberdade aos oprimidos, para proclamar o ano da graça do Senhor.

Depois ele diz: "Hoje realizou-se esta escritura que acabastes de ouvir" (Lc 4,18-21). Os milagres de cura e exorcismo de Jesus são a chegada simbólica do reino de Deus. Obviamente, seu objetivo não é curar todas as pessoas na Palestina. Mas suas obras manifestam a presença do poder de cura de Deus. A própria cura é um sinal de perdão e reconciliação. Ele não apenas apresenta a imagem de um Deus que perdoa (Lc 15) e exorta os discípulos a se perdoarem uns aos outros (Mt 6,12;18,21-22). Ele próprio afirma ter autoridade para perdoar pecados, embora só Deus possa perdoar pecados, como os escribas dizem entre si (Mt 9,2-8). Quando Jesus pergunta aos discípulos: "Quem as pessoas dizem que é o Filho do Homem?" (Mt 16,13), Pedro declara que ele é o Messias. Jesus, no entanto, não parece dar grande destaque a esse título, já que as pessoas estavam esperando um Messias político, que iria restaurar o reino de Israel. Mas quando é acusado de afirmar ser o Messias ou o rei dos judeus em seu julgamento diante dos líderes judeus e de Pilatos, ele não o nega, embora especifique que seu reino não é deste mundo (Mc 14,53-65; Jo 18,28-38).

Jesus é chamado "Filho de Deus" em algumas passagens dos Evangelhos (cf. Mt 16,16-17; Mc 14,61-62). Ele sustenta ter uma relação especial com Deus, que chama de Pai, usando o nome "Abba", particularmente carinhoso (Mt 26,39). Mas compartilha esse relacionamento com os discípulos, já que também eles se sentem livres para chamar Deus de "Abba" (cf. Gl 4,6; Rm 8,15). Ele parece, contudo, fazer uma distinção entre si próprio e seus discípulos quando diz: "Estou subindo para o meu Pai e vosso Pai (Jo 20,17). No Evangelho de João, descreve a si próprio como "filho único" de Deus (Jo 3,16). Diz também: "O Pai e eu somos um" e "Aquele que me viu também viu o Pai", embora os exegetas costumem dizer que essa unidade se dá na prática. "Se eu não faço as obras de meu Pai, continuai a não crer em mim. Mas se eu as faço, muito embora não acrediteis em mim, crede nas obras. E assim conhecereis, e conhecereis cada vez melhor, que o Pai está em mim como eu estou no Pai" (Jo 10,37-38). Diz mais adiante: "Ninguém conhece o Filho exceto o Pai e ninguém conhece o Pai exceto o Filho e aquele a quem o filho quiser revelá-lo" (Mt 11,27; Lc 10,22). Todas essas passagens realmente afirmam um relacionamento especial entre Jesus e Deus. Alguns de seus milagres, como acalmar o mar tempestuoso (Mc 4,35-41) ou devolver os mortos à vida (Mc 5,21-24.35-43; Lc 7,11-17; Jo 11,38-44) mostram que ele é mais do que um milagreiro comum. Esses milagres, é óbvio, não podem ser explicados psicologicamente.

Jesus se refere com frequência a si mesmo como "Filho do Homem". Isso provavelmente remete a Dn 7,13, que fala sobre "alguém como o filho do homem" chegando com as nuvens do céu. Com esse título, Jesus pode estar se apresentando como um juiz escatológico (Mt 24,29-31; 25,31; 26,64). Ele também faz isso diante do sumo sacerdote, que lhe pergunta: "Você é o Messias?" Jesus responde: "Eu sou, e verás o Filho do Homem sentado à direita do Todo-Poderoso e vindo com as nuvens do céu" (Mc 14,61-62). Sua presença e ação pedem uma decisão. Aceitá-lo é aceitar Deus; rejeitá-lo é rejeitar Deus (Mt 21,33-46). Jesus diz aos discípulos: "Sou o caminho, a verdade e a vida. Ninguém chega ao pai senão através de mim. Se me conhecêsseis, conheceríeis também meu Pai... As palavras que vos digo, não as digo por mim mesmo, mas o Pai, que habita em mim, faz suas obras. Crede-me que estou no Pai e o Pai está em mim" (Jo 14,6-7.10-11). É surpreendente que Jesus chegue a dizer: "Quem crê em mim fará também as obras que faço e, de fato, fará obras até maiores" (Jo 14,12). Isso significa que Jesus compartilha conosco seu próprio relacionamento filial com o Pai.

Para os discípulos a ressurreição de Jesus confirma que ele é o Messias. Também compreendem que ele é um tipo de Messias diferente daquele que os judeus estavam esperando. Jesus não vai criar um reino terreno. Eles se sentem destinados a proclamar e construir o reino que este Messias inaugurou, uma nova comunidade em que as pessoas amam e servem umas às outras (Mc 16,9-20; Mt 28; Jo 20,19-23; At 2,14-36). E eles estão esperando a segunda vinda de Jesus, quando o reino de Deus será definitivamente estabelecido. Após a ascensão de Jesus, o anjo diz aos discípulos: "Este Jesus, que vos foi arrebatado para o céu, há de vir do mesmo modo como o vistes partir" (At 1,11). Eles entram num período de "já — ainda não". A presença e o trabalho de Jesus no mundo não estão concluídos. Continuam. Jesus prometera aos discípulos: "Estou convosco todos os dias, até a consumação dos séculos" (Mt 28,20). Os discípulos sentem que "o Senhor trabalhava com eles" (Mc 16,20). Sua presença é assegurada particularmente pelo dom do Espírito Santo (Jo 15,26; At 2,1-13). Mas eles têm também de cumprir seu papel nesse contexto.

Uma Dimensão Cósmica

A obra de Jesus, portanto, transcende seu próprio tempo de vida nesta terra, adquirindo dimensões cósmicas. Paulo tem essa visão cósmica. Mas ele atribui a obra alternadamente ao Pai, a Cristo ou ao Espírito. Aos efésios, escreve o seguinte:

> Bendito seja o Deus e Pai de nosso Senhor Jesus Cristo, que nos abençoou em Cristo com toda a bênção espiritual nos céus. Ele nos escolheu em Cristo, antes da fundação do mundo, para sermos, no amor, santos e irrepreensíveis sob seu olhar. Ele nos destinou à adoção como seus filhos através de Jesus Cristo, conforme a benevolência de sua vontade, para o louvor da glória e da graça com que nos cumulou em seu Bem-amado. E é pelo sangue deste que temos a redenção, a remissão dos pecados, segundo a riqueza da sua graça que ele, Pai, derramou profundamente sobre nós. Abrindo-nos a toda a sabedoria e inteligência, Deus nos fez conhecer o mistério da sua vontade, conforme o desígnio benevolente que expôs em Cristo, como um plano para levar os tempos à sua plenitude e reunir todas as coisas em Cristo, as que estão nos céus e as que estão na terra. (Ef 1,3-10)

Aos coríntios, ele fala de Cristo como prelúdio, submetendo tudo ao pai. "Quando todas as coisas lhe tiverem sido submetidas, então o próprio Filho será submetido Àquele que tudo lhe submeteu, para que Deus seja tudo em todos" (1Cor 15,28). Na carta aos romanos, Paulo fala do Espírito.

> Se o Espírito daquele que ressuscitou Jesus dentre os mortos habita em vós, ele, que ressuscitou Jesus dentre os mortos, dará vida aos vossos corpos mortais tam-

bém através de seu Espírito que habita em vós... Pois todos que são conduzidos pelo Espírito de Deus são filhos de Deus. Vós não recebestes um Espírito que vos faz escravos e vos conduz ao medo, mas um Espírito que faz de vós filhos adotivos. Quando clamamos "*Abbá*! Pai!" é esse mesmo espírito dando testemunho com nossa alma que somos filhos de Deus, filhos e, portanto herdeiros, herdeiros de Deus e herdeiros conjuntamente com Cristo — se de fato sofremos com ele para que com ele possamos também ser glorificados...

Pois a criação espera com impaciência a revelação dos filhos de Deus... Sabemos que a criação inteira geme ainda agora nas dores do parto; e não só ela, mas também nós, que temos as primícias do Espírito, gememos interiormente enquanto esperamos a adoção, a redenção de nossos corpos. (Rm 8,11.15-17.19.22-23)

Vemos que a leitura teológica que Paulo faz da história é uma leitura complexa envolvendo o Pai, Cristo e o Espírito. Ele vê um padrão de "descida-ascensão" na vida de Jesus. Fala de Jesus Cristo:

Que embora fosse de condição divina,
não considerou a igualdade com Deus como algo a ser explorado,
mas esvaziou-se, tomando a condição de servo,
nascendo com a aparência humana.
E sendo encontrado na forma humana,
    ele se humilhou, tornando-se obediente até a morte —
    mesmo a morte numa cruz.
Foi por isso que Deus o exaltou soberanamente
e lhe conferiu o Nome que está acima de todo nome,
a fim de que ao nome de Jesus todo joelho se dobre,
nos céus, na terra e debaixo da terra,
e toda língua confesse
que Jesus Cristo é o Senhor, para a glória de Deus Pai.

(Fl 2,5-11)

João apresenta outra visão cósmica concentrada em Jesus como a Palavra de Deus.

No princípio era o Verbo, e o Verbo estava com Deus, e o Verbo era Deus. Ele estava no princípio com Deus. Todas as coisas foram feitas por ele, e sem ele nada do que foi feito se fez. Nele estava a vida e a vida era a luz dos homens... A luz verdadeira, que ilumina todo homem, estava vindo ao mundo... A todos que o receberam, que acreditaram em seu nome, ele deu o poder de se tornarem filhos de Deus... E o verbo se fez carne e habitou entre nós... E todos nós recebemos também da sua plenitude, e graça por graça. (Jo 1,1-5.9.12.14.16)

João completará essa história que remete ao começo com uma visão do fim. "Que todos sejam um. Como tu, Pai, estás em mim e eu em ti, possam eles também estar em nós, para que o mundo creia que tu me enviaste. Eu dei-lhes a glória que a mim me deste, para que sejam um, como nós somos um" (Jo 17,21-22).

O que essas reflexões de Paulo e João deixam claro é que a obra de Jesus é posta no contexto da obra do Pai e do espírito. Essa é a raiz de sua dupla identidade. Ele é divino, é Deus em comunhão com o Pai e o Espírito. Mas está também conosco na história, é humano. Sua obra abarca o conjunto da história. Ela ainda está em andamento.

Jesus, portanto, é visto como humano e divino. Jesus é um homem. Mas nele os discípulos encontram Deus. Eles não percebem de imediato Jesus como divino. Mas experimentam Deus presente e ativo nele. Conhecendo-o, a pessoa conhece Deus. Ele perdoa pecados e nos dá uma participação na vida divina. Ele nos faz filhos de Deus, compartilhando conosco sua própria filiação. Só pode fazer isso porque é divino — Deus. Mas Deus não é um termo unívoco que possamos aplicar igualmente, sem qualificação, ao Pai, Filho e Espírito. Assim, dizer simplesmente que Jesus é Deus poderia induzir a erro. Ele próprio não teria afirmado isso. Falava de seu Pai. Ele é o mediador (Hb 8) de uma nova aliança entre Deus e os seres humanos. Os primeiros cristãos também oravam a ele como Deus. Só precisamos lembrar a aclamação do apóstolo Tomé: "Meu Senhor e meu Deus!" (Jo 20,28). Existe aqui uma complexidade e uma polaridade. Elas têm de ser mantidas em equilíbrio e tensão, o que não é fácil.

O Compromisso de Calcedônia

Os problemas começaram quando essa complexa realidade de Jesus e a percepção dessa complexidade penetraram no mundo intelectual grego. Os gregos operavam com conceitos claros e distintos. Termos como "Deus" e "homem" tinham definições claras. Elas eram normalmente incompatíveis. Deus é infinito, eterno e todo-poderoso. O homem, por outro lado, é finito, fraco e destinado à morte. Não é fácil conciliá-los. Defrontadas com alguém divino-humano como Jesus, as pessoas tendiam a enfatizar um polo ou outro. Alguns destacam que Jesus é Deus. Então não pode ser realmente uma criatura humana. Pode apenas assumir uma aparência de ser humano. Outros insistem que ele é homem. Pode ser apenas uma criatura, mesmo se é considerado a melhor delas — o "primogênito". Não precisamos entrar aqui nos termos técnicos da discussão. Após um longo processo de argumentação, um grupo especial aplaina uma fórmula de compromisso dizendo que Jesus é uma pessoa com duas naturezas, "consubstanciais" (da mesma substância) de Deus e dos seres humanos. Elas não deveriam ser separadas nem confundidas. Numa linguagem não técnica, estão dizendo que Jesus é ao mesmo tempo divino e humano, Deus e homem.

Diferentes grupos da igreja interpretaram diferentemente o documento de compromisso. Na igreja latina a tendência foi enfatizar a divindade em Jesus Cristo. É a pessoa divina que assume uma natureza humana. Na prática, a humanidade de Jesus vai aos poucos passando a segundo plano. Jesus é cultuado simplesmente como Deus, principalmente na religiosidade popular, embora a maioria das preces oficiais seja sempre dirigida ao Pai por meio de Jesus Cristo.

Tentativas contemporâneas de redescobrir a humanidade de Jesus frequentemente erram na outra direção. Jesus se torna tão humano que já não se vê se o fato de ele ser Deus tem algum significado. Uma vez criado, o mundo é autossuficiente. Não precisa de Deus. O mundo é visto como uma gigantesca máquina automática. Deus é visto como aquele que lhe deu existência e colocou-a em movimento. Mas assim que a máquina começa a funcionar, quem a fez rodar se torna irrelevante. Assim, Deus não é mais necessário. Esse é o processo de secularização. Falar de Jesus Cristo como divino ou Deus parece dissonante nesse paradigma. Alguns, contudo, veem Jesus como um ser humano especialmente dotado e animado pelo Espírito de Deus.

Jesus, o Avatar

Acho que a abordagem indiana pode evitar a dicotomia grega que separa Deus do humano e depois não sabe como reuni-los. Não que isso torne mais fácil entender e explicar o mistério de Jesus Cristo, o divino-humano. Mas pelo menos o faz surgir de modo diferente. Antes de mais nada, tanto os shaivitas quanto os vaishnavitas aceitam a possibilidade de que Deus tenha um corpo, sem prejuízo de seus atributos infinitos. Os vaishnavitas acreditam ainda que Deus pode assumir um corpo humano. Por um lado, Deus não está tão distante e separado do mundo e dos seres humanos a ponto de tornar impossível qualquer laço real. Por outro lado, Deus não está presente no mundo de modo a tornar tudo de algum modo divino. Isso seria uma ideia panteísta.

A ideia do avatar afirma a possibilidade de que Deus possa Se manifestar de várias maneiras no e através do mundo e dos seres humanos. Deus pode tornar-se humano e aproximar-se dos seres humanos de uma maneira humana. Deus se tornar humano não é uma humilhação nem imperfeição. Não é impensável que Deus se faça presente na história como ser humano. A tradição dos avatares atesta isso.

Embora os avatares de Deus possam ser muitos, nós, cristãos, acreditamos que Jesus Cristo é um avatar como nenhum outro. Nós o consideramos como encarnação. Além dessa especificidade, ele é também caracterizado por três fatores, entre muitos outros. Deus em Jesus Cristo não vem com poder e majestade, mas chega se esvaziando como um servo sofredor, dando-nos um exemplo de amor e doação. Portanto, a especificidade da encarnação não se mostra de um modo particularmente notável. Em segundo lugar, a humanidade que Deus assume em Jesus Cristo não desaparece com sua morte, mas perdura na história e na eternidade. Em terceiro lugar, Jesus Cristo está solidário com o conjunto da humanidade e o conjunto do cosmos, levando-o à realização final. O importante aqui é a fidelidade de nossa experiência de Jesus Cristo em termos de fé, não a fidelidade a um esquema intelectual, grego ou indiano. A tecnologia racional não é um aprofundamento, mas um empobrecimento da experiência viva de Deus, que em Jesus pode ser tocado e amado como ser humano. Particularmente a tradição grega, ao reduzir o divino e o humano a essências — "natureza" —, perde a densidade do divino e do humano e sua mútua e contínua interação. Ela não se concentra na concretude histórica — a vida e as atividades — do humano. Acho que o termo *avatar* mantém viva a tensão divina-humana.[2]

A humanidade de Jesus não desapareceu com sua morte. Ainda está lá, embora ressuscitada. Jesus, portanto, pode ser amado mesmo hoje como um ser humano. A tensão divina-humana em Jesus está muito viva. Jesus é ainda Emmanuel — Deus conosco. Jesus é um avatar que desce à terra. Já que se tornou humano, o fato de reascender envolve a integração do humano com o divino. Deus tem agora um corpo, mesmo que seja um corpo ressuscitado. A tensão entre o divino e o humano em Jesus não é estática, mas dinâmica, porque é uma história. A humanidade de Jesus não desaparece da história após a ressurreição. Na realidade ela continua a mediar o divino no período escatológico do

---

2. Cf. Francis X. Clooney, *Hindu God, Christian God. How Reason Helps Break Down the Boundaries between Religions*. Nova York, Oxford University Press, 2001, pp. 94-128.

já e ainda não. A integração entre o divino e o humano em Jesus e o divino e os seres humanos no mundo só estará completa no último dia. A humanidade de Jesus não tem apenas um alcance pessoal, mas um alcance coletivo. Isso é indicado por símbolos como a "videira e os ramos" (cf. Jo 15,1-6) e a "igreja (humanidade) como o corpo de Cristo" (cf. 1Cor 12,12-31). Desse modo o processo histórico se torna integral para o *avatar*.

Também percebemos que a própria história tem uma dimensão dupla. De início há o que normalmente consideramos história, condicionada pelo espaço, tempo e movimento — o antes e depois num sentido horizontal. Subjacente ou transcendente a isso, dependendo da metáfora espacial que quisermos usar, existe também outro nível de realidade que não é simplesmente a eternidade de Deus, usualmente descrita pelos teólogos como *tota simul* — tudo ao mesmo tempo. É uma dimensão que transcende o tempo, mas não é eternidade. Corresponde ao espírito nos seres humanos. Tem igualmente uma história — um antes e um depois. Mas existe também uma simultaneidade. Quando amo outra pessoa, meu amor não é condicionado pelo tempo e espaço. Em certo sentido os transcende. Contudo, ele pode crescer e se alterar. Ele se expressa mediante uma sucessão de gestos — palavras e ações. Mas os transcende, embora não possa ser real sem eles. Essa é a realidade do espírito e sua dimensão corporal.

Sinto que o paradigma "uma pessoa — duas naturezas", embora verdadeiro, simplifica e torna abstrata uma realidade complexa e tensa. É metafísico e transcendental. Não se concentra no modo concreto, histórico, em que o divino e o humano em Jesus interagem e evoluem. Não cria espaço para outras manifestações reais do divino, embora elas possam não ter a mesma densidade. Um foco na imagem do *avatar* pode nos ajudar a recuperar a complexidade e a tensão. Parece fácil experimentar a humanidade de Deus e nos relacionarmos com ela de um modo humano. A controvérsia entre arianos e nestorianos não poderia ter acontecido na Índia, já que Deus se tornando humano não teria sido visto como impossibilidade. Acho que a devoção que cerca o *avatar* na Índia é muito mais viva e sensível a essa complexidade. Há um esforço para lembrar e participar da vida humana do *avatar* que vemos apenas em certos místicos como Francisco de Assis e Inácio de Loyola, na Europa.

Deus está sempre se relacionando conosco como Deus (Pai), Palavra e Espírito. Isso vem da criação. Mas em Jesus, Deus nos alcança de um modo histórico, humano. Em Jesus e por meio dele encontramos Deus de um modo humano. A tradição devota indiana explora imaginativamente todas as relações e emoções humanas ao se aproximar do *avatar* de Deus. Krishna, por exemplo, é imaginado como mãe, filho, servo, noivo e noiva pelo poeta tâmil Bharathi. O que importa é que Deus no *avatar* está se relacionando conosco de um modo humano. Os cristãos hesitam muito em explorar esses caminhos de devoção. Quando ultrapassam a fixação na paixão de Jesus, concentram-se nele principalmente como criança e como noivo. Na época do Natal, cantam-se cantigas de ninar para o Menino Jesus. As místicas se referem a Jesus como seu noivo. Mas isso não é habitual entre devotos comuns. Hoje é mais frequente olharmos para Jesus como um irmão. Às vezes Jesus é visto também como um amigo. Jesus não disse: "Já não vos chamo de servos, mas de amigos"? (Jo 15,15) A imagem esvaziada de Jesus proposta por Paulo aos filipenses (cf. Fl 2,1-11) e a visão de Jesus lavando os pés dos discípulos (cf. Jo 13,1-20) podem nos levar a encarar Jesus como servo. Indo além dessas imagens óbvias, alguns têm se relacionado com Jesus como mãe. Isso é interessante porque cruza a barreira do gênero. Por exemplo, o poeta Narayan Vaman Tilak (1862-1919) canta:

> Minha Mãe-Guru de completa ternura,
> Salvadora, onde um amor como o teu?[3]

Tilak também explora outros relacionamentos humanos. Jesus é o Senhor bem-amado: "Senhor Jesus Cristo, Amado, diga, Ó diga-me a verdade, o que deve Teu servo fazer?"[4] Eis aqui uma série de imagens:

> Como a Lua e seus raios são unos,
> Sou eu uno Contigo,
> É esta a prece que Te faço, meu Senhor,
> É este meu miserável apelo.
> Eu Te atrairia e Te prenderia sempre
> Em modos amorosos de esposa;
> Dou a Ti uma saudação de filha,
> Dou a Ti um louvor de irmã.
> Deixe este ser, Ó meu Cristo,
> Morar, com sua alma, dentro de Ti.[5]

O problema é que, fora algum eventual hino ou poema, relações desse tipo não fazem parte da devoção popular. As pessoas raramente vão além de enca-

---

3. Robin Boyd, *An Introduction to Indian Christian Theology*, Delhi, ISPCK, 1975, p. 115.
4. *Ibid.*, p. 116.
5. *Ibid.*, pp. 116-17.

rar Jesus como Senhor e Deus. Isso significa que a atenção delas permanece concentrada em sua divindade. A humanidade está nas margens, quando não esquecida. Uma redescoberta da humanidade de Jesus nos levará a explorar todas essas diferentes relações. As artes, especialmente a música e a dança, podem explorar essas relações e levar os devotos ao êxtase.

Mas há outra manifestação muito específica no cristianismo. É a manifestação de Jesus no pobre. Jesus abençoa as pessoas por lhe darem comida, vestimenta, consolo, etc. Quando as pessoas lhe perguntam quando fizeram isso, ele responde: "Cada vez que o fizestes ao menor destes meus irmãos, a mim o fizestes" (Mt 25,40).

Jesus como Símbolo de Deus?

Muitos anos atrás, Edward Schillebeeckx referiu-se a Jesus como o sacramento de nosso encontro com Deus. É a experiência de Deus em Jesus que nos leva a perceber que Deus não é uma unidade simples. Não sabemos o que é Deus em Si mesmo. Deus está certamente além do "nome e forma", como diria a tradição indiana. Tudo que podemos realmente dizer acerca de Deus é que Deus não é isto, nem aquilo (*neti, neti*). Temos uma tradição de fazer proposições negativas também no cristianismo. Não compreendemos plenamente quem ou o que Deus é. Podemos apenas raciocinar com base em nossa própria experiência, que é condicionada tanto pelo que Deus optou por manifestar a nós quanto por nossas próprias limitações, por nossa cultura e nossa história. Sem entrar na metafísica de conceitos como "pessoa" e "natureza", podemos dizer que experimentamos Deus de diferentes modos como Pai, Jesus e Espírito. Deus Se manifesta de diferentes maneiras.

Algumas pessoas falam hoje de Jesus como símbolo de Deus. Quando dizemos que Jesus é o símbolo de Deus, caímos na armadilha dos termos opostos: "símbolo — real". Karl Rahner fala de "real-simbólico". Mas é uma categoria conceitual. Ou Jesus é realmente Deus ou é apenas um símbolo de Deus. Tal dicotomia é enganadora. Jesus não é simplesmente Deus, que é Pai, Filho e Espírito. Mas encontramos Deus em Jesus e por meio dele. Deus em Jesus atua de modo humano como um ser humano na história. Vemos Jesus como a Palavra encarnada. Há duas dimensões da atividade de Deus em Jesus. A dimensão humana é o símbolo, manifestação ou expressão sensível (significando "dos sentidos") e histórica do divino. Do mesmo modo, podemos dizer que o corpo é o símbolo do espírito no humano. Amo uma pessoa. Meu amor é um composto de ação espiritual-corporal. Até o ponto em que é a ação do espírito, não está realmente limitado pelos fatores materiais do corpo e do espaço e tempo. Mas quando assume forma corporal, tem de estar no espaço e tempo, e atravessar o processo histórico. Mesmo a verbalização do meu amor tem de ser feita em algum lugar, em algum momento, durante um período de tempo. Meu amor só se torna plenamente humano quando também o expresso em termos corporais. E no entanto o que faço ou expresso em termos corporais é o símbolo do que estou fazendo ou experimentando como espírito. Minha experiência de amor no nível do espírito pode encontrar expressão numa multiplicidade de sucessivas manifestações. Torna-se uma história.

Podemos refletir analogicamente sobre a Palavra e Jesus. A Palavra se torna historicamente presente e ativa em Jesus. A Palavra de Deus não se torna ativa apenas com o nascimento de Jesus. Como diz João, a Palavra existia desde o início, criando e iluminando cada coisa. Então a Palavra se torna carne e entra na história como Jesus. O que Jesus faz é a expressão humana, corporal, no espaço, no tempo e na história do que a Palavra faz. Naturalmente, Jesus não dá expressão humana, corporal, a tudo que a Palavra faz. Mas o que Jesus faz é a manifestação da Palavra, e por meio da Palavra, de Deus. Isso é o que quero indicar ao dizer que Jesus é o símbolo de Deus. Mas o termo "símbolo" pode ser inadequado e levar à confusão, porque é usado em muitos outros contextos com sentidos menos densos e complexos.

Por isso acho que o termo *avatar* pode ajudar. Não estou dizendo que *avatar* tenha esse sentido na tradição teológica indiana. Estou dizendo que ele pode receber esse novo sentido no contexto cristão. Representa o divino no humano ou o divino que pode tocar no humano. Por um lado, não podemos tocar o divino da mesma maneira fora do *avatar*. Por outro lado, o divino só pode intervir na história desse modo particular por meio do *avatar*. Não são "sentidos" abstratos que possam ser expressos de várias maneiras. São sentidos concretos que só podem ser expressos desse modo e não em outro. Outras expressões concretas são possíveis. Mas cada expressão concreta tem uma singularidade que lhe é peculiar. De um certo modo, o termo símbolo pode não ser indicativo dessa peculiaridade. A pessoa pode dizer: "Oh! É apenas um símbolo" ou "Oh! É apenas um dentre muitos símbolos". O *avatar* não é apenas um símbolo. É uma manifestação histórica, particularizada e consequentemente limitada pelas circunstâncias históricas concretas. Isso é verdadeiro mesmo acerca da manifestação encarnada, que está sujeita às limitações de sua natureza humana.

A singularidade de Jesus, segundo a crença cristã, se apoia não tanto em sua manifestação como encarnação, mas no mistério pascal. Como eu tinha mostrado antes, Santo Tomás de Aquino não via qualquer problema na possibilidade de muitas encarnações, já que uma encarnação é apenas uma limitada manifestação do Infinito. Mas ele não teria encontrado muitos mistérios pascais significativos. O nascimento e a atividade humana de Jesus antes da morte estavam limitados à Palestina. Ele era cultural e historicamente limitado. Mas o amor libertador e doador de vida que viveu em sua paixão, morte e ressurreição se estendia ao conjunto da humanidade. No nível da história, essa inclusão universal assume a forma do movimento escatológico que chamamos de igreja. Mais uma vez a igreja é apenas um símbolo e uma servidora — um sacramento — do plano de Deus, que vai sendo realizado progressivamente até todo o universo estar livre (Rm 8) e unido (Ef 1,10) e Deus ser "tudo em todos" (1Cor 15,28).

Hoje percebemos que a presença e a ação de Deus não se limitam à igreja. Deus pode Se manifestar de vários modos para várias pessoas. Isso não significa que as manifestações de Deus sejam todas as mesmas ou iguais. Mas todas têm o mesmo objetivo: o reino de Deus. Os cristãos acreditam que o mistério pascal de Jesus ocupa um lugar central nesse processo cósmico, mesmo que não saibam explicar ou mesmo compreender plenamente a tecnologia disso. Acho que a base dessa afirmação é que Jesus é divino. O que não exclui uma pluralidade de manifestações e mediações divinas, embora todas sejam vistas como participantes do projeto único de Deus em Cristo e no Espírito. Se o Espírito de Deus e de Cristo está presente e ativo em outras religiões, essa presença terá de se manifestar de algum modo histórico por meio de pessoas e acontecimentos. São todas manifestações ou *avatares* de Deus, da Palavra e do Espírito. É por isso que Jesus como *avatar* parece uma imagem mais inclusiva, embora seja um *avatar* especial. Será verdadeiro dizer que há muitos *avatares* e Jesus é um *avatar* especial encarnado. Mas não podemos dizer que existam muitas encarnações e Jesus seja uma especial. *Avatar* é uma categoria mais inclusiva que encarnação.

O lugar privilegiado para encontrar Jesus como *avatar* é obviamente o Novo Testamento. A imagem de Jesus do Novo Testamento também nos dará um dos critérios para julgar a autenticidade de outras manifestações. Elas não podem ser contraditórias, embora possam ser diferentes e convergentes. Diante de uma tal diversidade de manifestações, uma atitude de diálogo e abertura parece o modo apropriado de facilitar sua convergência.

8

Jesus, o Servidor

Um artista budista do Sri Lanka, procurando retratar Jesus, escolheu a imagem de Jesus lavando os pés de seus discípulos. A escolha do artista é significativa. Na realidade, passando os olhos nos Evangelhos, com exceção da imagem de Jesus suspenso na cruz, a imagem mais impressionante é vê-lo lavando os pés dos discípulos. João nos conta a história.

> Durante a ceia, sabendo que o Pai tudo colocara em suas mãos e que ele viera de Deus e a Deus voltava, Jesus levantou-se da mesa, tirou o manto e enrolou-se numa toalha. Depois colocou água numa bacia e começou a lavar os pés dos discípulos, enxugando-os com a toalha com que estava cingido... Depois que lhes lavou os pés, vestiu o manto, voltou à mesa e disse: "Compreendeis o que vos fiz? Vós me chamais de Mestre e Senhor e dizeis bem, pois eu o sou. Se, portanto, eu, o Mestre e Senhor vos lavei os pés, também deveis lavar-vos os pés uns aos outros. Dei-vos o exemplo para que, como eu vos fiz, também vós o façais". (Jo 13,3-5; 12-15)

Um Ideal Moral

Esse gesto de Jesus pode ser visto como uma exortação moral em ação. Jesus se oferece como modelo de humildade. Podemos recordar os ensinamentos de Jesus nesse contexto. Mateus conta a história:

> Naquele momento, os discípulos se aproximaram de Jesus e perguntaram: "Quem é o maior no reino dos céus?" Ele chamou uma criança, colocou-a no meio deles e disse: "Em verdade vos digo: se não mudardes e não vos tornardes como as crianças, jamais entrareis no reino dos céus. Aquele que se faz humilde como esta criança é o maior no reino dos céus. Aquele que acolhe uma criança como esta em meu nome acolhe a mim". (Mt 18,1-5)

Marcos e Lucas indicam que a pergunta dos discípulos não era inocente. Na realidade, discutiam entre si querendo saber quem dentre eles era o mais importante (Mc 9,33-37; Lc 9,46-48). Jesus parece situar seu ensinamento no contexto dos fariseus, que buscam honra e reverência em lugares públicos. Ele sugere um modo de vida diferente:

> A ninguém na terra chameis de vosso Pai; porque só tendes um, o Pai celeste. Tampouco vos façais chamar de doutores, pois só tendes um doutor, o Cristo. O maior dentre vós será servo dele. Todo aquele que se exalta será humilhado e todo aquele que se humilha será exaltado. (Mt 23,9-12)

É por essa razão que Jesus proclama sua bênção para os pobres, humildes e perseguidos (cf. Mt 5,1-12). A canção de louvor de Maria enfatiza o mesmo ponto.

> Precipitou os poderosos de seus tronos e exaltou os humildes; os famintos, ele os cobriu de bens e os ricos, despediu-os de mãos vazias. (Lc 1,52-53)

Não é então de admirar que Jesus convide os discípulos: "Tomai sobre vós o meu jugo e aprendei comigo, que sou manso e humilde de coração" (Mt 11,29).

Da Moralidade à Espiritualidade

Essa exortação à humildade pode ser compreendida do ponto de vista moral. Jesus opõe essa atitude à dos fariseus que são orgulhosos e autossuficientes. A humildade é a verdade. A aceitação dessa verdade faz dela uma afirmação espiritual. Tudo que temos é dom de Deus para nós. Nada somos por nossa própria conta. Já que tudo é dom de Deus, quando aceitamos nosso vazio, Deus nos preenche. É nesse contexto que descobrimos que a ação de Jesus não é apenas um exemplo prático de seus ensinamentos. É a própria essência de sua vida. A humildade na forma de esvaziamento de si vai se tornar seu próprio modo de ser, sua existência. Paulo ilustra essa passagem da humildade, no sentido moral, ao esvaziamento de si, num sentido espiritual. Exorta os filipenses:

> Não façais nada por ambição egoísta ou presunção, mas considerai os outros, com humildade, como superiores a vós. Que cada um não olhe só por seus interesses, mas também pelos interesses dos outros. Tende a mesma disposição de espírito que tinha Jesus Cristo,

> que embora fosse de condição divina,
>   não considerou a igualdade com Deus
>   como algo a ser explorado,
> mas esvaziou-se,
>   tomando a condição de servo,
>   nascendo com a aparência humana.
> E sendo encontrado na forma humana,
>   ele se humilhou,
>   tornando-se obediente até a morte –
>   mesmo a morte numa cruz.
>
> Foi por isso que Deus o exaltou soberanamente
>   e lhe conferiu o Nome
>   que está acima de todo nome,
> a fim de que ao nome de Jesus
>   todo joelho se dobre,
>   nos céus, na terra e debaixo da terra,
> e toda língua confesse
>   que Jesus Cristo é o Senhor,
>   para a glória de Deus Pai. (Fl 2,3-11)

Para Jesus, tornar-se humilde não é simplesmente um elemento de comportamento moral; é um modo de vida. Na realidade é mais que um modo de vida; é um modo de salvação. Jesus não apenas passa da morte para a vida. Deus faz todos nós passarmos com Jesus da morte para a vida. Jesus é o prelúdio. Jesus faz isso em solidariedade com a humanidade. Paulo diz aos romanos:

> Ou não sabeis que todos os que fomos batizados em Jesus Cristo, é na sua morte que fomos batizados? Fomos, portanto, sepultados com ele pelo batismo para que, assim como Cristo se levantou dos mortos pela glória do Pai, também nós possamos entrar numa vida nova. (Rm 6,3-4)

Assim, quando Jesus morre e vive de novo, todos nós morremos e tornamos a viver com ele. O esvaziamento e exaltação de Jesus se tornam, portanto, um processo de salvação para todos os seres.

O esvaziamento de Jesus tem sido também explicado às vezes num sentido moral. A humilde obediência de Jesus é contrastada com a orgulhosa desobediência de Adão e Eva. A humildade de Jesus "compensa" o orgulho de Adão e Eva. A humildade, portanto, não é mais um elemento de comportamento moral. Ela é aprofundada, transformando-se num elemento do próprio processo de salvação.

Esvaziamento e Fecundidade

Penso que Jesus, em seus ensinamentos e em sua vida, aprofunda mais esse mistério. Morrer e ressuscitar não é uma tecnologia especial de salvação. É o processo da própria vida. É o processo cósmico.

> A não ser que um grão de trigo caia na terra e morra, ele continua sendo apenas um grão; mas se morre, produz fruto em abundância. Quem ama a sua vida perde-a e quem deixa de se apegar a ela neste mundo a guardará para a vida eterna. (Jo 12,24-25)

A morte não é meramente o caminho para uma vida nova e mais completa. É também a condição de farta fecundidade. Nossa atitude adequada com relação à vida não é nos apegarmos a ela, mas renunciar a ela, oferecê-la. Dessa doação emerge a nova vida para a pessoa e para os outros. A vida é uma dádiva: nós a recebemos como dádiva e a transformamos numa dádiva para outros; depois a recebemos de novo numa forma diferente. Estar vazio é estar cheio. Morrer é viver. Num certo sentido, este é o processo cósmico: a morte assegura a continuidade da vida sob formas diferentes. A morte não é uma perda, mas uma transformação. Pode acontecer a qualquer hora. Paulo experimentava isso.

> Fui crucificado com Cristo e não sou mais eu quem vive; é Cristo que vive em mim. E a vida que agora vivo na carne, vivo pela fé no Filho de Deus, que me amou e se entregou por mim. (Gl 2,19-20)

Esse é o mistério. Abro mão de minha vida. Eu me esvazio. Jesus respondeu se esvaziando e se tornando uma dádiva para mim. Agora Jesus vive em mim. É um processo de mútuo esvaziamento que leva à plenitude. É a morte levando à vida. É por isso que Jesus diz: "A não ser que um grão de trigo caia na terra e morra, ele continua sendo apenas um grão; mas se morre, produz fruto em abundância" (Jo 12,24).

Jesus coloca sua própria morte nesse contexto. A tentativa de explicar isso aos discípulos pode não ter tido muito sucesso. Quando Pedro declara que ele é o Messias, Jesus não nega, mas acrescenta:

O Filho do Homem tem de passar por grande sofrimento, ser rejeitado pelos anciãos, sumos sacerdotes e escribas, ser morto e no terceiro dia ressuscitar. (Lc 9,22)

Jesus continua sugerindo que esse é o caminho de todos.

Então disse a todos eles: "Se alguém quer se tornar meu seguidor, que renuncie a si mesmo, tome sua cruz e me siga. Pois quem quiser salvar sua vida vai perdê-la, mas quem perder a sua vida por causa de mim vai salvá-la". (Lc 9,29)

Jesus voltará a isso após a ressurreição, quando explica esse mistério aos discípulos que estão a caminho de Emaús (cf. Lc 24,26).

Agora pode ser o momento de parar um pouco e olhar para trás, examinando o caminho que percorremos. Normalmente, as pessoas deste mundo tendem a ser orgulhosas do que são, do que têm e do que fazem. Vangloriam-se, simulam virtudes e exigem o respeito dos outros. Procuram dominar, jogar com todo o seu "peso", por assim dizer. Os líderes judeus agiam assim. Os fariseus baseavam suas pretensões na fiel observância da lei. Eles se colocavam acima de todos. Nesse contexto ver Jesus, que todos consideravam um rabino, um mestre, lavar os pés dos discípulos era um grande exemplo de humildade. Jesus é o oposto dos líderes judeus. Mas a atitude de serviço de Jesus é mais que um simples princípio moral de bom comportamento. A humildade é autoesvaziante. Autoesvaziar-se é autodoação. A autodoação completa pode tomar a forma da morte. Mas essa morte leva à vida — uma vida nova e mais plena. Por meio do serviço, Jesus nos leva aos mistérios mais profundos da vida e da morte. Mas essa dimensão de mistério supõe que a própria morte não precisa ser física. Pode muito bem ser experimentada como um serviço humilde de doação ao outro. Assim fechamos um círculo. O serviço se torna o símbolo da morte e da vida. Dizer que Jesus é um servidor é dizer que ele é o salvador, o doador da vida.

O "Servo Sofredor" de Jeová

Na profecia de Isaías, há um personagem chamado "servo de Jeová" (cf. Is 42,1-7; 49,1-6;50,4-9;52,13;53,12). Ele é também conhecido como "servo sofredor". Acho que o servo sofredor de Jeová e Jesus como servidor jogam luz um no outro. Vale a pena, portanto, meditar sobre a canção do "servo sofredor".

Eis que o meu Servo terá êxito,
    ele será enaltecido, elevado,

        exaltado grandemente.
Assim como muitos ficaram espantados com ele
       — tão terrível era sua aparência, além da imagem humana,
       e suas feições além daquelas dos mortais — ...
Ele era desprezado e rejeitado pelos outros,
       um homem que sofria, familiarizado com a enfermidade;
como alguém diante de quem a gente esconde o rosto
       era desprezado, não lhe dávamos a menor importância...
Mas ele estava ferido por nossas transgressões,
       esmagado por nossas iniquidades;
sobre ele estava o castigo que nos deixou ilesos
       e por suas chagas éramos curados...
O justo, meu servo, distribuirá a justiça
       e tomará sobre si as iniquidades.
Por isso lhe darei um quinhão com o grande,
       e com o forte ele dividirá os despojos;
visto que se despojou a si mesmo até a morte
       e foi contado entre os transgressores;
ele, no entanto, carregou o pecado de muitos
       e intercedeu pelos transgressores. (Is 52,13-14;53,3.5.11-12)

Jesus e o Servo Sofredor

Não precisamos de um grande esforço da imaginação para entender por que essa canção do "servo sofredor" é vista como um presságio da paixão de Jesus Cristo. Aliás, ela é cantada na liturgia da Sexta-Feira Santa. Precisa, contudo, ser interpretada. Uma visão dominante entre pessoas de todas as culturas e religiões encara o sofrimento como uma punição pelo pecado. Os hindus costumavam atribuí-lo a más ações passadas ou presentes, alcançando, se necessário, um nascimento anterior. Na Bíblia, os amigos de Jó tentam convencê-lo que sua enfermidade e infortúnio eram resultado de seus pecados (Jo 4). Quando encontram um homem que nasceu cego, os discípulos de Jesus perguntam: "Rabino, quem pecou, ele ou seus pais, para que nascesse cego?" (Jo 9,3) Já que tanto o "servo sofredor" quanto Jesus Cristo são vistos como inocentes, é então compreensível que estejam "pagando" pelos pecados dos outros. Essa visão de mundo pode ser vista na canção do "servo sofredor", assim como nas muitas interpretações da paixão de Jesus Cristo.

Hoje não nos sentimos à vontade com um Deus punitivo. O próprio Jesus se revelou a nós como um Deus cheio de amor e perdão, cujo modelo era o pai do filho pródigo. Podemos, portanto, pôr de lado essa interpretação do sofrimento do inocente como punição pelo pecado. A pessoa inocente, contudo, sofre. Jesus sofre inclusive a própria morte. Esse sofrimento é imposto a eles pelo "perverso". No caso de Jesus, a defesa dos pobres, dos marginalizados e a crítica do ritual vazio enfurecem os líderes judeus, que procuram acabar com ele. Mas a atitude do inocente a esse sofrimento imposto não é passiva, mas ativa. Ele o tranforma numa oportunidade de autodoação, que é total quando envolve a morte. É uma atitude de despojamento, renúncia. Um antídoto para o orgulho e a autossuficiência do perverso. Por sua entrega, os inocentes puxam também os outros — inclusive seus inimigos — para o processo. Os outros, então, participando da renúncia do inocente, participam da plenitude de vida que Deus lhe dá. É assim que a generosidade da morte dos inocentes se torna frutífera. Eles morrem não apenas por si próprios, mas também pelos outros, isto é, solidários com os outros. Todos os que compartilham a morte deles também compartilharão sua vida. Desse modo, eles são servos de Deus e dos outros. Um exemplo seria uma pessoa lutando por seu país. Ela está pronta para participar de uma missão que certamente a levará à morte. A morte em si lhe é infligida pelo inimigo. Mas o soldado aceita essa morte em defesa de seu país devido ao amor pelas pessoas do país. Embora ele morra, o país é salvo por seu gesto corajoso. Ele e o país estão solidários um com o outro. Ele é um servidor de seu país e de seu povo.

O "servo sofredor" não escolhe sofrer. Mas está pronto para enfrentar o sofrimento quando ele lhe é imposto para defender a si próprio e a seu país. Sofrer então se torna um ato doador de vida, não de punição, mas uma expressão de amor e renúncia. Não traz mérito, como a coisa é às vezes compreendida. A vida não é justificada pelo sofrimento e morte. A vida é sempre um dom de Deus. Deus não recompensa o sofrimento, mas responde generosamente com nova vida a uma doação de vida por meio da morte, embora a morte em si seja imposta por outro. Essa doação de si pode assumir outras formas, como viver para os outros, servindo-os e velando por eles.

A imagem de Jesus como um servidor é, portanto, um rico símbolo que ressoa nos níveis moral, espiritual e mesmo metafísico. Servir aos outros é ser humilde. Ser humilde é acabar esvaziando-se numa total doação de si, o que atrai a dádiva de Deus de uma vida nova e abundante. Esvaziar-se totalmente pode às vezes significar a morte. A morte se torna a fonte de nova vida. Aqui chegamos ao nível metafísico. Morrer é parte do processo necessário da vida. Mas a morte não precisa ser sofrida passivamente. Pode ser assumida e vivida de maneira consciente e ativa. Essa metafísica espiritual pode ser mais bem explorada num diálogo com as tradições religiosas asiáticas.

Esvaziamento e Desprendimento

A razão pela qual o monge budista do Sri Lanka preferiu representar Cristo lavando os pés dos discípulos é provavelmente o desprendimento que Jesus mostra em seu gesto. Jesus está se esvaziando para se colocar a serviço dos outros. Atingir esse desprendimento é o objetivo da *sadhana* budista ou prática religiosa. Meditando sobre sua experiência de sofrimento, Buda intui que o desejo ou apego é a razão do sofrimento. Na raiz do apego está o ego, que adere a vários objetos do seu desejo. Buda sugere que o próprio ego e os objetos a que ele adere são todos impermanentes, cambiantes, sem uma substância fixa. Budistas modernos, como Bhikku Buddhadasa da Tailândia e Thich Nhat Hanh do Vietnã sugerem que a realidade que está se movendo e se alterando não é um "nada", mas uma interdependência. Nenhum elemento de realidade é absoluto e autossuficiente. Cada coisa é dependente de todas as outras. A realidade é como uma rede que tem muitos nós. Um nó não possui significado em si mesmo. Cada nó é dependente dos outros nós na constituição da rede. Se puxo um nó, todos os outros nós são imediatamente afetados. Pois qualquer nó isolado, ao se ver como absoluto e tentar subordinar e usar outros nós para seus objetivos próprios, destrói a rede. É sendo dependente que um nó alcança seu objetivo. O egoísmo é um nó procurando permanecer sozinho, fazendo de si mesmo o centro da realidade. O não egoísmo é a situação em que um nó percebe sua dependência, aceita-a e colabora com todos os outros nós. O não egoísmo é uma experiência de autoesvaziamento e solidariedade. Jesus lavando os pés dos discípulos é visto como uma pessoa nada egocêntrica. É um homem que vive para os outros. Encontra o sentido da vida em servir aos outros, não em ser servido. Podemos não aceitar a construção metafísica budista da realidade. Mas o ideal de superação do ego, de autoesvaziamento e renúncia, de amar e servir os outros, de se dar até a própria morte faz parte da prática e do ensino de Jesus. Chamar Jesus de servo é afirmar que ele é generoso e desprendido do ego. Libertar-se dos apegos, incluindo o apego ao próprio ego, pode ser parte da *sadhana* cristã. A lavagem mútua dos pés pode ser sua experiência e sua expressão ideais.

Esvaziamento e *Advaita*

A perspectiva indiana da *advaita* ou não dualidade também pode jogar luz sobre o autoesvaziamento. A *advaita* afirma que a realidade é uma, não duas. Há uma realidade absoluta. As outras realidades são dependentes dela. Não são totalmente diferentes dela nem opostas a ela. Diferentes escolas discutem o quanto as outras realidades são "reais". Mas seja qual for seu nível de realidade, são dependentes do Absoluto único. Os problemas começam quando uma realidade relativa se imagina como absoluta e tenta se transformar no centro do universo, exigindo que tudo fique a seu serviço. Como não corresponde à realidade, essa exigência está fadada a conduzir à desordem e ao sofrimento. A libertação de tal desordem e sofrimento vem quando o real relativo ou dependente se torna consciente de sua dependência, aceita-a e a vive. O objetivo da *sadhana advaítica* é alcançar essa percepção. Isso envolve um esvaziamento de si, um abandono da autossuficiência e o reconhecimento de uma dependência total do Absoluto. No nível espiritual, significa total desprendimento do ego, para que o ego se perca no Absoluto e o Absoluto viva e aja no ego. Compreender tal identidade com o Absoluto é também tornar-se consciente de que todas as realidades ou seres formam uma unidade com o Absoluto. A pessoa, portanto, está relacionada a tudo no Absoluto e por meio dele. A pessoa vê então o Absoluto em tudo e tudo no Absoluto. O *Isa Upanishad* diz:

> Contemple o universo na glória de Deus;
> e tudo que vive e se move sobre a terra.
> Deixando o efêmero, encontre alegria no Eterno.
> Quem vê todos os seres no Eu
> e o Eu em todos os seres
> perde todo medo.

Mahatma Gandhi usou essas palavras para sintetizar sua própria espiritualidade. Esvaziar-se e ser um com o Absoluto pode então significar que a pessoa está à disposição dos outros, em quem percebe o Absoluto. Quando a pessoa se esvazia está cheia do Absoluto e nele e por meio dele cheia de tudo. Todos os conflitos nascidos do egoísmo desaparecem. Reinam a paz e a harmonia. Esse ideal de ver o Absoluto em tudo e tudo no Absoluto é muito semelhante ao empenho de encontrar Deus em todas as coisas e todas as coisas em Deus sugerido por Inácio de Loyola.

Não falando de Deus, os budistas falam apenas do vazio. Contemplando o Absoluto, os hindus falam da plenitude que todos nós, vazios como estamos, recebemos. A plenitude se esvazia em nós. O *Mundaka Upanishad* nos dá uma visão dessa plenitude, com a palavra *Brahman* denotando o Absoluto.

> Na suprema câmara dourada está Brahman indivisível e puro. Ele é a radiante luz de todas as luzes e disso sabe aquele que conhece Brahman. Lá o Sol não brilha, nem a Lua, nem as estrelas; o brilho dos relâmpagos não está lá e muito menos o fogo terrestre. É de sua luz que todos estes proporcionam luz; sua radiância ilumina toda a criação.

O vazio se torna plenitude e a plenitude se esvazia. São dois polos de uma dialética, como o *yin* e o *yang* da tradição chinesa. Em termos pessoais, será um mistério de contínua, mútua, completa autodoação. O misterioso processo começa com Deus.

Esvaziamento Cristão

Jesus, é claro, não é budista nem hindu. Hinduísmo, budismo e cristianismo podem diferir em suas elaborações metafísicas, mas no nível da *sadhana* parecem convergir. O objetivo da vida é nos tornarmos altruístas e ficarmos às ordens dos outros. O próprio Jesus é um modelo dessa *sadhana*. Ele fala de amor altruísta, de serviço e de partilha com os outros. Após dizer aos discípulos: "Amai-vos uns aos outros como eu vos amei", acrescenta: "Ninguém tem maior amor do que aquele que dá a vida por seus amigos" (Jo 15,12-13). Estando a um dia de sua própria morte, ele explica o sentido mais profundo dessa morte.

Comentamos antes como Paulo vê Jesus Cristo, que é na forma de Deus, esvaziar-se para se tornar um servidor humano (cf. Fl 2,6-8). Aqui temos Deus esvaziando a Si Próprio para se tornar humano. Os cristãos com inclinações metafísicas podem levar essa reflexão mais longe e ver o esvaziamento como uma característica de Deus. Acreditamos que Deus é Pai, Filho e Espírito Santo. A comunhão dos três num Deus único pode ser vista como um ato constante de mútua doação. O Pai se esvazia no Filho e no Espírito. Agora é por meio do Filho e do Espírito que encontramos o Pai. Não experimentamos de maneira alguma o Pai em si mesmo. O Filho se esvazia no Pai e no Espírito. O Filho se vai para enviar o Espírito: "É de vosso interesse que eu parta, pois se eu não partir, o Paráclito não virá a vós; mas se eu partir, eu vo-lo enviarei" (Jo 16,7).

O Filho também se esvazia no Pai. O próprio Jesus diz: "O Filho não pode fazer nada por si mesmo, mas somente o que vê o Pai fazer" (Jo 5,19). Paulo diz: "Quando todas as coisas lhe houverem sido submetidas, o próprio filho será então submetido Àquele que tudo lhe submeteu, para que Deus seja tudo em todos" (1Cor 15,28). O esvaziamento do Filho é precedido pelo esvaziamento de todas as coisas no Filho. O Espírito se esvazia no Pai e no Filho. Jesus diz: "Quando vier o Espírito da verdade, ele vos conduzirá à verdade plena, pois ele não falará por si mesmo, mas dirá tudo que ouvir" (Jo 16,13). A Trindade, portanto, é uma comunhão de esvaziamento mútuo. Jesus como servidor não é apenas um modelo do modo como nos esvaziamos ao servirmos uns aos outros. É também um símbolo do esvaziamento trinitário. Jesus também fala desse esvaziamento mútuo como um mútuo habitar e a isso associa todos nós quando ora: "Como tu, Pai, estás em mim e eu estou em ti, possam eles também estar em nós" (Jo 17,21).

Jesus como Servidor

Ser um servidor à maneira de Jesus pode nos levar ao misticismo *advaítico* e trinitário. Mas não esqueçamos que tudo começa em ser um servidor. No início deste capítulo, começamos contemplando Jesus lavando os pés de seus discípulos. Esse exemplo de Jesus nos choca porque associamos tal ação a servos. Mas o serviço de Jesus assume várias formas no decorrer de sua vida. Logo após o batismo, Jesus é tentado a usar os poderes que lhe foram dados por Deus para sua própria conveniência e glorificação. Jesus resiste à tentação e resolve só usar seu poder para ajudar as pessoas. Não recorrerá a um milagre para se alimentar (Mt 4,3-4), mas alimentará mais de cinco mil pessoas no deserto (Mt 14,13-21). Cura todos os que procuram sua ajuda. Sai de seu caminho para dialogar com pessoas como a mulher samaritana e a mulher cananeia. Defende a mulher pecadora que lava seus pés com suas lágrimas e os enxuga com os cabelos. Protege a mulher que é surpreendida em adultério. Visita a casa de Zaqueu e Mateus, embora as pessoas soubessem que eles eram coletores de impostos e os desprezassem. Não espera que as pessoas o procurem. Vai até onde elas estão, até as praias, as sinagogas, o mercado e o templo. Escolhe um grupo de simples pescadores e os instrui, transformando-os em seus apóstolos. Conta histórias simples e parábolas para dizer o que quer. Não hesita em deixar casa e família para viver da hospitalidade das pessoas. Não pretende ser um líder político nem um grande estudioso das escrituras. Está a serviço do povo. Ele os desafia, mas jamais os domina.

Cristãos como Servidores

Os cristãos são chamados a ser uma comunidade de servidores, amando-se uns aos outros e servindo-se entre si. Mas hoje a comunidade cristã está estruturada com base no padrão dos grupos políticos dos antigos romanos. Hierarquia e poder parecem mais importantes para essa comunidade do que o serviço. Mesmo quando falamos de comunhão, ela é qualificada como comunhão hierárquica. Faz-se muito esforço para preservar as distinções entre os sacerdotes e os homens e mulheres do povo. Vestimentas especiais, títulos e cerimônias mantêm as pessoas no poder separadas das outras. A obediência, antes que o serviço, é vista como o princípio de unidade na comunidade. A dominação hierárquica é justificada em nome de Deus. Portanto é inquestionável, absoluta. É basicamente uma ordem política em que se fala de poder, jurisdição, obediência e sanções. O papa, durante alguns séculos, reivindicava poder absoluto, tanto sagrado quanto secular, sobre o mundo. Uma comunidade concentrada no serviço se apoiará mais no diálogo, na discussão, na consulta, na colaboração e na coordenação que na autoridade e obediência. O discernimento surgirá da atenção mútua ao Espírito de Deus, que está presente e atuante em todos. A colegialidade não será apenas uma estrutura formal, mas uma verdadeira partilha de responsabilidades. Todas as pessoas serão iguais perante Deus. A igualdade de condição, contudo, não exclui a diferenciação de papéis e responsabilidades. Mas ela não dará títulos de status superior ou poder dominante.

Os cristãos também são chamados para serem servidores no mundo. Infelizmente, até o Concílio Vaticano II, os cristãos tentavam dominar o mundo na esfera da religião. Alegávamos ter a única religião verdadeira. Encarávamos todas as outras como imperfeitas e inadequadas. Alguns ainda fazem isso. Hoje, no entanto, reconhecemos nelas elementos positivos e sagrados. Tentamos cultivar uma atmosfera de diálogo com o mundo, com culturas e religiões, com outras igrejas e comunidades eclesiais. Mesmo assim não acho que já estejamos prontos para nos considerarmos servidores dos outros. Acho que uma atitude de serviço ficará mais fácil se nosso foco não estiver voltado para nós mesmos, mas para Deus e o reino de Deus. É habitual falar da igreja como o sacramento do reino de Deus. O termo "sacramento" será interpretado como "sinal e instrumento". Já que o reino de Deus e a igreja são realidades humanas e sociais, seria melhor falar hoje da igreja como "símbolo e servidora". A igreja então é o símbolo e a servidora do reino de Deus. Sua identidade é a de uma serva. A natureza desse serviço ficará clara se compreendermos que o Espírito de Deus continua ativo no mundo, nas pessoas, e em suas culturas e religiões. Nosso desejo de servir nos impele a dialogar com todas as pessoas de boa vontade. A razão para o diálogo é nosso respeito pela liberdade e pela dignidade de todos os seres humanos — independentemente de casta, cor da pele, raça ou religião — bem como pela liberdade do Espírito de Deus, que está presente e ativo neles. O caráter de nosso diálogo será muito diferente, conforme nos coloquemos no banco de motorista do carro da história ou deixemos o Espírito de Deus ser o condutor. A chave para uma atitude de serviço é a percepção de que não somos nada e que Deus é tudo em nós. Em vez disso, no entanto, tendemos a nos sentir importantes como representantes de Deus, herdeiros de sua autoridade e poder.

Conclusão

A humildade e uma atitude de serviço não são meramente qualidades morais. Não são uma estratégia ou um modo de comportamento. A humildade é a verdade. Jesus teve de se esvaziar ao se tornar humano. Pelo contrário, nós *somos* vazios. Não somos nada. Mas com as dádivas que recebemos de Deus fingimos ser importantes e poderosos. Uma sensação de vazio não nos ocorre naturalmente. É por isso que o objetivo da *sadhana* é nos tornar conscientes do que realmente somos. Ao nos tornarmos conscientes de nossa total dependência de Deus, também percebemos nossos laços e nossa dependência de tudo e de todos. O serviço mútuo se torna então nosso modo de estar no mundo. Um líder muçulmano indo-paquistanês do século passado, Mawlana Sayyid Abul A'la Mawdudi (1903-1979), costumava falar de *teodemocracia*. Deus é o único Senhor. Todos somos criaturas de Deus. Somos iguais perante Deus. A ordem política apropriada para um grupo de iguais é a democracia. Mas como todos nós estamos procurando fazer a vontade de Deus, será uma democracia que estará sujeita a Deus: uma *teodemocracia*. Qualquer pessoa que tenha autoridade num tal grupo está apenas cumprindo um papel e deve responder perante Deus e perante o povo. A democracia contemporânea é definida como governo do povo, pelo povo, para o povo. Ela se apoia no equilíbrio dos interesses individuais. É secular no sentido de existir sem Deus. A comunidade é governada pela maioria por conveniência. A competição leva à desigualdade econômica, política e social, embora um arcabouço de igualdade política formal, expressa pelo "voto", seja mantido. Um conflito de interesses está embutido numa tal estrutura. Nesse contexto, vale a pena refletir sobre o ideal da *teodemocracia*, desde que Deus é o Deus de todos, não meramente de uma determinada religião. Dado o tipo de conflitos sociais que temos hoje no mundo, a *teodemocracia* pode ser apenas um ideal. Mas é um ideal que vale a pena buscar. Talvez a igreja e as congregações religiosas possam começar a praticá-la como modelo a ser seguido por grupos políticos. Seria a realidade da autêntica comunhão.

9
Jesus, o Compassivo

Quando damos uma olhada na vida de Jesus nos Evangelhos, uma imagem que nos chega com insistência é a de Jesus, o cheio de compaixão. As pessoas, especialmente os pobres, os que sofrem e os marginalizados se aglomeram em volta dele. Ele cura suas enfermidades, expulsa os espíritos maus que os afligem, livra-os da carga dos pecados e dá-lhes sua dignidade como seres humanos e filhos de Deus. Ele é o que cura, o que reconcilia, o salvador. Sofre com os que sofrem para libertá-los de seus sofrimentos. É o que significa a palavra "compassivo": sofrer com.

O termo "compassivo", na Ásia, evoca a figura do Buda. Buda alcança a libertação do sofrimento pela contemplação da natureza impermanente de todas as coisas. Uma vez libertado, ele não se satisfaz em desfrutar o estado de liberdade e paz. Vê à sua volta os que ainda estão sofrendo e lutando no mundo. Comunica a eles a boa-nova de sua própria libertação e os guia para a libertação deles. Compaixão — *maitri, karuna* — é uma das principais virtudes budistas. Na tradição budista, o bodhisattva é o modelo de uma pessoa compassiva. Tendo alcançado a libertação pessoal, ele adia o desfrute pessoal disso para poder ajudar todos a se libertarem, percebendo que não há libertação completa até cada um/cada coisa estarem libertados, já que a realidade está toda interconectada. Vimos acima, no Capítulo 2, que os budistas da Ásia consideram Jesus um bodhisattva.

Ao chamar Jesus de compassivo, não tenho a intenção de compará-lo a Buda ou de transformá-lo num bodhisattva. Não estou dizendo que Jesus seja um bodhisattva ou um Buda. "Compassivo" é uma imagem que tem ressonância na Ásia graças à tradição budista. Asiáticos que ouvem a história de Jesus vão apreendê-lo como uma pessoa compassiva. De que modo ele é compassivo, porém, é algo a ser descoberto, não comparando-o ao Buda, mas examinando suas próprias palavras e ações compassivas. O termo "compaixão" adquire uma conotação específica quando pensamos em Jesus. Ele é compassivo como nenhum outro. Nas páginas seguintes, vamos passar os olhos nas muitas maneiras pelas quais Jesus manifesta compaixão com relação às pessoas. Vamos descobrir que sua compaixão assume um significado especial quando ele morre e ressurge de novo para uma nova vida. O Buda não quis falar sobre Deus ou sobre a vida após a morte. Não os negou, mas nada disse sobre isso. A compaixão de Jesus opera ao redor do dom de Deus de uma vida abundante, que ele não apenas promete, mas compartilha com as pessoas. Ao compartilhar dos sofrimentos delas, ele as habilita a responder ao dom da vida de Deus de uma maneira criativa.

Um Homem de Compaixão

Somos informados muitas vezes nos Evangelhos que multidões de pessoas se reúnem em volta de Jesus. Mateus resume o ministério de Jesus no início de seu Evangelho.

> Jesus percorreu toda a Galileia ensinando em suas sinagogas, proclamando a boa-nova do reino e curando toda doença e enfermidade entre o povo. Sua fama espalhou-se por toda a Síria e trouxeram-lhe todos os doentes, todos os que padeciam de vários tipos de males e dores: endemoninhados, epiléticos e paralíticos, e ele os curou. E grandes multidões o seguiam... (Mt 4,23-25)

Essas multidões evocam a compaixão de Jesus. Em outra história, vemos uma dramática expressão disso. Jesus havia mandado os discípulos proclamarem as boas-novas do reino. Eles voltaram se regozijando pelo seu êxito. Jesus leva-os a um lugar deserto para um merecido repouso. Mas as pessoas descobrem para onde estão indo e chegam lá antes deles. Assim Marcos relata:

> Ao desembarcar, Jesus viu uma grande multidão e foi tomado de compaixão por eles, porque eram como ovelhas sem pastor; e começou a ensinar-lhes muitas coisas. (Mc 6,34)

Jesus não para de ensinar. Vendo que está tarde, quer garantir que tenham algo para comer e acaba alimentando miraculosamente cinco mil homens, sem contar mulheres e crianças. Mateus, numa de suas sínteses, refere-se nitidamente à implicação dessa compaixão citando Isaías:

> Ao anoitecer, trouxeram-lhe muitos que estavam possuídos por demônios. Ele expulsou os espíritos pela palavra e curou todos os doentes para que se cumprisse

o que fora dito pelo profeta Isaías: "Levou nossas enfermidades, carregou as nossas doenças". (Mt 8,16-17)

A referência é obviamente à paixão de Jesus, que é apresentada como um ato de compaixão e solidariedade.

O que ele faz com as multidões corresponde à sua própria consciência do que Deus o chamou a fazer. Na sinagoga de Nazaré, onde cresceu, ele cita em tom de aprovação o texto de Isaías, aplicando-o a si próprio:

O espírito do Senhor está sobre mim,
    porque ele me ungiu para evangelizar os pobres.
Enviou-me para proclamar o livramento aos cativos
    e aos cegos a recuperação da vista,
    para restituir a liberdade aos oprimidos,
    para proclamar o ano da graça do Senhor. (Lc 4,18-19)

Jesus apresenta a mesma imagem de si quando João Batista manda seus discípulos lhe perguntarem: "És tu aquele que vem?" Lucas relata: "Jesus tinha acabado de curar muitas pessoas de doenças, pragas e espíritos malignos, e tinha restituído a vista a muitos cegos". Então entra Jesus, respondendo aos discípulos de João: "Ide relatar a João o que tendes visto e ouvido: os cegos recuperam a vista, os coxos andam, os leprosos são purificados, os surdos ouvem, os mortos ressuscitam, a boa-nova é anunciada aos pobres" (Lc 7,21-22).

Jesus, o que Cura

Para um observador superficial de sua vida, Jesus apareceria como um curandeiro. Ele cura os doentes, devolve a visão aos cegos, faz o coxo andar, purifica o leproso, faz o mudo falar, chega mesmo a ressuscitar os mortos. Cada página do Evangelho nos dá exemplos dessas curas e não é preciso fazer referências detalhadas a tais histórias. O importante é compreender as muitas dimensões das curas. Antes de mais nada, elas parecem com frequência de natureza psicossomática. A doença é associada à possessão por espíritos malignos. Mateus relata: "Um endemoninhado foi levado até ele. E quando o demônio foi posto para fora, o homem, que era mudo, falou" (Mt 9,32-33). Outro endemoninhado é curado da cegueira. Da mesma maneira, Jesus cura um menino epilético expulsando um demônio dele (Mt 17,14-18).

A doença é também associada ao pecado e à cura ao perdão. As pessoas levam um paralítico a Jesus. Ele diz ao homem doente: "Confia, meu filho; teus pecados estão perdoados". E continua dizendo: "Levanta-te, pega tua padiola e vai para casa". É o que faz o homem (Mt 9,2-8). Jesus cura outro homem que há 38 anos esperava ser curado perto da piscina de Betesda, em Jerusalém. Jesus o cura num dia de sábado. Os judeus protestam porque ele o cura no sábado. Quando Jesus torna a encontrá-lo, diz a ele: "Estás bem de saúde. Não peques mais para que não te aconteça coisa ainda pior" (Jo 5,14).

Às vezes a cura pode não ser meramente física, mas também psicológica e espiritual. Quando os pecados de alguém são perdoados, ele experimenta uma sensação de liberdade. Jesus está à mesa na casa de um fariseu. Uma mulher pecadora se aproxima dele, chorando, banha seus pés de lágrimas e os enxuga com os cabelos, beija-os e unta-os com um unguento. Jesus compara seu gesto com a pobre acolhida do fariseu, que não lhe dera água para lavar os pés, nem o beijara, nem lhe oferecera óleo para a cabeça. Depois ele diz à mulher: "Teus pecados estão perdoados" (Lc 7,36-50), reconhecendo e valorizando o grande amor que ela tem. Essa valorização deve ter reforçado sua dignidade e amor próprio, libertando-a do clima opressivo da atitude das pessoas à sua volta. Talvez elas não tenham alterado sua atitude, mas a mulher se sentiu suficientemente livre para não se preocupar mais com as opiniões dessas pessoas. Sente-se autorizada a amar e a servir aos outros. Em outra ocasião, os judeus levam até ele uma mulher apanhada em adultério para que seja apedrejada de acordo com a lei. Jesus olha para ela e depois para eles. Fala calmamente: "Quem dentre vós não tem pecado que atire a primeira pedra". A multidão se dissolve. Jesus diz à mulher: "Vai e daqui para a frente não peques mais" (Jo 8,1-11). A mulher deve ter se sentido liberta, encorajada e autorizada a ajudar outras mulheres vítimas da sociedade como ela.

A cura também pode ser social. Os judeus condenam ao ostracismo aqueles que consideram pecadores, como os coletores de impostos e as prostitutas. Jesus, ao contrário, parece procurar a companhia deles. Tem compaixão por eles. Quer curar suas feridas e restaurar sua dignidade humana. Mateus, o coletor de impostos, é convidado por Jesus a se tornar seu discípulo. Mateus dá um jantar em sua casa. Jesus participa do jantar. Os fariseus fazem objeção a esse gesto. Jesus lhes diz: "Não são os que têm saúde que precisam de médico, mas os doentes. Ide e aprendei o que significa dizer: 'Quero misericórdia, não sacrifício'. Pois não vim chamar os justos, mas os pecadores" (Mt 9,9-13). Mesmo quando está mostrando sua solidariedade com os socialmente marginalizados, Jesus usa a metáfora da cura. Tal expressão de solidariedade com eles pode levar a uma verdadeira transformação. Vemos um exemplo disso quando Jesus visita a casa de Zaqueu, um coletor de impostos. Zaqueu tinha feito um esforço extra subindo numa árvore para ver Jesus. Contudo, a visita de Jesus à sua casa deve ter sido uma surpresa. Ele fora reconhecido como uma pessoa digna e um anfitrião. A reação parece imediata. Zaqueu declara: "Pois bem, Senhor, vou dar metade dos meus bens aos pobres e, se pilhei alguém de alguma coisa, vou reembolsá-lo do quádruplo". É significativo que Jesus chame essa mudança de modo de pensar de salvação. Ele declara: "Hoje veio a salvação a esta casa, porque também ele é filho de Abraão. Pois o Filho do Homem veio procurar e salvar o que estava perdido" (Lc 19,1-10). A salvação, então, é transformação e habilitação para ser mais justo e afetuoso.

Outra dimensão social da cura é vista quando o perdão e o amor que Deus nos oferece chega a outros por nosso intermédio. O que é resumido na oração que Jesus ensina aos discípulos: "E perdoai as nossas dívidas, assim como nós perdoamos aos nossos devedores" (Mt 6,12). Jesus ilustra isso com a parábola em que fala de um homem rico que perdoa as dívidas de seus servos enquanto um dos servos se recusa a perdoar seus próprios devedores. Todos veem a injustiça de um tal ato. O servo é chamado à ordem pelo patrão (Mt 18,23-35). Jesus desenvolve o princípio do perdão e da reconciliação quando diz:

> Se estiveres fazendo uma oferenda no altar e lembrares que teu irmão ou irmã tem alguma queixa contra ti, deixa a oferenda diante do altar e vai primeiro te reconciliar com teu irmão ou irmã; depois volta e oferece a tua dádiva. (Mt 5,23-24)

Jesus leva mais longe o ensinamento quando diz:

> Amai os vossos inimigos e orai pelos que vos perseguem. Deste modo vos tornareis filhos do vosso Pai que está nos céus, porque ele faz nascer o sol sobre maus e bons e faz cair a chuva sobre justos e injustos... Portanto, sede perfeitos como o vosso Pai celeste é perfeito. (Mt 5,44-45.48)

Lucas tem um modo diferente de dar expressão à última sentença: "Sede misericordiosos como o vosso Pai é misericordioso" (Lc 6,36). Na Ásia podemos dar ainda outra expressão à frase: "Sede compassivos como o vosso Pai é compassivo". No Evangelho de João, Jesus se apresenta como modelo de amor. Diz aos discípulos: "Amai-vos uns aos outros como eu vos amei" (Jo 15,12). Ele ilustra melhor o que esse amor envolve. "Ninguém tem maior amor do que aquele que dá a vida por seus amigos" (Jo 15,13). Finalmente, Jesus sugere a comunhão entre ele e seu Pai como modelo da comunhão entre nós e entre nós e Deus. "Que todos sejam um. Como tu, Pai, estás em mim e eu em ti, possam eles também estar em nós" (Jo 17,21). Essa comunhão no amor é a perfeição da salvação.

Observando esses diferentes acontecimentos de cura, vemos emergir uma imagem de salvação. As pessoas são libertadas de vários tipos de opressões, sejam físicas, psicológicas, sociais ou espirituais. São reconhecidas e afirmadas como pessoas. São reconciliadas entre si e com Deus. Amor e justiça caracterizam suas vidas daí em diante. Há uma comunhão de amor e vida da qual Deus se torna o centro. Isso é salvação.

Cura e Fé

Observando os vários eventos de cura na vida de Jesus, encontramos um laço íntimo entre cura e fé. Jesus cura o servo de um centurião por uma simples palavra de comando. Mas atribui a cura à fé do centurião, que sugere que Jesus não precisaria se dar ao trabalho de ir até a casa dele, porque uma palavra de comando bastaria. Jesus diz: "Vai, que seja feito conforme a tua fé" (Mt 8,5-13). Em outro momento, ele é pressionado por uma multidão quando está indo à casa de Jairo, cuja filha está morrendo. Na multidão ansiosa há uma mulher que espera ser curada de suas hemorragias tocando seu manto. Ela assim o faz e é curada. Mas isso não passa despercebido a Jesus, que sente a força que emana para ela. Jesus a olha com compaixão e diz: "Confiança, minha filha. A tua fé te salvou" (Mt 9,20-22). Cura dois cegos que lhe tinham dito que ele, se quisesse, poderia curá-los da cegueira. Ele os cura tocando seus olhos e dizendo: "Que seja feito conforme a vossa fé" (Mt 9,27-29). Uma mulher cananeia pede-lhe que liberte a filha de um demônio. Jesus hesita, diz que foi enviado para trabalhar apenas entre os judeus e despacha-a dizendo: "Não fica bem tirar o pão dos filhos e atirá-lo aos cachorros". Ela o desafia: "É verdade, Senhor, mas até os cachorros comem as migalhas que caem da mesa dos seus donos". Jesus então cede e lhe responde: "Mulher, grande é a tua fé! Que seja feito conforme a tua vontade" (Mt 15,21-28). Quando os discípulos se mostram incapazes de curar um menino epilético possuído por um demônio, ele os censura pela falta de fé. Em seguida passa a louvar os méritos da verdadeira fé. "Se um dia tiverdes fé do tamanho de um grão de mostarda, direis a esta montanha: 'Passa daqui para lá' e ela passará. Nada vos será impossível" (Mt 17,20-21). Antes de ressuscitar Lázaro, irmão de Marta e Maria, dos mortos, exige uma afirmação de fé de Marta: "Sou a ressurreição e a vida. Aquele que crê em mim, mesmo que morra, viverá, e todo aquele que vive e crê em mim não morrerá jamais. Acreditas nisto?" Marta declara: "Sim, Senhor, creio que tu és o Messias, o Filho de Deus, que havia de vir ao mundo" (Jo 11,25-27). Então Jesus faz Lázaro se levantar de entre os mortos. O melhor exemplo de fé é Maria, a mãe de Jesus. Não há mais vinho no banquete de casamento em Caná. Maria pede que Jesus faça alguma coisa. Jesus parece hesitante e diz: "Minha hora ainda não chegou". Mas a fé de Maria não hesita. Ela diz aos criados: "Fazei o que ele vos disser". Os criados enchem os jarros com água, como ordena Jesus, e a água se transforma em vinho (Jo 2,1-10). Em todos esses casos a fé parece provocar milagres. Jesus atribui as curas não ao seu poder, mas à fé das pessoas.

Pelo contrário, onde não há fé, não há cura. Jesus vai para Nazaré. "E ali não deu muitas demonstrações de poder, porque eles não tinham fé" (Mt 13,58). Ao ver Jesus se aproximar do barco caminhando sobre as águas, Pedro pede que o deixe ir até ele também andando nas águas. Jesus diz: "Sim" e Pedro pula na água. Mas então, ameaçado pelas ondas, fica com medo e começa a mergulhar. Jesus o repreende: "Homem de pouca fé, por que duvidaste?" (Mt 14,31). Similarmente, quando os discípulos perguntam a Jesus por que não conseguiam tirar o demônio de um menino epilético que lhes fora trazido, Jesus responde francamente: "Por causa de vossa pouca fé" (Mt 17,20). Em todos esses casos de cura ou de sua ausência, vemos uma dialética entre o poder de cura de Jesus e o poder da fé das pessoas que recebem a cura. O poder e a disposição de Jesus para curar parecem estar sempre presentes. Mas esse poder é desencadeado, por assim dizer, pela fé daqueles que estão pedindo ou estão envolvidos na cura. Sem a fé, a cura não vai acontecer.

Cura e Salvação

Jesus não se pôs a curar todo doente ou pessoa possuída na Palestina. Seus milagres de cura são apenas símbolos de sua missão de salvação. Tornam simbolicamente presente a ação salvadora de Deus em Jesus, que é vista como uma ação libertadora deixando as pessoas inteiras em todos os sentidos. A própria salvação é vista como vida. Meditando sobre a Palavra, diz João: "No princípio era o Verbo, e o Verbo estava com Deus, e o Verbo era Deus. Ele estava no princípio com Deus. Todas as coisas foram feitas por ele, e sem ele nada do que foi feito se fez. Nele estava a vida e a vida era a luz dos homens" (Jo 1,1-4). Esse verbo que está na origem de toda vida torna-se carne em Jesus. João então continua dizendo: "E todos nós recebemos também da sua plenitude, e graça por graça" (Jo 1,16). A dádiva de Deus para o mundo em Jesus é a vida. O próprio Jesus diz a Nicodemos: "Deus amou tanto o mundo que lhe deu seu Filho único, para que todo homem que nele crê não pereça, mas tenha a vida eterna"

(Jo 3,17). Pelo seu ensino, Jesus indica que essa plenitude de vida que Deus nos dá é a vida compartilhada numa comunidade mediante o perdão, o amor e o serviço mútuos. Viver em tal comunhão é salvação. Isso pode acontecer já nesta vida e continuará para sempre.

O dom da vida dado por Deus é incondicionado. Está sempre disponível para nós. O símbolo disso é o pai na história do filho pródigo, que está esperando a volta do filho genioso, pronto a tudo lhe perdoar incondicionalmente (Lc 15,11-24). O filho, é claro, tem de voltar, mas não merece o perdão de seu pai e a reintegração na família. O dom de Deus não é de modo algum merecido por nossas boas ações. Mas ao mesmo tempo Deus nos criou à Sua imagem como pessoas livres. Temos de aceitar o dom de Deus. Temos de dizer "sim". Ao fazê-lo, reconhecemos nossa própria impotência e nossa total dependência de Deus. Nossa incapacidade de estarmos abertos e vazios de modo a sermos preenchidos por Deus é o problema. A falha que Jesus encontra nos fariseus é precisamente essa. Eles são muito autossuficientes. Acham que podem merecer a vida de Deus por sua fiel observância da lei: as prescrições com relação ao sábado, as regras de pureza e impureza, a agenda de preces e jejuns. Jesus continua dizendo a eles que não é seu esforço para adquirir a vida eterna que se exige, mas a humildade e desprendimento que aceitam a dádiva de Deus. Diz aos discípulos: "Se não mudardes e não vos tornardes como as crianças, jamais entrareis no reino dos céus. Aquele que se faz humilde como esta criança é o maior no reino dos céus" (Mt 18,3-4). Recebemos a mesma mensagem quando Jesus ora ao Pai: "Eu te louvo, ó Pai, Senhor do céu e da terra, porque ocultaste estas coisas aos sábios e doutores e as revelaste aos pequeninos; sim, ó Pai, porque assim foi do teu agrado" (Mt 11,25-26). Mais uma vez, Maria nos dá um exemplo dessa receptividade e dependência. Quando o anjo Gabriel está lhe falando, ela simplesmente declara: "Aqui estou eu, a serva do Senhor; faça-se em mim segundo a tua palavra" (Lc 1,38). O Espírito Santo, então, a ofusca e Jesus é concebido em seu útero. Maria nada faz a não ser dizer "sim". Em sua canção de louvor e agradecimento — o *Magnificat* — nós ouvimos:

> Minha alma engrandece o Senhor
>   e o meu espírito exulta em Deus, meu salvador,
> porque ele olhou com benevolência para a humilhação de sua serva...
> Ele derrubou os poderosos de seus tronos
>   e exaltou os humildes;
> Encheu o faminto de coisas boas
>   e despachou o rico de mãos vazias. (Lc 1,47-48.52-53)

Jesus também ilustra essa atitude com uma parábola.

Dois homens subiram ao templo para orar; um era fariseu e o outro coletor de impostos. O fariseu, parado num canto, rezava assim: "Ó Deus, eu te dou graças porque não sou como o resto dos homens, que são ladrões, malandros, adúlteros, e também não sou como este publicano. Jejuo duas vezes por semana, pago o dízimo de todos os meus rendimentos". O coletor de impostos, mantendo-se à distância, não ousava sequer levantar os olhos para o céu, mas batia no peito dizendo: "Deus, tem piedade de mim, pecador!" Eu vos digo que este último, e não o outro, voltou para casa justificado. Pois todo aquele que se exalta será humilhado e todo aquele que se humilha será exaltado. (Lc 18,10-14)

Isso não é uma lição moral de humildade. Trata dos requisitos necessários para a justificação ou salvação. O fariseu procurou salvar-se por seu bom comportamento, jejuns e donativos — mas não conseguiu. O coletor de impostos confessa sua situação irremediável, mas implora a clemência de Deus — e é salvo.

Os obstáculos à salvação, portanto, não são os muitos pecados que podemos cometer por causa de nossa fraqueza, de que mais tarde nos arrependemos. O verdadeiro obstáculo é o egoísmo, a autossuficiência e o orgulho. Quando procuramos conquistar ativamente a salvação, nós a perdemos. Quando aceitamos humildemente a salvação como um dom de Deus, nós a recebemos em abundância. Esse é o sentido por trás do paradoxo: "Aqueles que querem salvar sua vida vão perdê-la, mas aqueles que perdem sua vida por causa de mim vão salvá-la" (Mt 16,25). A medida da abundância do dom de vida de Deus não são os nossos méritos, mas a generosidade de Deus. O elemento crucial no processo de salvação é nossa disponibilidade para aceitá-lo como uma dádiva de Deus, já que a dádiva de Deus está sempre presente. Certos do amor ilimitado de Deus, estamos prontos para nos abandonar a Ele. Deus então nos salva. Essa autoentrega cheia de desprendimento é a "fé" que Jesus espera quando cura alguém. O evangelho fala de pobreza, humildade, fé. Na Ásia, falaríamos antes do desprendimento, da renúncia, do agir sem apego. Não se trata de renunciar a coisas, mas de abrir mão do ego, se bem que renunciar a coisas pode ser um sinal de nosso desejo de renunciar a nós mesmos. Essa fé ou desprendimento se abstém de todo tipo de comportamento imoral e injusto. Encontra expressão positiva no amor pelo outro. Ao amar o outro nos dispomos a renunciar a tudo. Não nos apegamos a nada como nosso. Estamos dispostos a nos doar até que a coisa nos fira, até a morte. "Ninguém tem maior amor do que aquele que dá a vida por seus amigos" (Jo 15,13). A morte se torna o caminho da vida, porque Deus responde à nossa entrega com o dom da vida. Esta é também a mensagem da ressurreição de Jesus dentre os mortos.

Jesus, o Salvador

Jesus nos salva precisamente nos capacitando a responder a Deus com humildade e fé, com despreendimento e entrega, recebendo assim o dom da vida de Deus. Jesus nos dá forças sendo solidário conosco. Nosso egoísmo encontra expressão em vários tipos de bloqueios internos e disfunções ou enfermidades externas. Isso leva ao sofrimento. Estando solidário conosco Jesus é *compassivo*. Isto é, sofre conosco. Faz do sofrimento uma manifestação de altruísmo. Jesus nasce num mundo cheio de sofrimento. Ele não sai à procura do sofrimento. Antes procura libertar as pessoas do sofrimento. Mas logo o sofrimento lhe é imposto por pessoas egoístas. Jesus se integra à fileira das vítimas. Contudo, ao aceitar o sofrimento como manifestação de amor e autodoação, mostra que o sofrimento não tem a última palavra, que os sofrimentos podem ser superados, que a vida continua apesar do sofrimento. Não pode abolir o sofrimento do mundo, porque não pode, por conta própria, acabar com as pessoas egoístas do mundo. Mas pode mostrar como o sofrimento consegue se tornar uma força de transformação. É o que ele faz. Ele nos faz perceber que nossos sofrimentos não são uma punição por nossos pecados. Aceitando-os, podemos transformá-los em símbolos de nossa doação.

Tornando-se compassivo conosco, Jesus permite que nos tornemos compassivos com ele. Compartilha de nosso sofrimento e nesse mesmo processo compartilhamos o sofrimento dele. Superando o sofrimento em si mesmo ele também nos ajuda a superar o sofrimento em nós mesmos. Não podemos acabar com o sofrimento nesta vida. Mas o dom da vida de Deus transcende o sofrimento. Podemos viver esta vida mesmo no meio do sofrimento. O sofrimento não toca no que temos de mais profundo. É visto e experimentado como uma coisa passageira. Quando alcançamos essa consciência e vivemos a vida que nos é dada por Deus, estamos salvos. É assim que Jesus nos salva. Compartilhamos a salvação, que é uma participação na vida de Deus, tornando-nos compassivos com ele. Jesus, o compassivo, torna-se Jesus, o salvador. Assim como compartilhamos seus sofrimentos também compartilhamos de sua ressurreição, de sua nova vida. "Pois se ficamos unidos a ele numa morte como a sua, certamente ficaremos unidos a ele numa ressurreição como a sua" (Rm 6,5). Esse é o processo da salvação.

Podemos tentar compreender mais alguma coisa sobre como Jesus realmente nos salva analisando as várias dimensões da salvação. Ele nos salva ao nos libertar, ao nos perdoar, ao nos amar e ao nos dar poderes ou nos capacitar. Olhemos brevemente para essas dimensões.

Nascemos num mundo pecaminoso. Também nos tornamos pecaminosos por nossas próprias ações egoístas. Essa tendência para o pecado nos mutila, nos torna doentes, surdos-mudos, paralíticos, etc., para usar os símbolos que vemos nos Evangelhos. Somos sobrecarregados espiritual, psicológica e mesmo fisicamente. Jesus nos liberta desses fardos de duas maneiras. Ele nos transmite o amor cheio de perdão de Deus, desde que nos arrependamos, e nos liberta das estruturas de opressão que nós mesmos criamos. A lei é uma dessas estruturas opressivas, simbolizando todas as estruturas de criação humana. Paulo nos mostra em suas cartas aos romanos e aos gálatas como Jesus nos liberta das opressões da lei. Ele nos dá o Espírito Santo, que é a fonte de nossa liberdade interior, fazendo de nós filhos de Deus.

> Todos que são conduzidos pelo Espírito de Deus são filhos de Deus. Pois não recebestes um Espírito que vos faz escravos e vos conduz ao medo, mas um Espírito que faz de vós filhos adotivos. Quando clamamos *Abba*! Pai! é esse mesmo espírito dando testemunho com nossa alma de que somos filhos de Deus, filhos e portanto herdeiros, herdeiros de Deus e herdeiros conjuntamente com Cristo. (Rm 8,14-17)

O exemplo perfeito disso nos Evangelhos é a mulher pecadora que se aproxima de Jesus quando ele está à mesa com um fariseu. Vimos a história mais atrás. Ela lava seus pés com suas lágrimas, enxuga-os com os cabelos, beija-os e unta-os com unguento. Todos que sabem que a mulher é pecadora ficam chocados ao ver Jesus, que tem a reputação de ser um profeta, deixando-se tocar daquela maneira por uma pecadora, pois é algo impuro segundo a lei deles. Jesus simplesmente declara que a mulher não é mais pecadora. "Seus pecados, que eram muitos, foram perdoados; por isso ela demonstrou muito amor" (Lc 7,47). Deve ter havido um encontro anterior entre a mulher e Jesus, talvez um contato silencioso, durante uma das jornadas de Jesus. A mulher foi tocada por Jesus e se arrepende de suas más ações. Ela responde à chamada de Jesus à conversão. Esse arrependimento basta para Deus perdoar seus pecados e deixá-la íntegra. A mulher responde ao amor ilimitado e cheio de perdão de Deus por uma efusão de amor da qual Jesus se torna objeto. Observemos que, na declaração de Jesus, o perdão precede o amor: seus pecados foram perdoados, por isso ela demonstrou muito amor. A mulher pecadora é salva. Tornou-se uma filha de Deus que pode chamar Deus de "Abba! Pai!" Jesus teve compaixão dela. Liberdade e perdão, amor e vida se entrelaçam nesse diálogo divino-humano.

Essa experiência de salvação não vai poupá-la de uma dominação contínua pelas opressivas estruturas de seu tempo e o sofrimento daí resultante. Mas agora o sofrimento vai adquirir um novo significado. Ela vai assumi-lo como meio de expressar seu amor, compromisso e lealdade. O sofrimento parecerá suportável, um nada comparado à vida — à liberdade, alegria e paz — que está agora desfrutando. Essa tem sido a experiência dos mártires. Jesus não disse: "Bem-aventurados os que sofrem perseguição por causa da justiça, porque deles é o reino dos céus"? (Mt 5,10)

O amor e a vida de Deus não apenas nos libertam; também nos dão força e capacidade de agir. Como diz Paulo: "O Espírito nos ajuda em nossa fraqueza; não sabemos rezar como devíamos, mas o próprio Espírito intercede com suspiros profundos demais para serem postos em palavras" (Rm 8,26). Zaqueu nos proporciona um exemplo dessa intercessão. Sendo de baixa estatura e estando ansioso para ver Jesus, ele sobe numa árvore. Jesus visita sua casa. Zaqueu diz a Jesus: "Pois bem, Senhor, vou dar metade dos meus bens aos pobres e, se pilhei alguém de alguma coisa, vou reembolsá-lo do quádruplo". Jesus declara: "Hoje veio a salvação a esta casa" (Lc 19,8-9). Zaqueu foi transformado e experimentou a salvação. A solidariedade de Jesus com ele é também uma fonte de força. Essa força deveria ser devidamente levada em conta, não em termos materiais, mas em termos humanos. Jesus nos dá força por seu exemplo e conselho, por sua compaixão e amor, e pela solidariedade.

Conclusão

O Jesus compassivo cura e salva. Liberta e torna inteiro. Dá energia e poder. Não o faz de um modo material, automático, mas de uma maneira pessoal, nos amando, sendo um modelo, nos fortalecendo a partir de dentro, sendo solidário conosco. Compartilha conosco *nossos* sofrimentos e *sua* ressurreição. Essa experiência de compaixão e solidariedade salvadoras nos faz perceber que Jesus não é apenas outro ser humano. Nele Deus está presente para nós. O que precisamos não é compreender a tecnologia ou a metafísica desse relacionamento. De qualquer maneira ele está além de nossa compreensão. É um mistério. Podemos apenas experimentá-lo. E o experimentamos precisamente sendo compassivos com Jesus, como ele é compassivo conosco. Morrendo com ele para que possamos ressuscitar com ele. Jesus diz: "A não ser que um grão de trigo caia na terra e morra, ele continua sendo apenas um grão; mas se morre, produz fruto em abundância" (Jo 12,24). Para ser frutífero nosso ego tem de morrer. Mas apenas morrer não é o bastante. Temos também de permanecer em Jesus, porque ele também diz: "Aquele que permanece em mim e eu nele produz muito fruto, porque sem mim nada podeis fazer" (Jo 15,5). A compaixão de Jesus para conosco nos leva a penetrar inclusive no mistério mais profundo, isto é, na comunhão divina: "Como tu, Pai, estás em mim e eu estou em ti, possam eles também estar em nós" (Jo 17,21). Esses mistérios não são para ser explicados, mas vividos.

A face compassiva de Jesus mostra a dimensão feminina de sua personalidade. Jesus é a Palavra que se torna humana, não é meramente masculino. Seu corpo masculino não limita sua humanidade, que inclui dimensões masculinas e femininas. A compaixão é atribuída às mulheres, por uma espécie de contrato cultural. É por isso que alguns santos e poetas na tradição cristã viram-no como mãe, como já comentamos mais atrás. Quando Deus é visto primordialmente como homem, as pessoas procuram complementar Deus com uma figura feminina como Maria na tradição cristã, as várias *devis* ou deusas na tradição hindu e a Kwan Yin* na tradição chinesa/budista. Os cristãos tendem também a ver o espírito de Deus como feminino. Mas acho que é mais adequado ver uma dimensão feminina em Deus e em Jesus. Na compaixão de Jesus é o aspecto feminino que domina. Encarar Jesus como rei e juiz pode pôr em destaque a dimensão masculina. Jesus como salvador enfatiza o aspecto feminino do cuidado, do amor, do serviço e da doação de si.

A imagem do Jesus compassivo também destaca aspectos de solidariedade no processo de salvação. Ao dom de Deus corresponde nossa fé. A compaixão, como a liberdade no diálogo, é um processo de mão dupla. Humaniza a relação salvífica, ao contrário dos paradigmas salvíficos que estão baseados em metáforas de redenção ou punição. Jesus, o compassivo, é de fato *Emmanuel* — Deus conosco.

---

* Deusa da misericórdia, de mil braços. (N. do T.)

10
Jesus, o Dançarino

A música, especialmente a dança, são importantes experiências na vida. Quando os seres humanos se reuniram num grupo, a dança foi provavelmente seu primeiro meio de expressão coletiva. Observando os povos primitivos de hoje, podemos dizer que talvez se tratasse de uma dança da chuva para fazer a chuva acontecer, uma dança de caça imitando "magicamente" o processo de caça e assegurando sucesso, uma dança triunfal para comemorar a vitória num conflito, uma dança sagrada para manifestar atitudes básicas de súplica ou agradecimento diante do divino, uma dança agrícola agradecendo a Deus por uma boa colheita ou simplesmente uma celebração da vida — do nascimento, do casamento ou mesmo da morte. Havia uma dança para cada ocasião. A música e mesmo a linguagem poética devem ter tido sua origem na dança, antes de se desenvolverem sozinhas. Na língua, é claro, a poesia precede a prosa e a poesia tem de ter sido cantada. A dança envolve a pessoa inteira, corpo e espírito, e a comunidade. No início as pessoas sempre dançavam como uma comunidade. Dançar em conjunto num mesmo ritmo, acompanhando tambores e outros instrumentos, é em si mesmo uma experiência e um exercício comunitário. O grupo compartilha não apenas movimentos comuns, mas também significados e emoções. A dança, portanto, constrói comunidade. A pessoa inteira é envolvida na dança. O canto como palavra envolve o intelecto e fornece o sentido. A música canaliza as várias emoções conforme as circunstâncias e regula a disposição de ânimo. O ritmo envolve o corpo em movimento. Como envolve todo o corpo, a dança pode levar à integração e ao êxtase. Os seguidores de *Caitanya* na Índia e os *dervixes* muçulmanos da tradição sufi do Oriente Médio têm explorado essa rota para o êxtase. Dançar sob um ritmo forte nas religiões primitivas leva a pessoa a estados alterados de consciência, experimentados por elas como possessão por espíritos ou deuses. Uma integração similar da pessoa inteira com a música e o ritmo é também encontrada no Japão, na prática zen.

As danças clássicas da Índia, como a bharatanatyam, tiveram sua origem nas danças praticadas nos templos ou durante procissões sagradas.

Ao experimentar a integração e a totalidade na dança, as pessoas imaginam o cosmos inteiro como dança. Os movimentos das estrelas e seus planetas acham-se numa tensão rítmica e dinâmica. O movimento harmonioso do *yin* e do *yang* nas tradições chinesa e do leste da Ásia simboliza a dança do cosmos. O caráter complementar dos dois princípios proporciona ritmo e dinamismo a um movimento em processo. O movimento pode parecer cíclico a um observador superficial. É na realidade uma espiral indicando uma evolução. Podemos ver esses movimentos de dança nas nuvens em deriva, nos cursos d'água e nos bambus que ondulam nas pinturas chinesas. Na tradição indiana, Shiva dança todo o processo cósmico, da criação à dissolução. Ele é chamado de Senhor da Dança — *Nataraja*. Krishna, a manifestação do divino em forma humana, não apenas toca flauta, mas dança com as *gopis* ou vaqueiras, que simbolizam os devotos. Diz-se que a música da flauta leva toda a criação a segui-lo. Da parte dos devotos, dançar é um modo aceito de expressar devoção na Índia.

Dançar, contudo, não parece ter sido um modo preferido de autoexpressão religiosa no cristianismo. A Bíblia fala de Davi dançando diante da Arca da Aliança. "Davi e toda a casa de Israel estavam dançando diante do Senhor com grande entusiasmo; com cânticos, liras, harpas, tamborins, sistros e címbalos" (2Sm 6,5). Talvez isso não tenha sido um caso isolado. Deve ter sido uma prática ritual aceita. Quando os salmos louvavam a Deus com instrumentos musicais voltados para a cadência rítmica (Sl 150), eles devem ter sido acompanhados pela dança. O Cântico dos Cânticos pode ser imaginado como um dueto dançante. Na igreja primitiva, apreciava-se a música, pois Santo Agostinho diz que cantar equivale a rezar duas vezes. Mas instrumentos musicais e danças foram associados aos cultos de outras religiões e proibidos na igreja. O órgão e outros instrumentos foram introduzidos mais tarde. A dominação dos monastérios na evolução da liturgia pode ter sido responsável não apenas pelo retraimento da dança no culto; ela também pode ter impedido que a música chegasse a ser algo mais que um simples meio para entoar os textos litúrgicos. Naturalmente isso não impedia que a comunidade cristã dançasse nas comemorações sociais. Mas a coisa ficou estigmatizada como atividade secular. Só após o Concílio Vaticano II as danças africanas e asiáticas entraram na igreja e na liturgia. Danças de outros lugares também se tornaram parte da liturgia como expressão corporal de atitudes de adoração, agradecimento, alegria e comunidade. As pessoas jovens são particularmente abertas, sensíveis e receptivas a tais formas de autoexpressão, mesmo em religião.

Mesmo essas aberturas à dança na liturgia podem não nos preparar para encarar Deus, especialmente Jesus, como um dançarino. Nossa imaginação religiosa vê o Pai como um homem velho e grave, com cabelos e barba compridos. Nossa imagem favorita de Jesus o mostra pregado na cruz. O Espírito é a pomba flutuando entre o Pai e Jesus. Pombas voam; elas não dançam. Contudo, sugiro que uma das imagens de Jesus na Ásia poderia ser o dançarino, dado o importante papel da dança, não apenas como meio holístico de autoexpressão, mas também como perspectiva teológica no hinduísmo e no confucionismo. Compreenderemos isso se examinarmos brevemente o sentido da dança na experiência humana.

A Significação da Dança

A dança é uma expressão de alegria e liberdade. Temos de uma pessoa não livre a imagem de alguém que está tolhido por alguma coisa: pela preocupação, pela força, pelo medo, pela responsabilidade. Falamos de um pássaro esvoaçando como um pássaro livre. O mais perto que os seres humanos podem chegar do voo é por meio da dança — com o corpo, os braços, as pernas e mesmo a cabeça, para não falar dos olhos, envolvidos num movimento livre. A dança é normalmente uma expressão de alegria. Falamos de alguém dançando de alegria. Mas se pode expressar pesar ou dor em movimentos dançantes. Um dos importantes sentimentos transmitidos pela dança, na Índia, é o pesar pela separação do amante. Mas a expressão de alegria é o tema mais frequente na dança.

A dança é ação sem propósito. Normalmente quando fazemos alguma coisa temos uma meta a ser atingida. Caminhamos para um lugar. Trabalhamos nos campos para fazer as coisas crescerem. Às vezes, porém, ocupamo-nos de atividades que nos ajudam simplesmente a relaxar. Algumas pessoas se ocupam de jardinagem, outras saem para passear, outras ainda participam de um jogo. Presume-se que a ação atenda a uma necessidade, mas a dança não tem propósito. Não dançamos para impressionar alguém. Quando a comunidade inteira está dançando, não há espectadores. É simplesmente uma manifestação de exuberância. É autoexpressiva. Na espiritualidade falamos da *nishkama karma* ou ação sem desejo. Toda ação está associada a um fruto, meta ou propósito. Agimos porque desejamos o fruto. Ao fazê-lo, caímos no ciclo do *karma*. O modo de escapar do ciclo kármico é agir sem o desejo do fruto. Fazemos algo porque é nosso dever, nosso papel no acontecimento cósmico. Uma ação sem apego. Não estamos obrigados a praticá-la. Fazemos a coisa espontaneamente, livremente. Agir sem apego ou propósito é um estado que temos de atingir com grande esforço e renúncia. Dançar é agir sem apego, sem propósito, sem a ânsia de obter alguma coisa.

Deus não tem necessidades. Cria o mundo e os humanos espontaneamente, livremente, não para satisfazer qualquer necessidade que tenha. Na realidade Deus está compartilhando livremente Sua vida e alegria com os seres humanos e o universo. Deus está dançando e convidando os seres humanos e o cosmos a acompanhá-lo na dança.

A dança é também como um jogo de recreação. Não jogamos para obter alguma coisa. Não corremos para chegar a algum lugar: damos voltas e voltas no campo. Jogamos pela alegria do jogo. Podemos gostar do jogo mesmo quando perdemos a partida. Vale sempre a pena jogar, ganhemos ou não. Jogar é em si mesmo meritório e gratificante. As ações de Deus são frequentemente chamadas *lila* ou jogo na tradição indiana. Podem parecer sem sentido ou propósito. Não têm objetivo fora de si mesmas. São seu próprio objetivo. Podemos ver pais jogando com os filhos. A criação do cosmos é o jogo de Deus. A criação existe porque Deus continua a jogar. Na tradição hindu, Shiva deve trazer o cosmos à existência dançando. Dentro do mesmo espírito, o que podemos experimentar como destruição e morte é também o jogo e dança de Deus. O que vemos como destruição é, de outro ponto de vista, transformação. Um contínuo movimento dinâmico. A morte nos leva a nova vida.

A dança é ação integral. Integra a totalidade do corpo, permitindo que ele se mova harmoniosamente. Integra o corpo e a mente, a intenção e a execução. Quando um dançarino bharatanatyam se apresenta, toda a sua postura sugere e suporta o gesticular com as mãos. Os movimentos da cabeça e dos olhos também seguem os gestos. Assim a harmonia de efeito é alcançada. A dança é a materialização do movimento dinâmico. Ananda Coomaraswamy dizia que o gênio artístico da Índia é manifestado em duas imagens eminentes, uma de paz e a outra de puro movimento. São o Buda sentado, imerso em concentrada meditação, simbolizando a paz interior, a tranquilidade, e o dançante *Nataraja*, rei dos dançarinos, encarnando o movimento cósmico em perfeito equilíbrio. Surpreendentemente, ambos levam à paz e harmonia, e à alegria — interiores no Buda e com expressão humana integral no Nataraja. É a alegria e a paz da integração e realização pessoais. Mas a dança do Nataraja é também cósmica.

Jesus, o Dançarino

Pensar em Jesus como dançarino pode causar surpresa a muitos. Jyoti Sahi, um artista cristão indiano, pintou e esculpiu muitas imagens do Cristo ressuscitado como dançarino. Ele explica:

> Dançar é celebrar o corpo, descobrir um novo tipo de liberdade que é espírito preenchido. Os espíritos podem acorrentar o corpo, fazendo dele uma prisão. Mas o espírito da vida pode liberar o corpo e convertê-lo num instrumento de alegria. A pessoa curada pula de alegria. Esse pulo para o futuro é a essência da dança. Dançar é pular, saltar todos os obstáculos que se atravessam em nosso caminho.[1]

É por isso que a ressurreição pode ser imaginada como dança. O Cristo ressuscitado está dançando. Sara Grant, que meditara longamente sobre o papel dinâmico da Palavra e do Espírito para unir a totalidade da criação, diz:

O Verbo que se tornou carne e habitou entre nós, que passou pela morte e está vivo pelos séculos dos séculos, pode seguramente ser chamado Senhor da Dança. Para levar todas as coisas à sua misteriosa consumação, ele torna visíveis os ritmos ocultos do Espírito Criador em ação dentro de nós e em nosso mundo confuso e dilacerado. Ao fazê-lo, de modo algum diminui ou destrói a variedade maravilhosa de sua criação, incluindo as intuições das diferentes tradições culturais e religiosas, mas põe em relevo brilhante todos os tesouros de inspiração e beleza que elas contêm, uma radiância que acentua aos nossos olhos a própria verdade e beleza dele.[2]

O termo "Senhor da Dança", usado por Sara Grant, certamente se refere a *Nataraja* – o Shiva dançante. Mas ela o reinterpreta como um título para Jesus, a Palavra encarnada. Em ambos os casos com uma significação cósmica. Para os que não estão familiarizados com a tradição indiana é bom notar que o Shiva dançante não é uma manifestação humana ou *avatar* de Shiva, como Rama e Krishna são *avatares* de Vishnu, mas uma imagem simbólica que expressa e manifesta o significado de Deus para nós e para o cosmos.

Jyoti Sahi, por outro lado, associa dança à cura e à libertação. Exploremos as ressonâncias que essa imagem de Jesus evoca. Ao fazê-lo, temos de nos manter em contato com uma dupla dimensão, pessoal e cósmica. Jesus é uma pessoa que dança com liberdade, alegria, uma sensação de plenitude e harmonia.

---

1. Manuscrito não publicado.
2. Sara Grant, *The Lord of the Dance*, Bangalore, Asian Trading Corporation, 1987, p. 195.

Mas Jesus também dança com o cosmos (está em seu centro) e o anima. Aqui está um poema anônimo:

> Dancei na manhã em que o mundo foi iniciado
> E danço na Lua, nas estrelas e no Sol,
> E desci do céu e dancei na terra;
> Em Belém tive meu nascimento.
> Dancei para o escriba e o fariseu,
> Mas eles não iam dançar nem me seguir;
> Dancei para os pescadores, para Tiago e João;
> Eles vieram comigo e a dança continuou.
> Dancei no Sábado e curei o coxo:
> O povo Santo disse que era uma vergonha!
> Eles me chicotearam, despiram, me pregaram lá no alto
> E me deixaram na cruz para morrer.
> Dancei numa sexta-feira quando o céu ficou negro;
> É difícil dançar com o diabo nas costas.
> Enterraram meu corpo e acharam que eu me fora;
> Mas sou a dança e ainda continuo.
> Eles me abatem e salto lá no alto;
> Sou a vida que nunca, nunca vai morrer;
> Viverei em vocês se vocês viverem em mim.
> Dancem, então, onde quer que estejam;
> E conduzirei vocês todos, onde quer que estejam,
> E conduzirei vocês todos na dança,
> pois SOU O SENHOR DA DANÇA, disse Ele.[3]

A Dança de Deus

Se Jesus é um dançarino, Deus (o Pai) também é dançarino. O Espírito também dança. A dança de Jesus é uma dimensão da dança de Deus. Se formos suficientemente imaginativos, poderemos ver a interação amorosa e criativa entre as três pessoas da Trindade como uma dança que nunca termina. Mas com relação a nós, a dança de Deus começa com a criação. É um ato livre, gratuito. Deus está Se doando. O cosmos visível — sensível, isto é ligado aos sentidos — é a expressão, a manifestação do dom de amor de Deus. O universo é dinâmico. Se cada molécula é uma dança interminável dos átomos, o cosmos

---

3. Poema anônimo, comunicado por Rudi Heredia, *Jivan* (nov-dez, 2004), p. 27.

inteiro é uma dança sempre em expansão dos planetas e das estrelas. Sua dança é criativa, dando origem ao processo da evolução, enquanto os seres se tornam cada vez mais complexos. A própria evolução não será possível se os vários elementos não estiverem em perfeito equilíbrio para permitir um tal processo criativo. E por meio de todo o processo de criação Deus joga. Uma olhada em Jó, capítulos 38 a 41, nos dá uma ideia do jogo de Deus. A passagem é longa demais para ser citada aqui, mas alguns versículos indicam seu espírito. Jó perdeu toda a família e propriedades e ele próprio está atormentado pela lepra. Interpretando o sofrimento como punição, Jó desafia Deus, dizendo que tem sido justo e que seus sofrimentos não são merecidos. Mas Deus afirma Sua liberdade como criador. Mesmo os sofrimentos de Jó, a despeito das explicações causais oferecidas por Jó e seus amigos, se tornam o jogo de Deus.

> Deste algum dia ordens à manhã,
>   designando posto à aurora,
> para agarrar a terra pelas bordas
>   e dela sacudir a gente má? (38,12-13)
> De que lado mora a luz,
>   e as trevas, onde estão,
> para que possas levá-las a seu território
>   e possas encontrar as trilhas para seu lar? (38,19-20)
> Quem abriu um canal para as torrentes de chuva,
>   e um caminho para o raio,
> para fazer chover numa terra onde ninguém vive,
>   no deserto, vazio de vida humana,
> para satisfazer a terra desolada e árida,
>   e fazer o solo dar nascimento ao verde? (38,25-27)
> És tu que dás força ao cavalo?
>   Que lhe revestes o pescoço com a crina?
> Que o fazes saltar como o gafanhoto?
>   É terrível seu relinchar majestoso.
> Exultando de força, ele bate violentamente os cascos
>   e se lança ao encontro das armas.
> Ri-se do medo, o desânimo não conhece,
>   não recua diante da espada. (39,19-22)
> É pela tua sabedoria que paira no ar o falcão
>   e estende as asas para o sul?
> Por ordem tua levanta-se a águia
>   e constrói nos cumes o ninho? (39,26-27)

Podemos ver Deus desfrutando da exuberância dos cosmos, dos pássaros e dos animais. É uma pena que Deus não passe a descrever os humanos — talvez porque a história seja também um jogo deles. A história se torna um dueto entre a ação livre de Deus e a resposta livre dos seres humanos.

Deus não precisa da criação. Deus nos criou pelo amor, com um desejo de doar e compartilhar Sua vida. É por isso que Deus criou seres humanos livres que podem responder em amor. Deus vela pelo desenrolar da criação e pela livre interação dos seres humanos. Liberdade significa possibilidade de recusa. Deus não pode forçar ninguém a reconhecer Seu amor e vida. Deus, porém, habilita os seres humanos a responder criativamente. Deus se torna humano em Jesus para mais adiante dotá-los de suporte pessoal e social. De modos que nos são desconhecidos, Deus está reunindo todas as coisas numa unidade (Ef 1,3-10). Cristo, é claro, tem um lugar e um papel central no processo. É por isso que ele é parte da dança. "Pois nele (Cristo) toda a plenitude de Deus houve por bem habitar e através dele aprouve a Deus reconciliar todas as coisas consigo, quer na terra quer no céu, fazendo a paz pelo sangue de sua cruz" (Cl 1,19-20). O livro do Apocalipse nos apresenta a visão final:

> Vi então um novo céu e uma nova terra... E ouvi uma voz alta que, do trono, dizia: "Vede, o lar de Deus é entre os mortais. Deus habitará com eles. Serão o seu povo e ele, o Deus que está com eles, será o seu Deus. Ele enxugará toda lágrima dos seus olhos. Já não haverá morte, nem luto, nem choro, e nem dor haverá mais, pois as coisas antigas se foram". E aquele que estava sentado no trono disse: "Eis que estou fazendo todas as coisas novas". (Ap 21,1.3-5)

Em outra situação ou cultura, o autor teria acrescentado: "E todos estavam dançando de alegria e com uma sensação de plenitude". Paulo afirma que a totalidade da criação está participando desse processo.

> A criação espera com extrema impaciência a revelação dos filhos de Deus; pois a criação estava submetida ao nada, não por vontade própria, mas pela vontade daquele que a submeteu na esperança de que a própria criação se libertasse de sua sujeição ao que decai e conquistasse a liberdade da glória dos filhos de Deus. Sabemos que a criação inteira esteve gemendo até agora nas dores do parto; e não só ela, mas também nós, que temos as primícias do Espírito, gememos interiormente enquanto esperamos a adoção, a redenção de nossos corpos. (Rm 8,19-23)

O Espírito está Dançando

Isso nos traz ao papel do Espírito na dança cósmica. O Espírito está lá no início, quando a criação começa sua dança. O livro do Gênesis diz: "No princípio Deus criou os céus e a terra. A terra era um vazio sem forma, havia trevas sobre a face do abismo e o Espírito de Deus deslizava sobre a superfície das águas" (Gn 1,1-2). O Espírito inaugura assim o movimento dançante do cosmos. Que os pecados e o egoísmo das pessoas transformam numa dança de morte. Deus, então, lhes promete o espírito de uma vida nova. "Eu vos darei um coração novo e porei em vós um espírito novo. Removerei de vosso corpo o coração de pedra e vos darei um coração de carne" (Ez 36,26). O Espírito transformará um vale de ossos secos numa comunidade viva (Ez 37,1-14). O Espírito paira sobre Jesus e torna seu ministério efetivo (cf. Lc 1,35;3,22;4,18). Jesus sopra nos apóstolos após a ressurreição e lhes concede o Espírito de reconciliação e liberdade (Jo 20,22-23). O Espírito dança como línguas de fogo sobre os apóstolos no dia de Pentecostes e eles começam a falar em diferentes línguas (At 1,3-4). O Espírito é a fonte de liberdade e criatividade na comunidade e no cosmos (Rm 8) e essa é uma fonte de harmonia, já que "todas as coisas concorrem para o bem dos que amam a Deus" (Rm 8,28). O Espírito dá vários carismas à comunidade, a fim de que ela possa ser construída como uma comunidade de amor e harmonia (1Cor 12-13).

Dança e Sofrimento

Ao imaginar a totalidade da criação dançando, não podemos ignorar os elementos de decadência, dor e sofrimento no mundo. Vistos em si mesmos eles podem parecer negativos. Mas no processo cósmico global são momentos de transformação numa evolução necessária. Isso é verdade também para os sofrimentos causados pelos seres humanos. Podemos nos proteger desses sofrimentos até onde for possível. Mas quando o sofrimento parece inevitável, temos de responder a ele de um modo humano, positivo, com amor criativo e não violento. Deus nos dá um exemplo. Jesus também. Vamos dar uma olhada breve no exemplo de Jesus, visto que já falamos mais detidamente sobre isso num capítulo anterior.

Jesus certamente não corre atrás do sofrimento como um valor em si. Defende valores como liberdade, amor e justiça. Toma o partido dos pobres e dos oprimidos do mundo — as pessoas que estão na ponta desvantajosa de uma relação de dominação. Ele prevê que isso o levaria a um embate com os poderes constituídos e que terá de sofrer, inclusive de morrer. Mas Jesus não apenas permanece firme na defesa de seus valores, como lança um movimento popular para promovê-los no mundo. Assim, ele enfrenta o sofrimento e morte com coragem e amor. Os sofrimentos interpelarão inclusive seus opressores a se converterem. Seu sofrimento é redentor, porque possibilita o amor, que se expressa como serviço humilde e autodoação. Amar sem temer a própria morte é um gesto radical que provoca uma resposta radical tanto de seus seguidores quanto de seus inimigos. Enfrentando o sofrimento e a morte, Jesus também mostra que eles não são o fim da vida. Jesus se levanta de novo. A vida continua. O sofrimento se torna parte de um processo criativo num mundo onde as liberdades entram em confronto umas com as outras. Assim como os participantes de um jogo se esforçam arduamente para jogar e vencer, a dor e o sofrimento se tornam parte do esforço para viver e construir a comunidade.

Deus poderia ter criado um mundo humano diferente. Mas tendo criado os seres humanos livres, os sofrimentos que uns impõem a outros se tornam inevitáveis. Eu me pergunto se um mundo de robôs humanos em vez de humanos livres teria sido melhor. Diz-se que um rei indiano foi assistir a uma partida de futebol e que, ao ver 22 jogadores correndo atrás de uma única bola, ordenou que seu ministro desse a cada jogador uma bola. Com cada jogador correndo atrás de sua bola não haveria jogo. Uma vez que temos um mundo de seres humanos livres atirados num mesmo campo para interagir, o desafio é como disputar o jogo, como enfrentar o sofrimento de um modo criativo e construir uma comunidade.

A dança dos seres humanos e da criação continua também por meio da dor e do sofrimento. É a dança da vida. É por isso que Jesus dança, não apenas em sua ressurreição, mas também na cruz. É verdade que Jesus pediu: "Abba, Pai, afasta de mim este cálice" (Mc 14,36). É verdade que gritou: "Meu Deus, meu Deus, por que me abandonaste?" (Mc 15,34). Mas também disse: "Pai, perdoai-os, pois eles não sabem o que fazem" (Lc 23,24). Então ele oferece a si próprio: "Pai, em tuas mãos entrego o meu espírito". Mas essa oferta é precedida por uma sensação de realização: "Está consumado" (Jo 19,30).

O que vemos na paixão de Jesus é que, a despeito de todo o sofrimento, ele está calmo e senhor de si. Deve ter desfrutado de uma paz interior, da satisfação de estar fazendo a vontade do Pai, de estar cumprindo a tarefa que o Pai lhe havia dado. Também espera que Deus o justifique. Isso deve ter sido uma fonte de alegria profunda, mesmo quando estava suspenso na cruz. Jesus na cruz não é a vítima, mas o herói. Não merece nossa compaixão e piedade, mas nossas congratulações e admiração. Não deveríamos chorar por ele, mas dançar com ele. O sofrimento também se torna um elemento na dança cósmica.

Na tradição hindu, os lugares preferidos onde o *Nataraja* dança são os cemitérios e o coração de seus devotos. O cemitério, é claro, está ligado à morte. Mas os devotos afirmam que só uma pessoa que pode criar pode também destruir. A destruição nas mãos de um criador nunca pode ser definitiva; pode apenas ser uma passagem, uma transformação, um momento de criação. Os corações onde o *Nataraja* dança vivem por meio de cada transformação, enquanto a dança continua. Morte, vida e amor estão intimamente relacionados.

Dança e Liberdade

Se Jesus dançou na morte foi porque estava dançando pela vida. Vivia como um ser livre, desembaraçado das prescrições legais seguidas pelos fariseus. Questionava suas regras sobre alimentos puros e impuros, sobre pessoas puras e impuras para nos relacionarmos. Desafiava a interpretação que faziam da observância do sábado. Peregrinava livremente pela margem do lago e pelo interior do país. Via as árvores crescerem e a flores se abrirem. Observava os pássaros esvoaçando e os peixes se movendo no mar. Acompanhava as ondas encapeladas e os barcos dos pescadores dançando nas suas cristas. Sentia a brisa fresca na tranquila solidão da noite em lugares desertos ou no alto das montanhas. Sentia-se livre para se associar com os coletores de impostos e os pecadores. Sentia-se em liberdade para reinterpretar com autoridade a tradição dos antigos. Livrava os pátios do Templo de vendilhões e compradores. Caminhava sobre as águas. Trazia os mortos à vida. Perdoava pecados e livrava as pessoas da culpa. Libertava as pessoas de suas enfermidades e das opressões que elas acarretavam. Jesus, em suma, vivia como alguém livre, livre para se relacionar com a natureza, livre para se relacionar com Deus, sem a mediação de estruturas rituais, e livre para se relacionar com os outros sem se ver tolhido por tabus sociais.

Mas o que realmente importa é que ele libertava as pessoas que o procuravam. Mostrava por seus milagres que os males do corpo e mesmo fenômenos como os de possessão eram na realidade consequência do pecado e da culpa. Assim, ele não apenas curava fisicamente as pessoas, mas ao mesmo tempo as libertava espiritualmente, livrando-as do pecado e da culpa. Há muitos acontecimentos simbólicos em sua vida. Quando está falando a uma multidão numa casa, trazem-lhe um paralítico e baixam-no, em sua padiola, através do telhado. As primeiras palavras de Jesus para ele são: "Confia, meu filho;

teus pecados estão perdoados". Os escribas presentes acusam-no de blasfêmia, porque somente Deus pode perdoar pecados. Então Jesus continua dizendo: "Levanta-te, pega tua padiola e vai para casa" (Mt 9,2-8). A cura física simplesmente torna visível a cura espiritual mediante o perdão dos pecados. O doente deve ter pulado e dançado de alegria.

Outro acontecimento envolve uma mulher pecadora. Jesus está na casa de um fariseu, que está servindo de anfitrião. Uma mulher pecadora chega, lava seus pés com suas lágrimas e os enxuga com os cabelos. Jesus explica ao fariseu: "Os pecados dela, que eram muitos, foram perdoados; por isso ela demonstrou muito amor" (Lc 7,47). Vale a pena observar que o perdão precede o amor. Isso é um exemplo do que é chamado de amor prévio de Deus: isto é, Deus nos ama antes que respondamos a ele com amor.

Parábolas como a do bom pastor e a do filho pródigo (Lc 15) mostram Deus cheio de amor e perdão. O mesmo tema é evocado quando Jesus senta-se à mesa com coletores de impostos e pecadores e responde citando a Bíblia aos fariseus que protestam: "Quero misericórdia, não sacrifício" (Mt 9,10-13).

Muitos casos de possessão podem realmente indicar vários tipos de opressão social (Mt 8,28-34). Jesus também exige fé tanto daqueles que desejam ser curados (cf. Mt 8,10;9,22.28;15,28) quanto dos que desejam curar (Mt 17,14-21). Isso sugere que a raiz da doença e da possessão é a falta de fé ou de uma correta relação com Deus. Assim que essa relação é restaurada a cura se dá.

Jesus liberta as pessoas reinterpretando a lei e insistindo nas atitudes corretas. Exige compromisso interior antes que apenas um comportamento externo (Mt 5-6). Um exemplo particular é a cura do doente no sábado, quando ele sublinha que "o sábado foi feito para o homem e não o homem para o sábado" (Mc 2,27).

Ao acalmar a tempestade, Jesus pode também ter acalmado o medo dos discípulos, que são alcançados pelo ativismo de Jesus (Mc 4,35-41). Chegando aos samaritanos por intermédio de uma de suas mulheres (Jo 4,1-42), a coletores de impostos como Mateus, a quem chama para se tornar seu discípulo (Mt 9,9), e a Zaqueu, que se compromete com a justiça (Lc 19,1-10), Jesus está valorizando os socialmente marginalizados, ao mesmo tempo libertando-os de rígidas instituições rituais. Diz à mulher samaritana: "Mas vem a hora, e é agora, em que os verdadeiros adoradores adorarão o Pai em espírito e verdade" (Jo 4,23). Posso imaginar que a samaritana em sua aldeia, Mateus em sua casa e Zaqueu em sua comunidade organizassem celebrações com cânticos e danças.

Jesus está realmente dançando pela vida, conduzindo as pessoas na dança, curando-as e tornando-as inteiras, libertando-as das instituições sociais e religiosas que oprimem. Muitos dos que foram curados devem ter dançado de alegria. Essa alegria alcança seu clímax quando a multidão leva Jesus para Jerusalém com ramos nas mãos e gritando: "Hosana ao Filho de Davi! Bendito seja o que vem em nome do Senhor! Hosana nas alturas!" (Mt 21,9). É difícil ver essa multidão marchando em procissão ordeira. As pessoas devem ter cantado e dançado livremente. Os únicos que não podiam dançar eram os sumos sacerdotes e os fariseus, sobrecarregados com sua presunção, egoísmo e cobiça pelo poder.

Dança e Harmonia

Assim como a dança promove e realiza a autointegração, Jesus encoraja a harmonia pessoal. No Sermão da Montanha ele sugere que não só as intenções interiores são mais importantes que o comportamento externo, mas que a ação tem de corresponder à intenção (Mt 5,21;6,24). Não basta a pessoa se abster de praticar assassinato e adultério. Temos de evitar os desejos e tendências que os causam. A doação de esmolas, a prece e o jejum têm de expressar atitudes interiores e não serem meras demonstrações externas. Ele sugere, portanto, uma harmonia entre interioridade e ação.

A fragmentação na comunidade e a opressão são os resultados do egoísmo e do ódio. Onde o amor substitui o ódio e a doação de si elimina o egoísmo existe harmonia e paz. Jesus vive e promove harmonia em vários níveis. Anunciando o amor cheio de perdão e do desejo de servir os outros como seu novo mandamento, Jesus promove a comunidade e a harmonia social. Radicaliza essa exigência pedindo aos discípulos para amar seus inimigos e propondo seu Pai como modelo (Mt 5,48).

Uma harmonia similar deve também existir entre nós e Deus. Quando alguém disse a Jesus: "Olha, tua mãe e teus irmãos estão parados lá fora, querendo falar contigo", ele respondeu apontando para os discípulos: "Aqui estão minha mãe e meus irmãos! Pois todo aquele que faz a vontade de meu Pai que está nos céus, este é meu irmão, irmã e mãe" (Mt 12,47-50). Essa união com Deus (e consigo mesmo) é expressa em termos de total entrega. Jesus dá a isso uma expressão paradoxal. Diz: "Aquele que ama pai ou mãe mais do que a mim não é digno de mim. Aquele que ama filho ou filha mais do que a mim não é digno de mim. E aquele que não pega sua cruz e me segue não é digno de mim. Aquele que acha a sua vida vai perdê-la, mas os que perdem a vida por minha causa vão salvá-la" (Mt 10,37-39). É essa mesma atitude de total entrega a Deus e total dependência de Deus que encontra expressão nas bem-aventuranças: "Bem-aventurados vós, os pobres, porque vosso é o Reino de Deus. Bem-aventurados vós, que agora tendes fome, porque sereis saciados. Bem-aventurados vós, que agora chorais, porque haveis de rir" (Lc 6,20-21).

Em sua própria vida Jesus experimenta essa identidade com o Pai. Diz aos discípulos: "Ninguém conhece o Filho exceto o Pai e ninguém conhece o Pai exceto o Filho e aquele a quem o Filho quiser revelá-lo" (Mt 11,27). Ele diz mais adiante: "Aquele que me viu também viu o Pai" (Jo 14,9). Ou de novo: "O Pai e eu somos um" (Jo 10,30). Essa união é manifestada pelo fato de que Jesus faz a vontade de seu Pai (Jo 10,37-38). Fazer a vontade do Pai leva Jesus a um total esvaziamento de si mesmo (Fl 2,7-8). Ele ora no jardim: "Seja feita não a minha, mas a tua vontade" (Lc 22,42).

Jesus estende sua associação com Deus também aos discípulos: "Os que me amam guardarão minha palavra e meu Pai os amará. Iremos a eles e estabeleceremos nossa morada com eles" (Jo 14,23). Isso torna possível uma harmonia e um habitar mútuo entre nós e Deus. "Que todos sejam um. Como tu, Pai, estás em mim e eu em ti, possam eles também estar em nós" (Jo 17,21). O Espírito de Deus está também incluído nessa comunhão. "Se me amais, observareis os meus mandamentos. E rogarei ao Pai, que vos dará outro Paráclito, para que convosco permaneça para sempre. É este o Espírito da verdade" (Jo 14,15-17).

Essa harmonia da pessoa consigo mesma, com os outros, com Jesus, com o Espírito e com o Pai é a fonte de paz (Jo 16,33), alegria (Jo 16,24) e criatividade (Jo 14,12). Jesus promete: "Aqueles que permanecem em mim e eu neles produzem fruto em abundância" (Jo 15,5). Essa harmonia, portanto, não é estática, concentrada no ser, mas dinâmica, mostrada em ação. Pode ser vista como uma harmonia criativa em movimento ou dança. Jesus não é apenas o dançarino; ele faz o mundo inteiro dançar.

Conclusão:
Jesus, o Peregrino

Na Índia há uma tradição de louvar a Deus com 1001 títulos. Os cristãos também compilaram litanias com 1001 títulos para Jesus. Os títulos geralmente consistem de uma indicação de suas qualidades pessoais ou de uma referência a sua vida e ações. Não vou evocar esses 1001 títulos. Explorei oito imagens nas páginas precedentes. Acho que são representativas. Podem evocar devoção e atitude de discípulo. Eu gostaria de concluir essa contemplação das imagens asiáticas de Jesus com uma imagem final: a de Jesus como peregrino.

A peregrinação é uma *sadhana* ou prática religiosa popular ainda hoje. Gente que normalmente não iria com regularidade a uma igreja ou templo sairia numa peregrinação. A meta de uma peregrinação é um local onde Deus Se manifestou como poder, como revelação, curando ou concedendo favores. As pessoas esperam encontrar Deus, experimentar a presença de Deus. Preparam-se para isso fazendo penitência, tornando-se dignas de receber a manifestação divina. Parte dessa penitência é caminhar para o lugar sagrado jejuando e rezando. Normalmente os peregrinos vão em grupo, inspirando-se e encorajando-se uns aos outros. A comum devoção a Deus os une numa comunidade, cruzando fronteiras de divisões sociais. O local da peregrinação é uma meta, mas não um fim. Tendo encontrado o divino, as pessoas voltam à vida com um novo propósito e um novo vigor para viver sua experiência no mundo. É também notável que as pessoas tendam a repetir as peregrinações. A peregrinação é encontrada em todas as religiões. Um dos cinco pilares do Islã é a peregrinação a Meca pelo menos uma vez na vida. Peregrinações à Terra Santa ou a outros locais sagrados, como Lourdes, são comuns no cristianismo. A peregrinação a montanhas, rios e imagens sagradas são frequentes no hinduísmo. Os budistas vão a Bodhgaya, local da iluminação de Buda.

Na Bíblia, a história pode ser vista como uma peregrinação. Abraão deixa sua terra natal e vai em busca da terra que Deus lhe promete. Os israelitas deixam o Egito e passam quarenta anos caminhando para a Terra Prometida. Na Terra Prometida, Jerusalém se torna o lugar sagrado onde eles vão periodicamente em peregrinação, se possível todo ano. Quando são obrigados ao exílio, uma das coisas que lamentam é a impossibilidade de ir a Jerusalém.

Nos Evangelhos, Lucas apresenta Jesus e seus seguidores como peregrinos. A vida pública de Jesus é apresentada como a jornada de Jesus para Jerusalém. Sua jornada para Jerusalém termina em morte. A ressurreição mostra que a morte não é o acontecimento final, mas só uma passagem. Após sua morte e ressurreição, Jesus manda os discípulos até os confins da terra. A história da jornada dos dois discípulos a Emaús, durante a qual Jesus se junta a eles como companheiro de peregrinação, que os ilumina e os leva a uma visão de sua presença na partilha do pão, ilustra o que esse novo estágio de peregrinação envolve. Os discípulos estavam à espera do restabelecimento do reino de Israel. Essa esperança fora frustrada com a morte de Jesus. Mas agora Jesus revela o verdadeiro objetivo de sua peregrinação. É a comunidade humana no mundo. Imagens de Jesus em Emaús mostram-no sozinho com os dois discípulos. É inteiramente possível que houvesse, numa estalagem, muitos outros compartilhando a mesa no final de uma jornada. O partir do pão pode ter acontecido durante uma refeição compartilhada com muita gente. Manifestando-se nesse contexto, Jesus indica o novo objetivo da peregrinação: a comunidade humana. É na comunidade que a presença de Deus se manifesta. O próprio Jesus se torna fisicamente presente na refeição compartilhada em conformidade com a fé da comunidade cristã. O objetivo da peregrinação é Deus. Deus não é encontrado no céu, mas é descoberto no mundo, numa comunidade de pessoas que amam e servem umas às outras, repartindo tudo que possuem. A igreja primitiva compreendeu isso, quando seus membros vendiam tudo que tinham, repartiam o lucro com a comunidade e celebravam a nova fraternidade numa refeição compartilhada (At 2,43-47).

Durante seu tempo de vida, quando Jesus chama as pessoas para se tornarem seus discípulos, o pedido é sempre para que "o sigam". Quando ele envia os discípulos para proclamar a boa-nova do reino de Deus, as instruções que dá são adequadas aos peregrinos (cf. Mt 10): não levar muita bagagem, contar com a hospitalidade das pessoas, ir passando de lugar a lugar, continuar andando até encontrar a paz e então transmiti-la a outros.

Os judeus estavam procurando e esperando um Messias que os levasse ao reino prometido. Jesus vem como o Messias. Não leva a peregrinação deles a seu término. Pelo contrário, envia-os numa nova peregrinação rumo ao reino que virá. O reino, contudo, está sendo realizado em comunidades de pessoas. Quase como símbolo dessa mudança, o templo de Jerusalém será destruído algumas décadas após a morte do próprio Jesus, forçando as pessoas a olhar para fora.

Paulo também é visto como peregrino. Ele chega a Jerusalém vindo de Tarso. De Jerusalém vai a Damasco, à procura de cristãos a serem capturados. Sua intenção é dar glória a Deus punindo pessoas que são vistas como traidoras da revelação e da confiança de Deus. Porém, iluminado pelo Senhor no curso de sua jornada, altera tanto o objetivo quanto a rota. Circula pelo mundo então conhecido fundando novas comunidades de crentes em Jesus. Sua peregrinação continua mesmo na prisão e só terminará com sua morte.

Num tal contexto, a imagem de Jesus caminhando com os discípulos para Emaús torna-se o símbolo da peregrinação que todos nós temos de empreender. Nossa vida torna-se uma peregrinação rumo a um encontro com Deus. Os discípulos que vão para Emaús estão realmente procurando fugir de Jerusalém, onde aconteceram coisas inesperadas e desagradáveis. Mas Jesus vem caminhar com eles. Desfaz seus equívocos explicando as escrituras, inspira-os para que seus corações fiquem inflamados e leva-os a um encontro em que eles reconhecem a presença do Senhor. Jesus, porém, manifesta sua presença não em trovão, fumaça e relâmpago, mas no repartir o pão — isto é, num sinal de partilha e doação.

Nossa vida também é uma peregrinação. Temos de trilhar nosso caminho em direção ao encontro divino. Mas não andamos sozinhos. Antes de mais nada, Jesus anda conosco, nos iluminando e nos dando forças. Leva-nos ao encontro de Deus, não num lugar sagrado que tenha se tornado especial graças a fenômenos miraculosos, mas na experiência comum de uma refeição compartilhada. Deus é encontrado no mundo. É por isso que Jesus manda os discípulos não para uma nova Jerusalém, mas para o mundo. O secular se transforma no sagrado.

Em segundo lugar, enquanto caminhamos, descobrimos que cada corpo está numa peregrinação em busca de Deus, enquanto o Espírito de Deus está lhes dando forças de modos que nos são desconhecidos. Tornamo-nos coperegrinos com a humanidade. Então também podemos compartilhar com eles o caminho de Jesus. O próprio Jesus é o caminho. Vimos acima o que isso significa. Os outros também compartilharão conosco o que descobriram sobre o caminho. E todos nós estamos caminhando juntos para descobrir Deus no mundo, nos outros. Dirigindo-se aos líderes de outras religiões em Chennai, em 1986, João Paulo II disse:

> Pelo diálogo deixamos Deus estar presente em nosso meio; pois quando nos abrimos para o diálogo entre nós, também nos abrimos para Deus... Como seguidores de diferentes religiões, deveríamos nos unir para promover e defender ideais comuns nas esferas da liberdade religiosa, da fraternidade humana, da educação, da cultura, do bem-estar social e da ordem cívica.

Enquanto se preparavam para o especial Sínodo dos Bispos da Ásia, os bispos das Filipinas insistiam:

> No contexto social da grande maioria dos povos asiáticos, devíamos recorrer ainda mais ao modelo da igreja como servidora, coperegrina na jornada para o Reino de Deus, onde a plenitude da vida é dada como um dom.[4]

No mesmo contexto, os bispos da Malásia, de Cingapura e de Brunei perguntavam: "O que pode a igreja aprender em seu diálogo com outras religiões?" e respondiam:

> Dos muçulmanos, a igreja pode aprender sobre a prece, o jejum e os
>   donativos;
> Dos hindus, a igreja pode aprender sobre meditação e
>   contemplação;
> Dos budistas, a igreja pode aprender sobre desapego aos
>   bens materiais e respeito à vida;
> Do confucionismo, a igreja pode aprender sobre piedade filial e
>   respeito pelos mais velhos;
> Do taoismo, a igreja pode aprender sobre simplicidade e humildade;
> Dos animistas, a igreja pode aprender sobre a reverência e
>   respeito pela natureza e gratidão pelas colheitas;
> A igreja pode aprender do rico simbolismo e dos ritos que existem
>   na diversidade de seus cultos;
> A igreja pode, como as religiões asiáticas, aprender a ser mais aberta,
>   receptiva, sensível,
> tolerante e capaz de perdoar no meio da pluralidade de religiões.

O diálogo, então, se torna um ingrediente essencial da peregrinação.

---

4. Peter C. Phan (org.), *The Asian Synod*, Maryknoll, Orbis Books, 2002, p. 39.

A história pode ser vista como uma peregrinação. Os seres humanos e a totalidade do cosmos estão em peregrinação. Sua meta é o reino de Deus. O reino de Deus é uma comunidade, não apenas de todos os seres humanos, mas também do cosmos em que Deus será "tudo em todos" (1Cor 15,28). Essa comunidade está sendo construída no curso da peregrinação. Cristo entra na história para se tornar o líder da peregrinação. Paulo parece particularmente consciente desse processo. Fala da história como "reunião de todas as coisas" (Ef 1,10) e "reconciliação de todas as coisas" (Cl 1,20). Dá a Cristo um papel especial no processo como "primícias" (1Cor 15,23). Vê o Espírito como o agente interno do processo que envolve a totalidade do cosmos (Rm 8,9-23). Tanto Cristo quanto o Espírito estão caminhando conosco nessa peregrinação: Cristo como as primícias e como líder e o Espírito como o animador interno. Outras imagens, do tipo Jesus como luz, podem ser consideradas nesse contexto. "Eu sou a luz do mundo. Quem me segue jamais andará nas trevas, mas terá a luz da vida" (Jo 8,12).

Conclusão

Se Jesus hoje viesse nos perguntar: "Quem vocês dizem que eu sou?", provavelmente repetiríamos uma fórmula dogmática que nos tivesse sido ensinada na aula de catecismo sobre ser ele uma das três pessoas da Trindade, possuindo duas naturezas. Jesus, contudo, não ficaria impressionado por nossa resposta e sua presunção de saber o que exatamente ele é. A fórmula dogmática tem sua relevância em situações similares àquela em que foi formulada. Mas o interesse de Jesus em nos fazer a pergunta seria muito mais do tipo: "O que eu significo para vocês? Como afeto o modo como vocês vivem? A vida de vocês é melhor pelo fato de me conhecerem?" Do mesmo modo quando perguntamos: "Como Jesus Cristo é nosso salvador?", a resposta de que precisamos não é uma explicação metafísica da tecnologia da salvação, embora ela possa ser relevante em certas circunstâncias. O que queremos saber é como Sua graça salvadora é capaz de transformar nossa vida e nos qualificar para enfrentar os desafios. A graça salvadora de Jesus não nos livra da necessidade de segui-lo em nossa vida. Jesus não nos salva de alguma maneira mágica. Ele nos capacita a viver e amar de um modo novo. Não nos tira do mundo. Quer que nos envolvamos nele. Chama-nos a tomar seu caminho. Mas caminhará conosco, encorajando-nos. Caminhará na nossa frente, guiando-nos.

As imagens que evoquei e outras que encontramos nos Evangelhos e na tradição cristã vão nos inspirar e nos dar energia. Será portanto útil contemplar essas imagens. Não deveríamos racionalizá-las. Mas deveríamos deixá-las agir sobre nossa imaginação, engendrando nosso compromisso e convicção de caminhar com ele, de viver como ele. Não deveríamos comparar imagens. Cada uma tem seu apelo especial em determinadas situações, para determinadas pessoas, em determinados momentos. Portanto, nós mesmos podemos passar de uma a outra nas diversas circunstâncias de nossa vida.

Realmente espero que essas imagens nos ajudem a descobrir o Jesus asiático, a segui-lo de um modo asiático e a testemunhar a seu favor diante de outros asiáticos de um modo significativo. Que o Jesus asiático leve todos nós à plenitude de Deus.

Bibliografia Selecionada

Ainger, Geoffrey, *Jesus Our Contemporary*. Nova York: Seabury Press, 1967.

Alangaram, A., *Christ of the Asian Peoples*. Bangalore: Asian Trading Corporation, 2001.

Amaladoss, Michael, "Images of Jesus in India", em Nico Schreurs e Huub van de Sandt (org.), *De ene Jezus en de vele culturen. Christologie en contentualiteit* (Tilburg, University Press, 1992), pp. 23-36; *East Asian Pastoral Review* 31 (1994), 6-20.

_____ "La Réponse indienne à Jésus", *Jésus sans Frontières* (Paris, L'Actualité Religieuse dans le Monde, Dossiers Chauds, Hors Series, 4, 1994), 5-7.

_____ "Images of Christ and Orientations in Mission. A Historical Overview", *Vidyajyoti Journal of Theological Reflection*, 61 (1997), 732-741.

_____ "Jésus-Christ em Asie. Exploration Préliminaire", *Mission de l'Église, Supplément du nº 124* (1999), 4-16.

_____ "The Image of Jesus em *The Church in Asia*, *Jeevadhara* 30 (2000), 281-290; *East Asian Pastoral Review* 37 (2000), 233-241.

Andrews, C.F., "The Hindu View of Christ", *International Review for Mission* 28 (1939).

Arockiasamy, Soosai, *Dharma, Hindu and Christian, according to Robert de Nobili*, Documenta Missionalia Series 19. (Roma, Editrice Pontificia Universita Gregoriana), 1986.

Badrinath, Chaturvedi, *Finding Jesus in Dharma, Christianity in India*. Delhi: ISPCK, 2000.

Bonino, José Mígues (org.), *Faces of Jesus, Latin American Christologies*. Maryknoll, NY: Orbis Books, 1984.

Borg, Marcus J., *Jesus, a New Vision: Spirit, Culture and the Life of Discipleship*. San Francisco: Harper, 1987.

_____ (org.), *Jesus at 2000*. Boulder, Colorado: Westview Press, 1998.

Boyd, Robin, *An Introduction to Indian Christian Theology*. Nova Delhi: ISPCK, 2000.

Brown, Raymond E., *An Introduction to New Testament Christology*. Londres: Geoffrey Chapman, 1994.

Chenchiah, P., "The Vedanta Philosophy and the Message of Christ", *Indian Journal of Theology*, 4, nº 2 (1955).

"Christ for Asian Women", in God's Image, 22, 4 (dezembro de 2003).
Clooney, Francis X., *Hindu God, Christian God. How Reason Helps Break Down the Boundaries between Religions*. Nova York: Oxford, 2001.
Cullmann, Oscar, *The Christology of the New Testament*. Filadélfia: Westminster Press, 1963.
Dalai-Lama, *Le Dalaï-Lama parle de Jésus*. Paris: Brepols, 1996.
Damascene, Hieromonk, *Christ the Eternal Tao*. Platina: Valaam Books, 2002.
de Andia, Ysabel e Peter Leander Hofrichter (orgs.), *Christus bei den Vätern*. Innsbruck: Tirolia, 2004.
Devdas, Nalini, "The Christ of the Ramakrishna Movement", *Religion and Society*, 11, nº 3 (setembro de 1964).
D'Lima, Errol e Max Gonsalves (orgs.), *What Does Jesus Christ Mean? The Meaning of Jesus Christ and Religious Pluralism in India*. Bangalore: Indian Theological Association, 1999.
Douglas, Kelly Brown, *The Black Christ*. Maryknoll, NY: Orbis Books, 2001.
Edwards, Denis, *Jesus and the Wisdom of God*. Maryknoll, NY: Orbis Books, 1995.
Ehrman Bart D., *Jesus, Apocalyptic Prophet of the New Millennium*. Nova York: Oxford, 1999.
Endo, Shusaku, *A Life of Jesus*. Mahwah, NJ: Paulist, 1973.
Falvey, Lindsay, *The Buddha's Gospel: a Buddhist Interpretation of Jesus' Words*, Adelaide, Institute for International Development, 2002.
Fédou, Michel, *Regards asiatiques sur le Christ*. Paris: Desclée, 1998.
_____ (org.) *Le Fils unique et ses frères: Unicité du Christ et pluralisme religieux*. Paris: Éditions Faculté Jésuites, 2002.
Fiorenza, Elisabeth Schüssler, *Jesus, Miriam's Child, Sophia's Prophet*. Nova York: Continuum, 1995.
_____ *Jesus and the Politics of Interpretation*. Nova York: Continuum, 2001.
Grün, Anselm, *Images of Jesus*. Mumbai: St. Paul's, 2002.
Hanh, Thich Nhat, *Living Buddha, Living Christ*. Londres: Rider, 1995.
"Indian Faces of Jesus", *Vaiharai* 7,4 (2002).
Harrington, Wilfred, *The Jesus Story*. Collegeville: Liturgical Press, 1991.
Hoffmann, R. Joseph, *Jesus Outside the Gospels*. Bufalo: Prometheus Books, 1984.
Hospital, Clifford G., "The Contribution of Keshub Chunder Sen Toward a Global and Inductive Christology", *Journal of Ecumenical Studies* 19, nº 1 (inverno, 1982).
Jeyaraj D., "The Contribution of the Catholic Church in Tamilnadu in the 17th-19th Centuries to an Understanding of Christ", *Indian Journal of Theology*, 23 (1974).
Keenen, John P., *The Meaning of Christ: a Mahâyâna Theology*. Maryknoll, NY: Orbis Press, 1989.
Küster, Volker, *The Many Faces of Jesus Christ*. Maryknoll, NY: Orbis Books, 2001.

La Due, William J., *Jesus among the Theologians: Contemporary Interpretations of Christ*. Harrisburg, PA: Trinity Press, 2001.

Lee, Bernard J., *Jesus and the Metaphors of God: the Christs of the New Testament*. Nova York: Paulist, 1993.

Malek, Roman (org.), *The Chinese Face of Jesus Christ*, vols.1 & 2. Sankt Augustin: Institut Monumenta Serica and China-Zentrum, 2002, 2003.

Mattam, Joseph, "Modern Catholic Attempts at Presenting Christ to India", *India Journal of Theology*, 23 (1974).

Meyendorf, John, *Christ in Eastern Christian Thought*. Washington: Corpus Books, 1969.

Miles, Jack, *Christ, a Crisis in the Life of God*. Nova York: Vintage Books, 2001.

O'Grady, John F., *Models of Jesus Revisited*. Nova York: Paulist, 1994.

O'Grady, Ron (org.), *Christ for All People, Celebrating a World of Christian Art*. Maryknoll, NY: Orbis Books, 2001.

Palmer, Martin, *The Jesus Sutras: Rediscovering the Lost Religion of Taoist Christianity*. Londres: Piatkus, 2001.

Panikkar, Raimon, *La Pienezza dell'Uomo, Una Cristofania*. Milão: Jaca Book, 1999.

Paradkar, Balwant A.M., "Hindu Interpretation of Christ from Vivekananda to Radhakrishnan", *Indian Journal of Theology*, 18 (1969).

Parapally, Jacob, *Emerging Trends in Indian Christology*. Bangalore: IIS Publications, 1995.

Pelikan, Jaroslav, *Jesus through the Centuries: His Place in the History of Culture*. Nova York: Harper & Row, 1987.

Pieris, Aloysius, "The Christhood of Jesus", *Logos* 39, 3 (2000), pp. 1-70.

Porter, Stanley E., Michael A. Hayes e David Tombs (orgs.), *Images of Christ Ancient and Modern*. Sheffield: Sheffield Academic Press, 1997.

Rajan, P. Swarnalata, "Christian Dalit Aspirations as Expressed by Jashuva Kavi in Gabbilam (the Bat)", em *Religion and Society*, vol. 34, nº 3.

Santram, Philip J., "Christ of the Brahmo Samaj Movement", *Religion and Society* 11, nº 3 (setembro de 1964).

Schillebeeckx, E., *Jesus in Our Western Culture: Mysticism, Ethics and Politics*. Londres: SCM, 1987.

Schreiter, Robert J. (org.), *Faces of Jesus in Africa*. Maryknoll, NY: Orbis, 1991.

Schwager, Raymund, *Jesus of Nazareth, How He Understood His Life*. Nova York: Crossroad, 1998.

Senécal, Bernard, *Jésus le Christ à la rencontre de Gautama le Bouddha*. Paris: Cerf, 1998.

Sloyan, Gerard S., *The Jesus Tradition: Images of Jesus in the West*. Mystic, CT: Twenty-third Publications, 1986.

Sugirtharajah, R. S. (org.), *Asian Faces of Jesus*. Maryknoll, NY: Orbis Books, 1993.
Thangaraj, M. Thomas, *The Crucified Guru-An Experiment in Cross-Cultural Christology*. Nashville: Abingdon Press, 1994.
Thangasamy, D.A., "Pandipeddi Chenchiah's Understanding of Jesus Christ", *Religion and Society* 11, nº 3 (setembro de 1964).
Thomas, M.M., *The Acknowledged Christ of Indian Renaissance*. Madras: CLS, 1970 e 1976.
Thomas, Daniel, "What Jesus Meant to Gandhi", *Religion and Society* 11, nº 3.
Vermander, Benoît, *Le Christ chinois: héritage et espérance*. Paris: Desclée de Brouwer, 1998.
Witherington, Ben. III, *The Jesus Quest: The Third Search for the Jew of Nazareth*. Downers Grove: InterVarsity Press, 1997.
_____ *The Many Faces of the Christ: The Christology of the New Testament and Beyond*. Nova York: Crossroad, 1998.
_____ *Jesus the Sage: The Pilgrimage of Wisdom*. Mineápolis: Fortress, 2000.

Alguns Livros Recentes do Mesmo Autor

1. *A Call to Community: The Caste System and Christian Responsibility*. Anand: Gujarat Sahitya Prakash, 1994.
2. *Towards Fullness: Searching for an Integral Spirituality*. Bangalore: NBCLC, 1994.
3. *Life in Freedom: Liberation Theologies from Asia*. Anand: Gujarat Sahitya Prakash, 1997.
4. *Beyond Inculturation: Can the Many be One?*. Delhi: VIEWS/ISPCK, 1998.
5. *Making Harmony: Living in a Pluralist World*. Chennai: IDCR e Delhi: ISPCK, 2003.
6. *Peace on Earth*. Mumbai: St. Paul's Publication, 2003.
7. *The Dancing Cosmos: a Way to Harmony*. Anand: Gujarat Sahitya Prakash, 2003.
8. *Vision and Values for a New-Society*, Responding to India's Social Challenges, 3. Bangalore: NBCLC, 2004.
9. *The Joy of Living*. Mumbai: St. Paul's, 2004 (com M. A. Joe Antony).
10. *We Believe: Understanding the Root of our Faith*. Mumbai: St. Paul's, 2005.